外贸单证
实务教程

主　编　周吉红

北京理工大学出版社
BEIJING INSTITUTE OF TECHNOLOGY PRESS

图书在版编目（CIP）数据

外贸单证实务教程 : 英、汉 / 周吉红主编. -- 北
京：北京理工大学出版社，2022.4
ISBN 978-7-5763-1261-4

Ⅰ.①外… Ⅱ.①周… Ⅲ.①进出口贸易–原始凭证
–高等学校–教材–英、汉 Ⅳ.①F740.44

中国版本图书馆CIP数据核字(2022)第066031号

出版发行 / 北京理工大学出版社有限责任公司

社　　址 / 北京市海淀区中关村南大街 5 号

邮　　编 / 100081

电　　话 / （010）68914775（总编室）
　　　　　（010）82562903（教材售后服务热线）
　　　　　（010）68944723（其他图书服务热线）

网　　址 / http://www.bitpress.com.cn

经　　销 / 全国各地新华书店

印　　刷 / 沂南县汶凤印刷有限公司

开　　本 / 787 毫米 × 1092 毫米　1/16

印　　张 / 14　　　　　　　　　　　　　　　　　责任编辑 / 陈　玉

字　　数 / 307 千字　　　　　　　　　　　　　　文案编辑 / 陈　玉

版　　次 / 2022 年 4 月第 1 版　2022 年 4 月第 1 次印刷　　责任校对 / 刘亚男

定　　价 / 96.00 元　　　　　　　　　　　　　　责任印制 / 施胜娟

前　言

在国际贸易中，单证工作是进出口业务的基础，更是进口商安全付汇、出口商安全收汇的决定性环节。因此，外贸从业人员必须具备相应的单证知识和实际操作能力。国际贸易单证工作与国际惯例，各国海关的法令法规，银行、保险公司以及其他相关政府部门的管理规定密切相关，具有很强的时效性和兼容性。近年来，随着我国政府部门不断简政放权，并逐步采用信息化管理模式，取消了一系列行政管理审批手续，简化了出口企业单证工作流程，促进了贸易便利化。例如，自 2012 年 8 月 1 日起，政府取消了出口收汇核销单，企业无须办理出口收汇核销手续，出口收汇也无须提供出口收汇核销单。自 2018 年 8 月 1 日起，进出口企业通过中国国际贸易单一窗口（简称"单一窗口"，网址：http://www.singlewindow.cn/）或"互联网＋海关"（网址：http://online.customs.gov.cn/）完成货物（包含关务、检务）申报。进出口货物通关实现"一次申报、一次查验、一次放行"。海关实施的关检融合方案不仅加快了进出口货物通关速度，也为单证工作提出了新的要求。2018年，海关总署相继发布了第 60 号公告及第 61 号公告，修订了《中华人民共和国海关进出口货物报关单填制规范》和《进出口货物报关单和进出境货物备案清单格式》，规范了单证人员的制单工作。因此，国际贸易单证类教材应当紧跟时代发展，根据国内外贸易形式和政策的变化及时更新教学内容，以便培养出符合当代国际贸易岗位实际工作要求的外贸单证专业人才。鉴于此，编者编写了本教程。在编写过程中，编者参考了大量的国内外文献，尤其是最新国际贸易惯例及我国海关最新颁布的相关管理条例，力求反映外贸单证工作的最新变化，缩小课堂中书本知识学习与职场中工作需要的差距，为培养合格的外贸单证人员贡献一份力量。

本教程的主要特色：

1. 注重理论知识与实际操作相结合

本书的内容包括国际贸易中常见单证的基础理论知识及实践操作中的制单和审单要点。本书以信用证方式下的单据制作和审核为纲，讲解了国际贸易中商业发票、装箱单、运输单据、保险单据、原产地证书、检验检疫证书、出口货物报关单、汇票及其他证明等常见单据的基础知识、单据制作和审核的要点及注意事项。更多的练习会在国际贸易单证实训平台上呈现。平台内容注重实际操作，不仅为本书的每一章节配套设置了大量的练习，而且还设置了综合制单和综合审单模拟练习。练习涉及 FOB、CFR 和 CIF 三大常见贸易术语成交的贸易案例。其目的在于让学生较为系统、全面地掌握常见贸易术语方式下整套单据的制作与审核，完成从理论到实际操作的升华，从而确保学生在系统学完本书内容后，能在以后的工作岗位上做到举一反三、融会贯通，并对所学知识加以灵活应用。

2. 注重规范性及前沿性

本书在知识点讲解方面参考了最新修订的国际惯例、解释通则及我国海关等政府部门颁布的最新规定，采用国际贸易单证中的最新标准、最新案例及最新做法，体现了单证制作的规范性及前沿性。例如，在讲解制单要点上，编者多结合 ISBP745 及 UCP600 相关条例给予解释，读者不仅能知其然，亦能知其所以然，这种做法也有助于其养成良好的专业素养，使其在以后的工作中遇到适用的国际惯例发生变化时也能做出相应的调整，适应未来的变化。

3. 注重教学可操作性

国际贸易单证实务课程教学既包含教师对单证制作理论知识的讲解，也包括大量的操作练习，这就要求高校对该课程有较多的课时设置。而目前，我国高校普遍存在该课程课时设置有限的问题。教师要在有限的课时内完成全部教学任务有一定的困难。鉴于此，编者结合多年来从事国际贸易单证实务的教学经验，充分考虑当下我国高校的教学实际、学生的认知和学习特点，按照循序渐进的方式编排本书章节，内容精练、重点突出，确保学生能在较短时间之内系统掌握国际贸易中主要单证制作和审核的核心知识。

4. 引入最新真实单证案例

与教材相结合的平台提供章节对应练习及综合实训模拟训练。练习中大量的真实单证、案例分析和习题均改编自外贸公司和货运公司近年来的实际业务，有助于学生直观、形象地了解实际业务中的制单工作。出于商业保密需要，练习中对涉及的公司及个人做了隐蔽性修改，并结合教学内容进行了适当的单据简化和习题设置，既让学生能直观地体会真实交易情形下的单据制作要求，也便于教师在教学过程中进行相应的章节教学。

本教程可供高等院校国际贸易、国际物流、商务英语、电子商务、跨境电商等专业本科学生及专科学生使用，也可作为外贸公司的培训教材使用。

本教程由荆楚理工学院外国语学院一线教师拟写提纲并编写成文。本教程的顺利出版得到了北京理工大学出版社的大力支持和帮助。在编写过程中，编者参考了国内外大量的文献和资料，向有关作者表示衷心的感谢。同时，编者也向提供原始单证的公司及个人致以最真诚的谢意，你们无私的帮助及分享让本教程的实用性更强，也更具前沿性。

由于编者水平有限，加上外贸形势和政策不断变化，书中难免存在疏漏和不妥之处，敬请读者批评指正。

目　录

第一章　国际贸易单证概述

第一节　国际贸易单证的意义及分类

国际贸易单证，广义上是指在国际贸易中用于处理进出口货物的交付、运输、保险、报关、结汇、检验和检疫等各个环节，所使用的所有单据、文件与证书。其狭义上则仅指在国际贸易中用于结算的单据和信用证。尤其是在跟单信用证结算方式下，国际贸易具有象征性交货特点，单据的缮制与审核直接关系到出口商能否安全结汇，因此，在国际贸易中，信用证的审核和单据的正确缮制就具有十分重要的意义。

国际贸易单证工作与进出口贸易流程密切相关，从备货、运输、保险等环节到最后安全收汇，时间性强、涉及面广，要求与各相关部门协作配合，环环相扣，直至顺利交单结汇。

一般而言，国际贸易单证的重要性及意义体现在以下几个方面：

（一）国际贸易单证是国际结算的重要工具

在国际贸易中，买卖双方分别处于不同的国家，地理距离遥远，在绝大多数情况下，货物与货款不能进行简单的直接交换，而只能以象征性交货的形式，通过单证交接实现货物买卖，因此，货款的结算往往伴随着单据的流转与交换。卖方履行合同时，不仅要将实际货物按时装运，还需向买方提交包括货物所有权凭证在内的全套单据来转让物权。因此，在国际贸易中，信用证结算方式下的买卖，并不完全是货物本身的买卖，而是与货物有关的单据买卖，双方的交易以单证为核心。即使卖方严格按照合同条款将货物装上运输工具，很好地履行了合同，若单据制作与信用证要求不符，卖方仍将面临无法顺利结汇收回货款的巨大风险。国际贸易单证是国际结算的重要工具，正确缮制单据，并按时提交单据，是确保卖方能安全收回货款的前提和关键。对进口商而言，通过要求出口商出具一系列单据可以在一定程度上实现对货物质量、交货时间或卖方履约情形的控制。因此，国际贸易单证在进出口工作中具有十分重要的意义。

（二）国际贸易单证是对外贸易经营管理的必要手段

国际贸易单证工作是进出口业务的一个重要环节。全套单据能集中反映出企业对外贸易经营管理的各个环节，如货源、货物品质及数量、运输、保险、检验检疫、报关和结汇等重要环节均在单据表面予以记载，是企业履行合同的重要凭证，更是后期处理争议与纠纷的重要依据。

（三）国际贸易单证是政策性很强的涉外工作

国际贸易单证既包括进出口企业自己出具的单据，也包括国家相关政府管理机构签发的证书。单证本身作为一种涉外商务及法律文件，体现一个国家的对外贸易政策，反映该国对外贸易相关的法律法规和规章制度，与其他国家之间的双边或多边贸易协定，以及作为成员国必须遵守的国际性组织制定的相关规则。国际贸易单证不仅反映了企业的涉外工作，也反映了一个国家乃至全球的贸易惯例和相应政策。

（四）国际贸易单证是企业业务能力和基本素质的体现

国际贸易单证能起到塑造和完善进出口企业对外形象、对外宣传的作用。美观、整洁、清晰的单证能够展示进出口企业高水平的业务素质、高质量的工作成果和一流的管理水平，从而为企业塑造良好的形象，有利于拓展业务。粗劣、杂乱，甚至错误的单证不仅有损企业形象，更会导致买方拒付货款或延迟付款，从而给企业乃至国家带来风险和损失，无法保障企业的经济效益，不利于企业的发展。

按照不同的分类标准，国际贸易单证可以分为不同的种类。

（1）按照贸易方来分类，国际贸易单证包含进口单证和出口单证。进口单证是指进口方用于进口的单证，出口单证则是指出口方用于出口的单证。

（2）按照单据的性质来分类，《托收统一规则》（URC522）总则与定义中第二条B款将单据分为金融单据和商业单据。金融单据具有货币的属性，如汇票、本票、支票或其他用于取得付款资金的类似凭证；商业单据具有商品属性，如商业发票、装箱单、海运提单等。在国际贸易单证中，除金融单据之外的所有单据均归为商业单据。实际上，商业单据还可以进一步细分为基本单据和附属单据。基本单据在实际业务中使用频率很高，通常包括商业发票、海运提单和保险单。附属单据通常为实际业务中根据约定由买方要求卖方提供的其他附属单据，可分为两类：一类是进口国官方要求的单据，如海关发票、领事发票、原产地证明书等；另一类是卖方要求说明货物及有关合同履行情况的单据，如装箱单、尺码单、品质证明、装运通知、寄单证明和船龄证明等。

（3）根据《跟单信用证统一惯例》（UCP600）中的分类，国际贸易单证可分为商业发票、运输单据、保险单据和其他单据。运输单据包括与各种运输方式有关的所有单据，包括海运提单、非转让海运单、租船合约提单、多式联运单据、航空运单、公路运单、铁路运单、内陆水运单据、快递收据、邮政收据或邮寄证明等。保险单据包括保险单、保险凭证、投保声明、预约保险单等。其他单据则包括装箱单、重量单、原产地证明书、受益人声明等。

除上述这些分类外，还可以根据其他不同的分类标准对国际贸易单证进行细分，如根据单据提交形式可以分为纸质单证和电子单证。在实务中，由于《跟单信用证统一惯例》的权威性和普及性，为安全收汇，单据分类和名称多与该惯例保持一致。

第二节　国际贸易单证的工作环节及基本要求

一、国际贸易单证的工作环节

一般而言，国际贸易单证的工作环节主要以信用证结算方式下出口方所需完成的工作内容为主，包括审证和改证、制单、审单、交单结汇和归档等具体内容。这里的审证指审核信用证，在结算方式为托收或汇付时，则无须审证这一环节。

审证和改证。在信用证结算方式下，对进口商而言，最早的工作环节是申请开立信用证；对出口商而言，在收到银行送达的信用证时，最早同时也是最重要的一个工作环节就是审核信用证。根据合同条款并结合有关国际惯例仔细审核信用证，做出是否需要进口商修改信用证的决定。因为《跟单信用证统一惯例》和《关于审核跟单信用证项下单据的国际标准银行实务》都明确指出，信用证是独立于合同之外的文件，银行审核单据是否相符的依据仅为信用证而不是合同，因此，单证员必须仔细审核信用证中的内容是否与合同条款一致，单据条款中是否包括软条款等，以确保按照合同履行交货义务后能顺利结汇。

制单。该工作环节是指单证员根据买卖合同、信用证、有关商品的原始资料（如型号、规格、成交数量等）、相关国际惯例及国内外进出口管理规定，以及进口商的具体要求缮制单证。

现以信用证结算方式，按照 CIF 贸易术语成交为例，介绍出口商履行出口贸易合同各环节相关单据的缮制流程。信用证结算方式下的 CIF 出口合同履行程序及相关单据如图 1-1 所示。

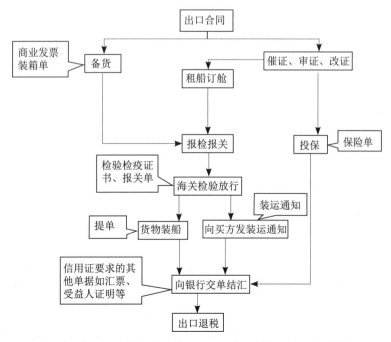

图 1-1　信用证结算方式下的 CIF 出口合同履行程序及相关单据

如图 1-1 所示，出口商在签订合同之后，可以一边备货，一边向进口商催证，完成审证、改证环节（如有必要），确保早日获得有效的信用证。单证员可以在备货环节就根据生产部门、供货部门或仓储部门提供的应交货物的相关数据，如品质、规格、数量、正唛、侧唛等，缮制商业发票和装箱单，为后续的出口工作环节提供必要的单据支持，例如，在报检、报关、投保时，海关和保险公司往往要求出口商随附商业发票。

在确认信用证无误后，出口商联系货运代理或货运公司申请租船订舱，安排运输事宜。随后可以安排报检、报关，取得检验检疫证书和报关单，同时也可以向保险公司投保。待海关放行，出口商可以凭承运人签发的"场站收据"或凭有EDI系统显示海关"已放关或货已装运"的装运记载，交由承运人签发正本提单。取得正本提单、保险单后，出口商向进口商发出装运通知书，补齐信用证项下要求的其他单据，为前往银行交单结汇做好准备。

审单。在前往银行交单结汇之前，出口商应该审核并确定已经缮制完成的全套单据是否符合买卖合同、信用证、国际惯例、进出口管理规定、进口商等其他具体要求。如果发现有与之不相符或者单据份数不齐等现象，应及时采取修改、重新缮制、更换或者补齐等措施，使单据达到交单结汇的条件。

交单结汇。在信用证方式下，交单是指在信用证规定的有效期内，按照信用证要求的方式将仔细审核过的全套单证交给信用证指定的银行；在托收或汇付方式下，交单则是指在合同规定的时间内，按照合同要求将制好的全套单据交给合同约定的当事人。托收项下通常是交给银行，汇付项下可以直接向进口商交单。

归档。这一工作是指在完成交单这一环节后，单证员应该将相应的单证留底存档，必要时复印备份，作为该桩交易履行合同的记载，完善企业管理档案，以供相关部门核查。

二、国际贸易单证的基本要求

为确保贸易出口方能安全迅速收汇，进口方能顺利付汇及接货，国际贸易单证必须符合相关商业惯例和法律法规，并满足实际需要。单证制作需要做到正确、完整、及时、简洁、清晰。

（一）正确

在制单工作的各项要求中，正确是最重要的一条，是单证工作的前提。无论是托收还是信用证项下的单证制作，若单证不正确，买方就有权利拒付货款。

这里所说的正确，包括两个方面的内容：第一，所有单据必须做到"三相符"，即单据与信用证相符、单据与单据相符、单据与合同相符；第二，所有单据必须符合相关国际惯例和进出口国家的法律法规。从银行审单的角度上来说，银行严格遵守"单证相符"和"单单相符"，确保单据符合国际惯例和从业银行的审单标准。当信用证部分内容与合同内容存在不一致的情况时，出口企业要么在备货发货之前要求对方按照合同内容修改信用证，要么在权衡之后仍选择发货，而未要求对方修改信用证的时候，单据制作应当以信用证的规定为准，而非与合同描述保持一致。这种情形一般极为罕见，除非进出口双方就此达成一致，否则在实务中一般不推荐此种做法。因为这种情形下的交货使得出口商处于极大的风险中，影响安全收汇。从安全收汇的角度来讲，单据正确必须首先做到"单证相符"。对出口企业而言，实际业务中，除了需要做到以上三个"相符"外，还需从严管理整个出口流程，严格控制货源与发运，确保做到"单货相符"。

（二）完整

总的来说，完整是指单据成套，内容完整，份数不缺。完整首先是指一桩交易下提交的单据必须成套，单据种类齐全，份数不缺，具有完整性。例如，在CIF交易中，卖方提交的单据中至少需包括商业发票、海运提单和保险单。在信用证业务项下，出口商需按照信用证中的要求备齐所有单据，在内容和份数上均满足信用证的要求，银行才能履行相应的责任，如议付、付款或承兑。由于各国海关规定不同，再加上进口商具体要求繁简各异，信用证中所列单据种类往往各不相同。在单证制作和审核过程中，必须密切注意，及时催办，防止遗漏和误期，以保证全套单据种类齐全，正副本份数符合要求，做到单据成套。

完整的另一层含义是指每一种单据上的记载内容必须完备齐全。每种单证都有它的特定作用，这种作用是通过单证本身的特定内容，如格式、项目、文字、签章等来体现的。如果格式使用不当、项目漏填、签章不全、计算错误等，就不能构成有效文件，银行也就无法接受。例如，信用证中通常要求单据需经过背书，一般而言只需盖一个章即可，但如果漏盖了章，这张单据便内容不完整，单据便无效。

（三）及时

及时有两层含义：一是指出单及时，二是指交单及时。出单及时是指各种单据都要有一个适当的出单日期，每种单据记载的出单日期必须合理、可行，单据与单据之间的时间间隔具有逻辑性。比如，无论如何，交单议付的全套单据出单日期不能超过信用证规定的有效期限，保险单的签发日期不得晚于提单的签发日期，发给买方的装运通知书应该在货物装运后立即发出等。这些单据的出单顺序充分反映了合同的执行情况和企业的管理水平。单据时间不合理也可能会造成单证不符，从而影响顺利收回货款。

交单及时是指出口商向银行交单的日期不能超过信用证规定的交单有效期。《跟单信用证统一惯例》规定："除交单到期日外，每个要求运输单据的信用证还应该规定一个运输单据出单日期后必须交单付款、承兑或议付的特定限期，如未规定该限期，银行将拒收迟于运输单据出单日期21天后提交的单据，但无论如何，单据也不得迟于信用证到期日提交。"该规定表明，理论上，在货物装运之后，出口商最多只有运输单据出单日后21天的交单期，过期交单将会遭到银行拒付或造成利息损失。因此，在信用证方式下，出口商应该在信用证允许的前提下尽早提交单据，从而安全收回货款。

（四）简洁

简洁是针对单据的内容而言的。单证的内容应力求简化，力戒烦琐，若盲目地照抄信用证文句，反而可能画蛇添足，弄巧成拙。单据简洁明了是要求在填写单据中的各项内容时，用词力求简明扼要、恰如其分、语言规范、语句顺畅，尽量避免晦涩难懂、烦琐冗长。简化单证不仅可以减少工作量和提高工作效率，也有利于提高单证的质量和减少单证的差错。《跟单信用证统一惯例》明确指出："为防止混淆和误解，银行应劝阻在信用证或其任何修改书中加注过多细节。"其目的就是避免单证的复杂化，提倡简洁明了的单证制作。

（五）清晰

清晰侧重于单据的外观质量，是指从外观看来，单证是否清晰、整洁、美观、大方；单据格式的设计和缮制是否标准规范；单据的内容是否清楚易认，一目了然；内容布局是否合理，层次分明，清楚简洁；内容的排列是否行次整齐，字迹清晰，重点项目是否突出醒目；单据是否有涂改痕迹等。虽然《跟单信用证统一惯例》允许单据做批注，做适当的修改，但制单人员应该尽量减少涂改甚至避免差错。在有更改的地方一定要加校对章或简签。单据外观的清晰与否反映出制单人员业务水平的高低，也能反映出其工作态度和职业素养，更能从侧面反映出进出口企业的管理水平和业务水平。

综上所述，制单人员在制作单据时应该牢记这十字方针，理解并掌握这些基本要求，做好单证的缮制和审核工作，为顺利交单结汇做好充分的准备。

第三节　单证员基本素质要求

如前一节所述，制单人员的职业素养直接决定着单据的质量，关系到企业的经济效益，反映一家进出口企业的业务水平高低，也在一定程度上体现了一个国家对外贸易的政策和管理水平，因此，从行业要求上来说，进出口单证员应该达到以下基本要求：

（一）具备良好的职业道德

单证员应该具有良好的职业道德、严谨的职业操守，严格遵守外贸纪律和企业的规章制度。单证员应责任心强，认真细致地完成每一桩业务下的单据制作。单据制作不仅要做到正确、完整、及时、简洁、清晰，有利于企业顺利结汇，也要秉承合作共赢的理念，尽可能为进口方或相关单位提供便利。单证员不应泄露企业机密，在对外交涉过程中要注意维护国家和企业形象，展现良好的专业素养和高尚的道德情操。

（二）掌握必要的专业知识和技能

单证员应该掌握基本的专业知识，熟悉进出口业务知识，如国际贸易实务、国际结算、国际金融、信用证相关知识，并具备良好的英语水平，能熟练运用英语和进口商进行业务沟通，审核信用证并缮制、审核各种单证。除此之外，单证员还需熟练使用各种制单软件和现代化办公设备，具备基本的电脑软件和办公室常用软件的操作技能。

（三）拥有终身学习的理念

由于世界经济和贸易在日新月异地发展，单证员需秉承终身学习的理念，积极参与公司或第三方机构组织的培训，不断主动学习、更新相应的知识，掌握行业最新动态，跟上时代的发展。单证员应该时刻关注国家对外贸易的有关方针、政策及最新变化，了解国际贸易发展现状和趋势，对国际法规和惯例的变化要及时更新学习，并努力适应这些变化。

（四）认真细致的工作态度

国际贸易单证工作量大，时间性强，工作内容烦琐，所以要求单证员必须具有一丝不苟、踏实认真、耐心沉稳的工作作风和认真负责、严格细致的工作态度，才能确保单据制作的质量和效率。否则，一单之错甚至一字之差都有可能给合同的履行带来障碍和困难，给国家和企业造成经济损失。

第四节　国际贸易单证的发展及趋势

随着计算机技术和网络技术的不断发展，国际贸易单证整体也呈现出标准化和电子化的趋势。单证的标准化大大地加速了单证的流转速度，为电子化趋势奠定基础。网络技术的发展使得应用现代通信和电子数据交换手段进行电子交单、远程电子申领、电子数据自动交换、跨国核查等现代国际贸易单证流程成为可能。单据的标准化和电子化大大提高了单证的准确性和流转速度，同时，电子加密技术的使用也极大地保证了信用证的安全性，提高了国际贸易的经济效率。随着我国经济的快速发展，我国政府部门一方面不断加强标准的制定和修订力度，另一方面在电子检查和电子数据共享等方面也不断深化改革，为进出口企业带来便利。在国家金关工程的推动下，截至目前，我国基本实现进出口许可证联网核查和出口收结汇联网检查。企业可以远程上网申领进出口许可证、配额证书，通过电子口岸远程报关、报检，远程申领原产地证书，远程办理出口结汇、退税等事项。尽管我国的单证标准化体系取得了长足的进步，与发达国家之间的差距也正在缩小，但是仍需不断努力才能实现真正的科学化、规范化和标准化。

国际贸易单证标准化主要是指单证格式、贸易数据元、贸易数据元代码、标准EDI报文。国际贸易单证标准化工作始于20世纪60年代，联合国欧洲经济委员会成立了贸易程序简化工作组，开展国际贸易单证标准化和简化贸易程序的工作。从20世纪80年代开始，该组织陆续以联合国建议书的方式推出了31个联合国推荐标准。联合国《贸易单证样式》（*United Nations Layouts Key for Trade Documents*）是联合国第一项推荐标准（1981年），在1985年被ISO制定为世界标准ISO6422。2000年，UNLK和第2项推荐标准《贸易单证中代码的位置》合并成新的世界标准《国际贸易单证样式》。该标准的样式充分考虑了电子制单的要求，页面采用A4标准尺寸，中线对称，框式结构设计，规定了主要贸易数据元的位置，如发货人、收货人、交货地址、运输事项、交货和付款条款、国家情况、运输标志和集装箱号码、包装种类和数量、货物描述、商品编号、毛重、净重、单价和总值等。通过与各有关世界组织协商，从技术、法律、商业、行政及业务习惯等各方面充分考虑了这些项目的位置，在项目单证样式的下半部分设置了"自由处置区"，用于满足不同行业单证的应用需求。从单证表面看来，左上方两个方框是发货人（出口商）和收货人栏，各占据五行（每行35个字符），收货人框同邮政开口信封大小一致；右上方是单据的出单日期、参考号，下方紧接着是进出口国家信息、交货和付款条款。单证中部一般包括运输标志、集装箱号码、包装类型、件数、货物描述、单价、数量、总值等信息。单据下半部分的"自由处置区"可供制单人按需增添信息。单据的右下方通常为单证认证或签章区。

2012年，联合国亚洲及太平洋经济社会委员会与联合国欧洲经济委员会共同发布了适用于无纸化贸易的《一致化贸易单证设计指南》，以便让各国贸易商和管理机构能更好地设计与国际标准和最佳实践相一致的单证。这份指南提供了联合国贸易和运输单证规范（UNLK）以及相关标准，定义了贸易单证的格式、数据的表现形式、贸易或贸易数据的语义以及相关的代码列表，通过贸易单证电子交换和自动化的信息处理来实现未来的自动化、无纸化贸易。该指南展示了UNLK的格式化和结构设计，详细阐述了单证的功能设计、语义库的使用、代码列表以及单证填充指南，以供贸易商和管理机构开发出一个一致的、高效的贸易单证系统。根据指南，贸易商和管理机构可以将纸质一致化单证进一步改进使之适应电子贸易单证。该指南为简化商业手续和单证要求提供了有价值的服务，并为无纸化贸易的推行铺平道路。

目前，全世界主要贸易国家普遍在采纳联合国推荐标准的基础上，结合本国国情也制定了相应的国家标准。我国根据联合国建议书的规定，在1993年根据联合国的推荐标准制定了我国的主要国际贸易单证样式标准：GB/14393-1993《贸易单证样式》。该标准与联合国贸易单证样式基本一致，主要在以下方面有变更：一是我国的单证样式明确规定国际贸易单证名称在单证格式顶部，涉外单证可以中英文对照；二是每个栏目加译对应的中文栏目名称；三是把联合国贸易单证样式中部的商品信息栏的毛重和体积这两栏调整到下方，单据样式更清晰。2008年，我国对GB/14393-1993样式重新进行了修订，修订版为GB/14393-2008。样单见表1-1、表1-2、表1-3。

表 1-1　联合国贸易单证样式

发货人（出口商） Consignor (Exporter)	日期和参考号等 Date, Reference No., etc		
收货人 Consignee	买方（其他收货人）或其他地址 Buyer (if other than consignee) or other address		
通知方地址或交货地址 Notify or delivery address	进口国 Country whence consigned		
	原产国 Country of origin		目的国 Country of destination
运输事项 Transport details	交货和付款条款 Terms of delivery and payment		
运输标志和集装箱号码 Shipping marks; Container No.	包装类型和件数、货物描述 Number & kind of packages; Goods description	商品编码 Commodity No.	毛重　净重　体积　价值 Gross weight　Net weight　Cube　Value
自由处置区 Free disposal			认证（签署） 出单地点及时间，认证 Place and date of issue, authentication

表 1-2　商业发票 **Commercial Invoice**

1. 出口商 Exporter	4. 发票日期和发票号码 Invoice date and No.	
	5. 合同号码 Contract No.	6. 信用证号码 L/C. No.
2. 进口商 Importer	7. 原产国 / 地区 Country/Region of origin	
	8. 贸易方式 Trade mode	
3. 运输事项 Transport details	9. 交货和付款条款 Terms of delivery and payment	

10. 运输标志和集装箱号 Shipping marks; Container No.	11. 包装类型和件数、货物描述、商品编码 Number & kind of packages; Goods description; Commodity No.	12. 数量 Quantity	13. 单价 Unit price	14. 金额 Amount

15. 总金额（用数字和文字表示）Total amount (in figure and word)

自由处置区 Free disposal

出口商（签章）
Exporter stamp and signature

表 1-3 装箱单 Packing List

1. 出口商 Exporter	3. 装箱单日期 Packing date
	4. 合同号码 Contract No.
2. 进口商 Importer	5. 发票号码和日期 Invoice No. and date

6. 运输标志和集装箱号 Shipping marks; Container No.	7. 包装类型和件数、商品名称 Number & kind of packages; Commodity name	8. 毛重 Gross weight	9. 净重 Net weight	10. 体积 Cube

自由处置区 Free disposal

出口商（签章）
Exporter stamp and signature

第二章　国际贸易结算方式

国际贸易中常见的三种结算方式为汇付、托收和信用证。汇付和托收属于商业信用，卖方能否按时收到货款完全取决于买方的信用，银行在整个结算过程中只起到代理和中介作用，不承担任何风险；而信用证是银行信用，银行负第一付款责任。这三种支付方式各有特点，适用于不同的贸易方式。在实务中，进出口企业会结合企业实际情况，综合考虑客户的资信、经营意图及运输方式等因素选择合适的结算方式，或将不同的结算方式组合在一起完成交易。例如，外贸企业常常使用30%或40%的T/T（电汇）和70%或60%的L/C（信用证）相结合的结算方式，尽可能减少双方资金负担不平衡的状况，确保收汇付汇安全，有利于企业的资金周转。

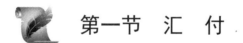 第一节　汇　付

一、汇付的定义

汇付（remittance）又称汇款，是指付款人主动将款项通过银行付给收款人的一种结算方式。国际贸易中，一般由进口商根据合同条款，按照约定的条件和时间将款项汇给出口商。

二、汇付的当事人

汇付通常有四个当事人，即汇款人、收款人、汇出行和汇入行。

汇款人（remitter）即付款人，是汇出款项的人。在国际贸易中，汇款人通常是进口商或其他经贸往来中的债务人。

收款人（payee）是收取款项的人。在国际贸易中，收款人通常是出口商或其他经贸往来中的债权人。

汇出行（remitting bank）是应汇款人的申请或接受汇款人的委托汇出款项的银行。汇出行通常是汇款人所在地的银行。

汇入行（receiving bank）是接受汇出行的委托解付款项的银行。汇入行通常是收款人所在地的银行。

三、汇付的种类

汇款人在委托汇出行办理汇款时，通常要出具汇款申请书，写明收款人的名称、地址、账号、汇款金额、汇款方式等内容。此项申请书是汇款人和汇出行的一种契约。汇出行一旦接受申请就有义务按照汇款申请书的内容指示汇入行将款项解付给收款人。汇出行与汇入行之间事先订有代理合同，在代理合同规定的范围内，汇入行对汇出行承担解付汇款的义务。

按照汇出行向汇入行发出汇款委托的方式不同，汇付可以分为电汇、信汇和票汇三种方式。

（一）电汇（telegraphic transfer, T/T）

在电汇业务下，汇出行接受汇款人委托后，以加押电报、电传或SWIFT（环球同业银行金融电讯协会）方式通知汇入行解付一定金额的款项给收款人。汇入行收到电汇委托书并审核无误后，缮制取款通知书通知收款人取款。

（二）信汇（mail transfer, M/T）

在信汇业务下，汇出行接受汇款人委托后，以航空邮件方式将付款委托书寄交汇入行，委托其将一定金额的款项解付给指定的收款人。电汇和信汇的基本业务流程如图2-1所示。

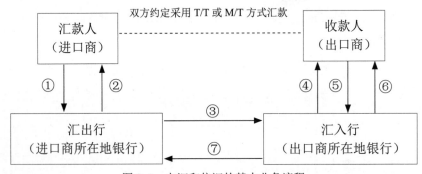

图 2-1　电汇和信汇的基本业务流程

①申请并缴费。汇款人（进口商）向汇出行（进口商所在地银行）提交信汇或电汇申请书并交款付费。

②签发回单。汇出行接受委托，并签发信汇或电汇回执给汇款人。

③发出汇款委托书。

信汇：汇出行通过航空邮件向汇入行发出信汇委托书。

电汇：汇出行通过加押电报、电传或SWIFT等方式向汇入行发出电汇委托书。

④通知。汇入行通知收款人前来取款。

⑤取款。收款人凭取款通知书到汇入行取款，收据留存汇入行。

⑥付款。汇入行向收款人付款。

⑦付讫通知。汇入行向汇出行发出付讫通知。

（三）票汇（remittance by a banker's demand draft, D/D）

在票汇业务下，汇出行应汇款人的申请，开立以汇入行为付款人，列明汇款人指定的收款人名称的银行即期汇票，交由汇款人自行寄给收款人。同时，汇出行将票汇通知书寄给汇入行。收款人自行凭票向汇票的付款人即汇入行取款。票汇的基本业务流程如图 2-2 所示。

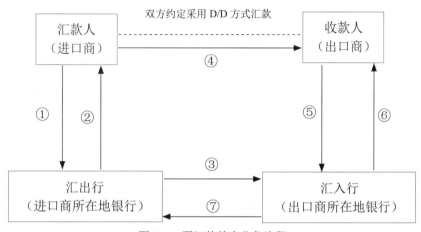

图 2-2　票汇的基本业务流程

①申请并缴费。汇款人（进口商）向汇出行（进口商所在地银行）提交票汇申请书并交款付费。

②签发汇票。汇出行接受委托，并签发银行汇票给汇款人。

③寄汇票通知书。汇出行向汇入行寄票汇通知书（票根）。

④寄出汇票。汇款人将银行汇票寄交收款人。

⑤凭票取款。收款人凭银行汇票到汇入行取款。

⑥付款。汇入行于票根核对无误后付款给收款人。

⑦付讫通知。汇入行向汇出行发出付讫通知。

四、汇付的特点

（1）汇付属于商业信用。银行仅提供服务，按照汇款人的指示转移款项，不负责传递商业单据，亦不提供信用，不承担任何付款或担保责任。出口商能否安全收汇取决于进口商的信用，进口商付款后出口商能否及时交货取决于出口商的信用，因此，汇付方式对进出口双方而言都存在商业风险。

（2）进出口双方资金负担不平衡，风险大。进口商于出口商发货之前付款，则进口商承担较大的资金负担，面临着出口商不能及时交货的风险；若进口商于收到货物后付款，则出口商承担较大的资金负担，面临着进口商不能按时付款的风险。

（3）汇付属于顺汇，即资金的流向与结算工具的传递方向一致。三种汇付方式下资金均是从汇款人流向收款人，与金融票据的传递方向一致。

（4）汇付较其他结算方式而言，优点在于手续简便，费用低廉。由于汇付方式下银行并不提供信用，仅提供服务，相关的费用较少，手续也相对简便。同票汇和信汇相比较，电汇方式于收款人而言收款最为迅速，但费用相对比票汇和信汇略高。

五、汇付在国际贸易中的应用

在国际贸易中，鉴于汇付的上述特点，进出口双方往往会结合市场行情，根据买卖双方的信用以及合作关系灵活运用汇付，甚至与其他结算方式一起按照不同的比例分配组合成一桩交易的支付方式（如40% T/T+60% L/C、40%T/T in advance+60% O/A、30%T/T+70% collection等），以促进贸易的顺利进行。在实务中，汇付常用于货到付款（payment after arrival of the goods）和预付货款（payment in advance）两种业务中。货到付款也称为赊账交易（open account transaction, O/A），是指出口商先行发货，进口商收到货物或单据后立即或在约定的一段时间内付款；预付货款是指进口商先行支付全部或部分货款，出口商收到款项后再发货。

此外，汇付方式因方便快捷不但受到相互信任的进出口公司或跨国公司内部母公司与子公司的青睐，还特别适用于小额交易的货款、订金及贸易从属费用（如尾款、佣金、运费、保险费、样品费等费用的结算）。在特殊情况下，如出口商在开拓新市场或销售存货时，也可能会采用货到付款这种明显有利于进口商的汇付方式，从而达到吸引订单，扩大出口的目的。

六、汇付的单据制作依据及转移

汇付的单据制作主要依据是合同条款，而信用证和托收的单据制作除受合同条款约束之外，还受其他国际惯例约束，如《跟单信用证统一惯例》《托收统一规则》等。汇付方式下单据的转移不通过银行，由出口商在发货后径直将进口商要求的单据寄给进口商，直接转移货权。

第二节　托　收

一、托收的定义

根据国际商会制定的《托收统一规则》（*Uniform Rules for Collection*, ICC Publication No. 522, URC522），托收（collection）是指银行根据接到的托收指示处理金融单据和/或商业单据，以便取得付款和/或承兑，或凭付款/承兑交出商业单据，或凭其他条款交出单据。简言之，托收是指债权人（如出口商）出具汇票委托银行向债务人（如进口商）收取款项的一种结算方式。根据《托收统一规则》第二条B款，金融单据（financial documents）是指汇票、本票、支票、付款收据或其他用于取得付款或款项的凭证；商业单据（commercial documents）是指发票、运输单据、物权单据或其他类似单据或除金融交易之外的其他单据。

二、托收的当事人

根据国际商会制定的《托收统一规则》，托收涉及的当事人有：

（1）委托人（principal/drawer/consignor），是委托银行办理托收业务的一方，通常是出口商。

（2）付款人（payer/drawee），是银行根据托收指示提示单据的对象，是实际付款的一方，通常为进口商。

（3）托收行（remitting bank），又称寄单行，是指接受委托人的委托办理托收业务的银行，通常为出口商所在地银行。

（4）代收行（collecting bank），是接受托收行的委托，向付款人收款的银行，通常为进口商所在地银行，也是托收行在付款人所在地的联行或代理行。

（5）提示行（presenting bank），又称交单银行，是向付款人提示单据和汇票的银行，一般情况下由代收行兼任。

三、托收的种类

（一）光票托收和跟单托收

按照随附单据种类的不同，托收可以分为光票托收和跟单托收。光票托收（clean collection）是指委托人仅以金融单据委托银行代收款项。跟单托收（documentary collection）分两种：随附商业单据的金融单据的托收和不随附有金融单据的商业单据的托收。不随附有金融单据的商业单据的托收的主要优点在于可以避免因使用金融票据而产生的印花税。国际贸易中主要使用的是跟单托收。

（二）付款交单和承兑交单

跟单托收情况下，根据向付款人交单的不同条件，分为付款交单和承兑交单。

1. 付款交单

付款交单（documents against payment, D/P），是指代收行收到买方付款后交付随附单据的方式。按照付款时间的不同，付款交单分为即期付款交单和远期付款交单。

即期付款交单（D/P at sight）是指代收行向买方提示单据后，买方核实单据合格后立即付款，代收行收款后立即交单的方式。在这种方式下，卖方或银行可以不开立汇票，亦可开立即期汇票。即期付款交单流程如图2-3所示。

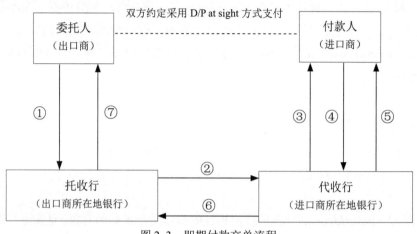

图2-3 即期付款交单流程

①申请。委托人（出口商）填写托收申请书，连同即期汇票（若开具汇票）和商业单据一起交给托收行，委托代收款项。

②寄单。托收行接受委托，根据托收申请书缮制托收委托书，连同汇票和商业单据一起寄交代收行。

③提示。代收行收到单据后向付款人（进口商）做付款提示。

④付款。付款人审核单据无误后付款。

⑤交单。代收行收款后立即交单。

⑥通知收讫并转账。代收行通知托收行款项已经收讫并办理转账。

⑦交款。托收行向委托人交款。

远期付款交单（D/P after sight）是指代收行或提示行向买方提示单据后，买方核实单据合格后立即承兑汇票，待到付款到期日向代收行付款，代收行收款后才将单据交给买方。这种方式下使用的汇票为远期汇票。

在远期付款交单业务中，若买方欲早日取得单据，可以凭信托收据（trust receipt, T/R）向银行借单，取得货物的货权，在付款到期日支付款项给银行，收回自己的信托收据。所谓信托收据是指买方借单时提供的一种书面信用担保文件，用来表示愿意以代收行的受托人身份代为提货、报关、存仓、保险、出售，并承认货物所有权仍属银行。货物售出所得的货款，应于汇票到期时交给银行。买方能否凭信托收据获得银行的资金融通，取决于代收行。代收行往往会审查买方的资信并要求其提供担保或抵押品之后才会同意其凭信托收据借单。借单后若买方于付款到期日拒付款项或无力支付款项，由代收行承担所有后果。实务中也有卖方指示银行向买方凭信托收据借单的做法，即卖方在托收申请书中授权托收行转告代收行并通知买方，由买方在承兑汇票后凭买方信托收据向代收行借单，买方于付款到期日再付款。这种情形下，买方到期拒付的风险及后果由卖方承担。远期付款交单流程如图 2-4 所示。

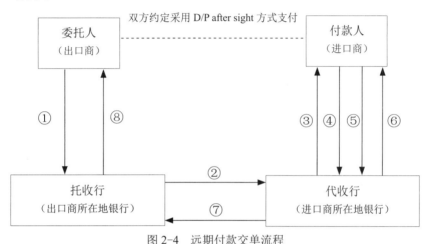

图 2-4　远期付款交单流程

①申请。委托人（出口商）填写托收申请书，连同远期汇票和商业单据一起交给托收行，委托代收款项。

②寄单。托收行接受委托，根据托收申请书缮制托收委托书，连同汇票和商业单据一起寄交代收行。

③提示。代收行收到单据后向付款人（进口商）做付款提示。

④承兑。付款人审核单据无误后承兑远期汇票。代收行收回汇票与单据。

⑤付款。付款人于汇票到期日付款。

⑥交单。代收行收到款项后交单。

⑦通知收讫并转账。代收行通知托收行款项已经收讫并办理转账。

⑧交款。托收行向委托人交款。

2. 承兑交单

承兑交单（documents against acceptance, D/A）是指凭远期汇票收款时，代收行或提示行向买方提示汇票和单据后，买方核实单据无误后对汇票加以承兑，银行凭买方承兑立即向买方交付单据的做法。买方对汇票进行承兑即可取得单据，待到汇票到期日再向代收行付款。承兑交单流程如图2-5所示。

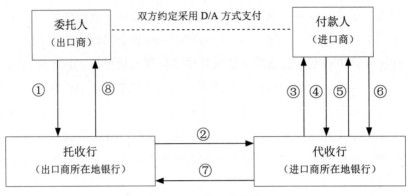

图 2-5 承兑交单流程

①申请。委托人（出口商）填写托收申请书，连同远期汇票和商业单据一起交给托收行，委托代收款项。

②寄单。托收行接受委托，根据托收申请书缮制托收委托书，连同汇票和商业单据一起寄交代收行。

③提示。代收行收到单据后向付款人（进口商）提示单据和汇票。

④承兑。付款人审核单据无误后承兑远期汇票。

⑤交单。代收行于付款人承兑后交单。

⑥付款。付款人于汇票到期日付款。

⑦通知收讫并转账。代收行通知托收行款项已经收讫并办理转账。

⑧交款。托收行向委托人交款。

承兑交单与远期付款交单都使用远期汇票，在托收流程中也都需要经过提示、承兑与付款环节，在流程上有一定的相似之处。然而，两者之间最大的不同点在于交单的前提条件，体现在以上第④⑤⑥三个步骤上。于进口商而言，承兑交单取得单据的前提为承兑，远期付款交单取得单据的前提为进口商在付款到期日付款。相同条件下，进口商在承兑交单方式下取得单据的时间相对要早一些，更有利于进口商。

四、托收的特点

（1）托收属于逆汇，即资金的流向与支付工具的传递方向相反，是债权人（如出口商）向债务人索取款项的行为。

（2）托收属于商业信用。在实际业务中，出口商先发货再委托银行代收款项，是出口商向进口商提供信用的商业行为。银行在托收中只是接受委托代收款项，能否安全收汇取决于进口商的信用，银行并不承担任何收汇风险。

（3）进出口双方资金负担不平衡，风险大。托收业务下，出口方需垫付资金备货、装运，资金负担大；在承兑交单方式下，进口商只需做出承兑即可获得单据，以售货所得款项向银行付款，相当于获得了出口方给予的全额资金融通，对于进口商是一种十分有利的支付方式。在风险方面，出口商主要面临着进口商的经营风险（如进口商倒闭、拒付、以货物的规格不一致为由要求降价等）、进口地市场风险、进口国政治风险、代收行资信风险和汇率变动等风险。于进口商而言，也可能由于货物的单据化，在付款交单后发现货物与合同不符，甚至因出口商伪造单据进行诈骗而货款两空。

因此，在实务中，进出口双方都需谨慎选择贸易伙伴，采取合理措施进行防范。如出口商可以争取按照CIF或CIP条件成交。如果按照FOB条件成交，出口商应另行加投卖方利益险或出口信用保险，以防货物遇险而进口商拒不付款赎单时，出口商可以自行向保险公司索赔。不签发以进口商为抬头的记名提单，防止进口商更方便地凭保函和营业执照复印件向船公司凭副本提单办理提货手续，或防止进口商拒付时无法再转让提单。

五、托收在国际贸易中的应用

鉴于托收的上述特点，在国际贸易中进出口双方，尤其是出口方往往会谨慎选择使用托收。与汇付相比，托收也存在双方资金负担不平衡，其中一方面临的风险较大这一不足。但是，托收因为随附单据而使双方的风险差异得到一定弥补，比汇付项下单纯的预付货款或货到付款更具优势。同时，采用托收方式收款，出口商风险较大，但有利于进口商，相当于出口商给进口商提供了资金融通的帮助，有利于进口商加速资金周转。因此，托收方式是一种有效的非价格竞争手段，有利于调动进口商的积极性，提高出口商品在国际上的竞争力。在出口业务中，为加强对外竞争能力和扩大出口，可针对具体情况，适当、谨慎地使用托收方式。如光票托收，可用于货款余额或贸易从属费用（如保险费、运费、样品费）的收款。深入调查进口商的资信状况，妥善掌握成交金额，首选D/P at sight，其次为D/P after sight，对D/A严格把握。此外，也可以将托收与汇付或信用证等其他方式结合起来，以达到既能扩大出口又能安全收汇的目的。

六、托收中的单据制作及转移

托收的单据制作主要依据是合同条款。需要注意的是，在托收项下，汇票（若开具）的付款人和收款人、汇票的出票依据、提单的收货人等内容与信用证方式下有很大的不同。单据的转移通过银行，由银行交予进口商，从而实现货权的转移。虽然单据的转移方式与信用证相同，但是必须指出的是，信用证下银行负责审单，而在托收项下银行并不负责单据的审核。如此一来，尽管托收项下的单据不像信用证项下要求那么严格，但出口商在制单和交单时更应仔细审查和核对，以避免因单据出现问题而影响顺利收汇。

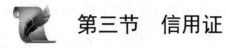

第三节　信用证

一、信用证简介

（一）信用证的定义

根据国际商会第600号出版物《跟单信用证统一惯例》（*The Uniform Customs and Practice for Documentary Credits*）第二条规定，信用证（letter of credit, L/C）是指一项约定，无论如何命名或描述，该约定都不可撤销并因此构成开证行对于相符提示予以兑付的确定承诺。兑付指：①如果信用证为即期付款信用证，则即期付款；②如果信用证为延期信用证，则发出延期付款承诺并于到期日付款；③如果信用证为承兑信用证，则承兑由受益人出具的汇票并于到期日付款。由此可见，信用证是一种由银行开立的、有条件的、承诺付款的书面文件。

（二）信用证的当事人

信用证涉及的主要当事人有开证申请人、受益人、开证行和通知行。此外，信用证还会涉及其他当事人，如议付行、保兑行、付款行和偿付行等。

1. 开证申请人（applicant）

开证申请人是指向银行申请开立信用证的一方，一般为进口商。

2. 受益人（beneficiary）

受益人是指所开立的信用证中受益的一方，是信用证上指定的有权使用该证的人，一般为出口商。

3. 开证行（issuing bank/opening bank）

开证行是指应开证申请人要求或代表其自身开立信用证的银行，一般为进口商所在地银行。

4. 通知行（advising bank/notifying bank）

通知行是指应开证行的要求通知受益人信用证已开立的银行，一般为出口商所在地银行，是开证行的代理行。通知行负责将信用证通知受益人，并负责鉴别信用证的表面真实性。

5. 议付行（negotiating bank）

议付行是指愿意买入或贴现受益人开立和提交的符合信用证条款规定的汇票及/或单据的银行。议付行可以是开证行指定的银行，在自由议付的情况下，也可以是任何银行。

6. 保兑行（confirming bank）

保兑行是指应开证行的授权或请求对信用证加具保兑的银行。保兑行与开证行承担相同的责任和地位，保兑行对信用证加具保兑后，就不可撤销地对该信用证承担着付款责任。在实际业务中，保兑行一般由开证行授权或请求的通知行兼任，或其他资信良好的银行充当。

7. 付款行（paying bank/drawee bank）

付款行是开证行或开证行指定的担任信用证项下付款义务或充当汇票付款人的银行，是承担信用证最终付款责任的银行。付款人和汇票的受票人一样，一经付款，对受款人便无追索权。付款行需负责审查单据，在确认单证相符的情况下，才能付款，随后再要求信用证申请人或开证行予以偿付。

8. 偿付行（reimbursing bank）

偿付行是指受开证行的授权或指示，对指定银行如议付行或索偿行予以偿付的银行。偿付行偿付时不审查单据，不承担单证不符的责任，因此，偿付行的偿付不视作开证行的终局性付款。

（三）信用证的种类

根据UCP600第三条规定，信用证是不可撤销的，即使信用证中对此未做指示也是如此。这意味着凡遵循UCP600的信用证都是不可撤销信用证。鉴于此，本书不再专门介绍可撤销与不可撤销信用证分类。主要介绍其他不同分类标准下的常见信用证种类。

1. 保兑信用证与不保兑信用证

根据信用证有无另一银行加具保兑，信用证可以分为保兑信用证和不保兑信用证。

保兑信用证（confirmed L/C）是经过保兑行加具了保兑的信用证。受益人不了解开证行的资信，或对开证行的资信、进口国家的政治或经济有顾虑时，可以要求加具保兑。开证行担心其开出的信用证不被受益人接受或难以被其他银行议付，也可主动要求另一家银行对信用证加具保兑。保兑行通常由资信良好的银行承担，在实务中常为该信用证通知行。

根据UCP600的解释，信用证一经保兑，即构成保兑行在开证行承诺以外的一项确定的承诺，保兑行对受益人承担必须付款或议付的责任。受益人可以直接向保兑行交单索偿，保兑行负有审单的责任，在单证相符的情况下，必须议付或付款，且保兑行的付款为终局性付款，即使开证行倒闭或拒付都不能向受益人追索。由此可见，保兑信用证项下，受益人获得开证行和保兑行的双重付款承诺，极大地保障了出口方的安全收汇。

不保兑信用证（unconfirmed L/C）又称未保兑信用证或非保兑信用证，是指没有经过另一家银行保兑的信用证。当开证行资信好，成交金额不大时，一般都使用这种不保兑信用证。

2. 即期付款信用证、延期付款信用证、承兑信用证和议付信用证

UCP600第六条规定，信用证必须规定它是即期付款、延期付款、承兑或议付。

即期付款信用证（sight payment L/C）是指开证行或指定付款行收到与信用证相符的单据后立即履行付款义务的信用证。该类信用证可以不开立汇票，如果开立，则汇票为即期汇票。受益人只要在交单期内提交了信用证要求的单据且单证相符，即可取得货款。

在即期信用证中，开证行有时加列电汇索偿条款（T/T reimbursement clause），即开证行授权议付行议付后，允许议付行用电报或SWIFT方式通知开证行或指定付款行，说明提交的单据与信用证要求相符，开证行或指定付款行立即用电汇方式将款项拨交议付行。因此，带有电汇索偿条款的信用证有利于议付行迅速收回款项。但由于此项付款是在开证行或付款行未审单的情况下进行的，在付款后，如果发现单据与信用证规定不符，开证行或指定付款行有追索权。

延期付款信用证（deferred payment L/C）是指仅凭受益人提交的单据，经审核单证相符确定银行延期付款责任起，延长一段时间至付款到期日付款的信用证。该类信用证不使用汇票，必须明确规定付款时间如"装运日后××天付款"或"交单日后××天付款"。由于不使用汇票，该类信用证无须承兑，也无法贴现，风险较一般的承兑信用证大。受益人不信任开证行的资信时可以要求加具保兑。

承兑信用证（acceptance L/C）是指当受益人向指定银行开具远期汇票并提示时，指定银行即行承兑，并于汇票到期日履行付款的信用证。该类信用证与延期付款信用证都属于远期信用证（usance L/C），不同点在于前者使用远期汇票并有承兑环节，而后者不使用汇票亦无须承兑。

实务中，有进口商为融资便利，或为利用银行承兑汇票以取得比银行贷款利率更低的优惠贴现率，在与出口商达成即期付款的交易后，要求开证行开立承兑信用证，并规定"远期汇票可即期付款，所有贴现和承兑费用由买方承担（the usance draft is payable on a sight basis, discount charges and acceptance commission are for buyer's account）"。该类信用证被称为"假远期信用证（usance L/C payable at sight）"或"买方信用证（buyer's usance L/C）"，不同于一般远期信用证项下，其远期利息或远期汇票贴现利息和费用一般由受益人承担。后者又称"真远期信用证"或"卖方信用证（seller's usance L/C）"。

议付信用证（negotiation L/C）是指开证行在信用证业务中，邀请其他银行买入汇票及/或单据的信用证，即允许受益人向某一指定银行或任何银行交单议付的信用证。UCP600规定，议付是指被指定银行在其应获得偿付的银行日当日或在此之前，通过向受益人预付或同意向受益人预付款项的方式购买相符提示项下的汇票（汇票付款人为被指定银行以外的银行）及/或单据。

议付信用证按是否限定议付行分为公开议付信用证和限制议付信用证两种。公开议付信用证（open negotiation L/C），又称自由议付信用证（freely negotiation L/C），是指任何银行都可以进行议付的信用证。凡是只能由开证行指定的银行进行议付的信用证为限制议付信用证。实务中多为公开议付信用证。除非议付行另有声明，一般而言，议付行的付款不是终结性的。议付后，若因故不能向开证行索得票款，议付行有权对受益人行使追索权。

不同类型的信用证业务流程有所不同，但都要经过申请开证、开证、通知、交单、付款、赎单这几个环节。现以即期跟单议付信用证为例说明其业务流程。即期跟单议付信用证业务流程如图2-6所示。

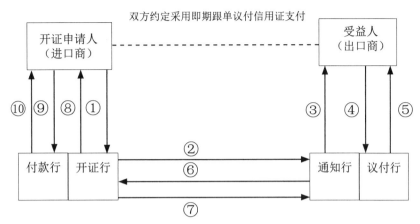

图 2-6　即期跟单议付信用证业务流程

①开证申请人填写开证申请书，并提供押金或担保，向开证行申请开立信用证。

②开证行按照开证申请书开立信用证，并采用电讯或航空邮寄方式通知出口商所在地银行（通知行）。

③通知行核对信用证的真实性后将信用证通知受益人。

④受益人收到信用证后认真审核，如有差错，及时与开证申请人联系，要求其向开证行申请修改信用证。这种情况下，修改通知书将再次经由通知行送达受益人，直至受益人确定无误。受益人按信用证规定交货，在规定的有效期和交单期内凭制作好的单据送议付行议付。

⑤议付行审核单据与信用证条款相符后，向受益人进行议付。

⑥议付行将全套单据寄开证行或付款行索偿。

⑦开证行或付款行审单无误后偿付货款给议付行。

⑧开证行通知开证申请人（进口商）付款赎单。

⑨开证申请人（进口商）验单无误后付款。

⑩开证行收到款项后将单据交给开证申请人，开证申请人可以凭单提货。

3. 可转让信用证与不可转让信用证

UCP600 第三十八条规定，可转让信用证（transferable L/C）是指明确表明其"可以转让"的信用证。根据受益人（第一受益人）的请求，可转让信用证可以被全部或部分地转让给其他受益人（第二受益人）。凡未注明"可以转让"的信用证，即为不可转让信用证（non-transferable L/C）。

根据 UCP600 规定，可转让信用证只能转让一次，即第一受益人可以转让给第二受益人，第二受益人不能将信用证转让给第三受益人，但由第二受益人再转让给第一收益人则不在此限制内。如果信用证允许分批转运（分批付款），在累计不超过信用证金额的前提下，信用证可以同时转让给几个第二受益人，该项转让仍被视为一次转让。

通常只有老练的贸易商才使用可转让信用证，因为交单手续繁杂，极易造成单证不符。在实际业务中，要求开立可转让信用证的第一受益人通常是中间商。为了赚取差额利润，中间商将信用证转让给实际供货人，由实际供货人办理出运手续。进口方开立可转让信用证，并不意味着买卖合同已被转让，如果发生第二受益人不能按时交货，或交货不符合合同规定，单据不符合买卖合同的要求时，第一受益人仍要承担买卖合同规定的交货义务。

对于进口商而言，除非有特殊需要和第一受益人的可靠保证，一般不会同意开立可转让信用证，因为进口方对受让人的资信和经营能力并不了解，对受让人提供的货物能否符合合同要求也无把握。因此，进口商一般开立不可转让信用证。

4. 其他信用证

（1）循环信用证。循环信用证（revolving L/C）是指在一定时间内信用证金额被全部或部分使用后，仍可恢复原金额再度使用，直至达到该证规定的累计次数或累计总金额为止。循环信用证可以分为按时间循环信用证和按金额循环信用证两种。按时间循环信用证是指信用证金额在一定时期内可循环使用。上次未用完的额度若可移至下次一并使用，称为积累循环信用证（cumulative revolving credit）；若不能移到下次一并使用，则称为非积累循环信用证（non-cumulative revolving credit）。按金额循环信用证是指信用证金额在使用完毕后，可以恢复到原额度再次使用。根据循环的方式不同，有自动式循环使用、非自动式循环使用和半自动式循环使用三种。自动循环是指受益人议付后，信用证额度自动恢复到原额度，可再度使用；非自动循环是指原证议付后，须等开证行通知，受益人方可再次使用原证金额；半自动循环是指每次议付后，一定时间内若开证行未提出停止循环使用的通知，则信用证可以再次恢复至原金额使用。

循环信用证适用于分批装运的长期供货合同，其优点是进口商不必多次申请开证从而节约开证费用，避免重复的开证手续，同时也可以简化出口商逐次催证、审证等手续，有利于合同的履行。

（2）背对背信用证。背对背信用证（back to back L/C）又称对背信用证，是指受益人以原证为抵押，要求原证的通知行或其他银行以原证为基础，另开一张内容与之相似的新信用证。背对背信用证的内容除开证人、受益人、金额、单价、转运期限、有效期可以变动外，其他条件一般与原证相同。背对背信用证的受益人可以是国内的，也可以是国外的。前者又可以称为本地信用证（local L/C or domestic L/C），后者一般称为背对背信用证。

背对背信用证多被中间商采用，尤其适合于两国不能直接办理进出口贸易需要通过第三国沟通贸易的情形。当原信用证不可转让或原证的受益人不能提供全部规定的货物时，也可以采用背对背信用证。背对背信用证与可转让信用证的区别在于，背对背信用证的对背证与原证是两个信用证，由两个不同的银行分别保证付款；而可转让信用证的新证仍是原来的开证行，即同一个银行保证付款。

（3）预支信用证。预支信用证（anticipatory L/C）是指开证行授权代付行（通常为通知行），允许受益人在装运交单前预支全部或部分货款的信用证。由开证行保证偿付并负担利息。它是进口商通过银行开立给出口商的一种以出口贸易融资为目的的信用证。其特点是开证人付款在先，受益人交单在后。预支信用证凭出口方的光票或一份负责补交信用证规定的单据的声明书付款，如果出口方以后不交单，开证行和代付行并不承担责任。以下三种情况可能用到预支信用证：一是商品供不应求，进口商急于得手而想提前付款；二是卖方是买方在出口国的采购代理或跨国公司内部交易；三是买方向卖方预先提供装船资金，帮助其克服资金不足的困难，从而降低出口商品的价格。

（4）对开信用证。对开信用证（reciprocal L/C）是指两张信用证的开证申请人互以对方为受益人而开立的信用证。第一张信用证的受益人和开证人分别是第二张信用证的开证人和受益人，第一张信用证的开证行和通知行分别是第二张信用证的通知行和开证行。两张信用证的金额可以相等也可以不等，可以同时互开、同时生效，也可以先后开立、先后生效。该类信用证常用于易货贸易、进料加工、来件装配或补偿贸易。

（5）备用信用证。备用信用证（standby L/C）又称商业票据信用证（commercial paper L/C），是开证行根据开证申请人的请求，向受益人开立的承担某项义务的凭证。在备用信用证项下，开证行保证在开证申请人未能履行其应履行的义务时，受益人只要凭备用信用证的规定向开证行开具汇票或不开汇票，并提交开证申请人未履行义务的声明或证明文件，即可取得开证行的偿付。此类信用证是备用于开证申请人发生毁约情况时取得补偿的一种方式。备用信用证项下，只要受益人出具的汇票和证明开证申请人未履约的文件是符合信用证规定的，开证行即对受益人做无追索付款。该类信用证主要用于投标、还款、履约保证、预付货款和赊销业务。

（四）信用证的特点

首先，不同于托收和汇付的商业信用性质，信用证属于银行信用，是开证行以自己的名义做出的付款承诺，开证行承担第一性的付款责任。只要受益人提交的单据与信用证条款相符，开证行就必须履行付款的义务，且开证行的付款通常为终局性的。即使进口商在开证后失去偿付能力，开证行也不得以此为由向受益人追索。

其次，信用证是一项自足文件。信用证的开立以买卖合同为基础，但一经开立就成为独立于买卖合同之外的另一种契约。关于信用证的这一特点，UCP600第四条明确指出，信用证就性质而言是独立于可能作为其依据的销售合同或其他合同的交易。即使信用证中提及该合同，银行亦与该合同完全无关，且不受其约束。银行做出兑付、议付或履行信用证项下其他义务的承诺，并不受申请人与开证行之间或与受益人之间在已有关系下产生的索偿或抗辩的制约。开证行应劝阻申请人将基础合同、形式发票或其他类似文件的副本作为信用证整体组成部分的做法。所以，信用证是一项自足文件，开证行只对信用证负责，并只凭符合信用证条款的单据付款。

信用证业务是单据业务。UCP600第五条规定，银行处理的是单据，而不是单据所涉及的货物、服务或其他行为。在信用证项下，只要受益人提交的单据符合信用证要求，做到了单证相符，开证行就应履行付款的责任。即使开证申请人在付款赎单后发现货物与单据不一致或货物与合同不一致，开证申请人也只能根据买卖合同和收到的相关单据与受益人或有关责任方交涉，与银行无关。对出口商而言，即使所交货物与合同完全一致，但提交的单据与信用证不符，仍将面临银行和开证申请人拒付的风险。

（五）信用证在国际贸易中的应用

在信用证项下，银行为进出口双方提供了信用，在一定程度上缓解了双方资金负担不平衡的矛盾，使得出口商在交货后即可取得货款，而进口商可以在付款后马上取得货权凭证。因此，信用证在国际贸易中得到了广泛的运用，尤其适合于大宗交易或成交金额较大的交易。相比之下，不足之处是信用证项下产生的费用较汇付和托收高。因此，实际业务中，进出口双方会结合具体的交易情况，根据客户的资信状况，选择合适的付款方式。如前所述，一笔交易既可以只选择汇付、托收和信用证中的一种方式，也可以使用两种方式的组合付款方式，取长补短，达到在加快资金周转、确保收汇和付汇安全的同时扩大贸易的目的。

（六）信用证项中的单据制作依据及转移

信用证方式下，单据制作的依据主要是信用证条款和合同条款，同时也受 UCP600 条款约束。信用证方式下单据的转移由银行完成，同时，银行负责审核单据是否与信用证条款要求一致。因此，与汇付和托收项下的单据制作相比，信用证方式下的单据制作和审核最为严格，出口商在制单和审单过程中必须十分谨慎，务必做到单证相符才能顺利地在银行交单结汇。

二、信用证的开立

（一）开证申请书

进出口双方经过交易磋商达成交易，签订买卖合同，明确规定货款的结算方式为信用证或为包括信用证在内的组合结算方式。在这种情况下，进口商在合同规定的开证期限内向当地银行提交开证申请书，申请开立信用证。不同银行的开证申请书格式略有差异，但大都包括两大类基本内容：一是开证申请人对开证行的承诺，如保证按时向开证行支付信用证项下的货款、手续费、利息及一切费用；保证在单证相符的条件下办理付款/承兑手续等。二是开证申请人要求开证行开立信用证的具体条款，其基本内容源自买卖合同条款，如受益人公司名称和地址、交易条件、信用证项下交单议付所需的单据等。

开证申请书不仅是开证行受理申请并开立信用证的依据，也是买方在正式履行买卖合同之前对交易细节或交易条件做出适当调整的最后一次机会。比如，买方可能在签订合同的时候忽视了个别交易细节，或者在合同签订以后，市场行情或经营状况发生了变化，需要对合同条款予以补充或微调，买方在申请开立信用证时可以将其反映在开证申请书中，从而达到要求卖方予以执行的目的。当然，这些调整必须与卖方沟通并征得卖方的同意，否则卖方有权拒绝或要求修改信用证。

下面展示了中国银行的开证申请人承诺书以及空白开证申请书（如表2-1所示），空白开证申请书在中国银行的开证申请书模板上有所改动。

开证申请人承诺书

中国银行：

我公司已办妥一切进口手续，现请贵行按我公司开证申请书内容开出不可撤销跟单信用证，为此我公司愿不可撤销地承担有关责任如下：

一、我公司同意贵行按照国际商会第600号出版物《跟单信用证统一惯例》办理该信用证项下一切事宜，并同意承担由此产生的一切责任。

二、我公司保证按时向贵行支付该证项下的货款、手续费、利息及一切费用等（包括国外受益人拒绝承担的有关银行费用）所需的外汇和人民币资金。

三、我公司保证在贵行单到通知书规定的期限之内通知贵行办理对外付款／承兑，否则贵行可认为我公司已接受单据，同意付款／承兑。

四、我公司保证在单证表明相符的条件下办理有关付款／承兑手续。如因单证有不符之处而拒绝付款／承兑，我公司保证在贵行单到通知书中规定的日期之前将全套单据如数退还贵行并附书面拒付理由及对单据的处理意见，由贵行按国际惯例确定能否对外拒付。如贵行确定我公司所提拒付理由不成立，或虽然拒付理由成立，但我公司未能退回全套单据，或拒付单据退到贵行已超过单到通知书中规定的期限，贵行有权主动办理对外付款／承兑，并从我公司账户中扣款。

五、该信用证及项下业务往来函电及单据如因邮电或其他方式传递过程中发生遗失、延误、错漏，贵行当不负责。

六、该信用证如需修改，由我公司向贵行提出书面申请，由贵行根据具体情况确定能否办理修改。我公司确认所有修改当由信用证受益人接受时才能生效。

七、我公司在收到贵行开出的信用证、修改书副本后，保证及时与原申请书核对，如有不符之处，保证在接到副本之日起，两个工作日内通知贵行。如未通知，视该信用证正确无误。

八、如因申请书字迹不清或词意含混而引起的一切后果由我公司负责。

开证申请人
（签字盖章）
日　月　年

表 2-1 开证申请书

APPLICATION FOR ISSUING AN IRREVOCABLE LETTER OF CREDIT 开立不可撤销信用证申请书	
TO: 致开证行	DATE: 开证日期
WE APPLY FOR THE ISSUANCE OF AN IRREVOCABLE DOCUMENTARY LETTER OF CREDIT BY TELETRANSMISSION WITH THE FOLLOWING CONDITIONS 我公司申请根据以下条件通过全电开证方式开具不可撤销跟单信用证	
□ CONFIRMED L/C 保兑信用证	□TRANSFERABLE L/C 可转让信用证
□ ADVISING BANK: 通知行　　SWIFT CODE: 通知行 SWIFT 代码	
CONTRACT NO.: 合同号码	L/C NO.: 信用证号码
L/C EXPIRY DATE: 信用证有效期	L/C EXPIRY PLACE: 信用证有效地点
APPLICANT'S NAME AND FULL ADDRESS 开证申请人名称及详细地址	BENEFICIARY'S NAME AND FULL ADDRESS 受益人名称及详细地址
L/C AMOUNT 信用证金额	□ __ % MORE OR LESS 金额上下浮动百分比
CREDIT AVAILABLE 信用证兑付方式	
□WITH □ ANY BANK □ADVISING BANK BY NEGOTIATION 议付 □WITH ISSUING BANK BY SIGHT PAYMENT 即期付款 □WITH ISSUING BANK BY ACCEPTANCE 承兑　　AT: 期限 □WITH ISSSUING BANK BY DEFERRED PAYMENT 延期付款　　AT: 期限	
AGAINST THE DOCUMENTS DETAILED HEREIN AND 汇票 □BENEFICIARY'S DRAFT FOR __ OF INVOICE VALUE AT __ ON BANK OF CHINA __ BRANCH 受益人于中国银行__支行为__开具的发票金额为__	
PARTIAL SHIPMENT: □ ALLOWED 允许 分批装运　　　　 □ NOT ALLOWED 不允许	TRANSSHIPMENT: □ ALLOWED 允许 转运　　　　 □ NOT ALLOWED 不允许
PLACE OF TAKING IN CHARGE/DISPATCH FROM/PLACE OF RECEIPT: 启运地 / 发货地 / 收货地	
LOADING ON BOARD/DISPATCH/TAKING IN CHARGE AT/FROM: 装船、发运和接管地点	
FOR TRANSPORTATION TO: 目的地	
PLACE OF FINAL DESTINATION/PLACE OF DELIVERY: 最终目的地 / 交货地点	
NOT LATER THAN: 最迟装运日	
GOODS DESCRIPTION: 货物描述	
DOCUMENTS REQUIRED: 所需单据	
□MANUALLY SIGNED COMMERCIAL INVOICE IN __ ORIGINAL(S) AND __COPY(IES) INDICATING THIS L/C NO. AND CONTRACT NO. 经手签的商业发票一式 __ 份（正本 __ 份，副本 __ 份），标明信用证号码和合同号码。	
□FULL SET 〔__ ORIGINAL(S) AND __ NON-NEGOTIABLE COPY(IES) INCLUDED〕 OF CLEAN ON BOARD OCEAN BILLS OF LADING MADE OUT TO ORDER AND BLANK ENDORSED, __, MARKED "FREIGHT□ PREPAID□COLLECT □SHOWING FREIGHT AMOUNT" AND "NOTIFYING __". 全套清洁已装船提单（正本__副本__）做成空白抬头，空白背书，__，注明"运费□已付□待付□标明运费金额"，并通知 __。	
□AIRWAY BILLS SHOWING "FREIGHT PREPAID"AND CONSIGNED TO __. 空运单注明"运费已付"，收货人 __。	

□RAILWAY BILLS SHOW "FREIGHT PREPAID" AND CONSIGNED TO __.铁路运单注明"运费已付"，收货人 __。
□FULL SET 〔__ORIGINAL(S) AND __ COPY(IES) INCLUDED〕OF INSURANCE POLICY/CERTIFICATE FOR 110% OF THE INVOICE VALUE, SHOWING CLAIMS PAYABLE IN CHINA, IN CURRENCY OF THE L/C, BLANK ENDORSED, COVERING （□OCEAN MARINE TRANSPORTATION □AIR TRANSPORTATION □OVERLAND TRANSPORTATION) □ICC (A) □ALL RISKS (C.I.C.) AND WAR RISKS. 全套（正本 __ 副本 __）保险单/保险凭证，按发票金额110%投保，注明赔付地点在中国，按信用证同种货币支付，空白背书，投（□ 远洋运输 □ 航空运输 □ 陆上运输）□ 伦敦协会货物保险条款（A）险 □ 一切险（《中国保险条款》）和战争险。
□PACKING LIST/WEIGHT MEMO IN __ ORIGINAL(S) AND __COPY(IES) ISSUED BY __ INDICATING QUANTITY, GROSS AND NET WEIGHTS OF EACH PACKAGE AND PACKING CONDITIONS AS REQUIRED BY THE L/C. 装箱单/重量证明正本 __ 份，副本 __ 份，由 __ 出具，注明每一包装单位的数量、毛重和净重，以及信用证要求的包装条件。
□CERTIFICATE OF QUANTITY/WEIGHT IN __ ORIGINAL(S) AND __ COPY(IES) ISSUED BY __ INDICATING THE ACTUAL SURVEYED QUANTITY/WEIGHT OF SHIPPED GOODS AS WELL AS THE PACKING CONDITIONS. 数量/重量证明正本 __ 份，副本 __ 份，由 __ 出具，注明转运货物实际鉴定的数量/重量以及装运条件。
□CERTIFICATE OF QUALITY IN __ ORIGINAL(S) AND __ COPY(IES) INDICAING __ ISSUED BY __. 品质证明正本 __ 份，副本 __ 份，注明 __，由 __ 出具。
□BENEFICIARY'S CERTIFIED COPY(IES) OF FAX/TELEX DISPATCHED TO THE APPLICANT WITHIN __ DAYS AFTER SHIPMENT ADVISING □NAME OF VESSEL□ FLIGHT NO.□ WAGON NO.□ DATE, QUANTITY, WEIGHT AND VALUE OF SHIPMENT. 装运后 __ 日内，以传真/电传方式送达受益人证明书至开证申请人，告知 □ 船名 □ 航班号码 □ 货车车厢号 □ 装运日期、数量、重量和货物总值。
□CERTIFICATE OF ORIGIN IN __ORIGINAL(S) AND __ COPY(IES) ISSUED BY __. 产地证正本 __ 份，副本 __ 份，由 __ 出具。
□OTHER DOCUMENTS, IF ANY. 其他单据
ADDITIONAL INSTRUCTIONS: 附加条款
□ALL BANKING CHARGES OUTSIDE THE ISSUING BANK ARE FOR THE ACCOUNT OF BENEFICIARY. 开证行以外所有的银行费用由受益人承担。
□DOCUMENTS MUST BE PRESENTED WITHIN __ DAYS AFTER DATE OF TRANSPORT DOCUMENTS BUT WITHIN THE CREDIT VALIDITY. 所需单据必须在运输单据日期后 __ 日内提交，但不得超过信用证有效期。
□ALL DOCUMENTS TO BE FORWARDED IN ONE COVER, THROUGH COURIER SERVICE TO OUR ADDRESS (__), UNLESS OTHERWISE STATED ABOVE. 除非另有规定，所有单据必须以一个批次通过快递提交至我方地址 __.
□AS PER YOUR CURRENT CHARGES. 所有费用以贵行收费标准为准。
PLEASE DEBIT OUR A/C FOR PAYMENT □ IN L/C CURRENCY □BUY THE COUNTER VALUE OF FOREIGN CURRENCY. 请从我方账户付款 □ 以信用证货币种类支付 □ 购买等额外汇。
ACCOUNT NO.: 公司账号
AUTHORIZED SIGNATURE: 签字

（二）开证申请书填写要点

（1）To: 致开证行。该栏目填写进口商申请开立信用证的银行。

（2）Date: 申请开立信用证日期。一般应该在合同规定的信用证开立日期范围之内。

（3）Confirmed/Transferable L/C: 保兑/可转让信用证。结合合同条款选择信用证种类。

（4）Advising bank, SWIFT code: 通知行及其SWIFT代码。出口商没有指定通知行的情形下，一般由开证行选择通知行。

（5）Contract No.: 合同号码。该栏目填写买卖合同/销售合同号码。

（6）L/C No.: 信用证号码。该栏目可以留空，由银行填写。

（7）L/C expiry date/place: 信用证有效期及有效地点。如果合同有规定，按照合同填写。若合同没有规定，可以结合最迟装运日，往后推算21天或15天作为信用证的有效期。出于方便出口商交单结汇的考虑，有效地点可以填写出口商所在地。

（8）Applicant's name and full address: 开证申请人名称及详细地址。该栏目填写开证申请人即进口商公司名称、详细地址及联系电话。

（9）Beneficiary's name and full address: 受益人名称及详细地址。该栏目填写受益人即出口商公司名称、详细地址及联系电话，与合同中的卖方公司名称及地址保持一致。

（10）L/C amount: 信用证金额。该栏目填写允许出口商使用的信用证金额。该栏目应该与合同中规定的信用证结算方式下的金额保持一致。特别需要注意在一桩交易采用了多种结算方式的情形下，如40%T/T+60%L/C，信用证的金额仅为合同金额的一部分，进口商需要仔细验算金额是否正确。

（11）___ % more or less: 信用证增减幅度。该栏目填写允许出口商使用金额的增减百分比。该栏目尤其适用于散装产品，如谷物或煤矿等。

（12）Credit available: 信用证的兑用方式。选择合同规定的信用证兑用方式，如自由议付、即期付款、远期付款或延期付款等。

（13）Draft: 汇票。信用证兑用时是否需要出口商开具的汇票，若为付款信用证，无须开具汇票。如果为议付信用证，按照成交时的约定，要求出口商开具汇票。

（14）Partial shipment/transshipment: 分批装运/转运。根据合同条款或实际交易情况，约定是否分批装运和转运。

（15）Place of taking in charge/dispatch from/place of receipt: 启运地/发货地/收货地。根据合同条款或实际交易情况，约定启运地/发货地/收货地。

（16）Loading on board/dispatch/taking in charge at/from: 装船、发运和接管地点。开证申请人根据合同或交易具体情形填写装运港。

（17）For transportation to: 目的地。开证申请人根据合同交易具体情形填写货物收货的目的地。

（18）Place of final destination/place of delivery: 最终目的地/交货地点。该栏目尤其适用于多式联运，货物经陆地运输后，到目的港后继续运输到内陆城市的目的地/交货地点。

（19）Not later than: 最迟装运日。开证申请人根据合同或交易具体情形规定最迟装运期。

（20）Goods description: 货物描述。根据合同中的货物描述填写该栏目的内容。

（21）Documents required: 所需单据。开证申请人结合贸易术语和合同条款，选择需要出口商提交的商业发票、提单、空运单、铁路运单、装箱单、数量/重量证明、品质证明、产地证及其他单据。选定所需单据的种类、份数及单据的出具单位、具体要求等。

（22）Additional instructions: 附加条款。根据合同或惯例，开证申请人针对进出口商关于银行费用的分担、运输单据的提交日期、交单地址、银行收费标准、扣款方式等附加条款选择合适的条款。

（23）Account No. and authorized signature: 公司账号及签字。开证申请人公司在开证行的账户及签字。

开证申请书的填写依据以合同为主，UCP600相关内容为辅。实务中，开证申请人必须具备UCP600、ISBP745相关知识才能更好地理解信用证的应用。下面举例说明如何根据合同填写开证申请书。

合同

SALES CONTRACT

CONTRACT NO.: WSL0310

DATE: MARCH 10, 2017

THE BUYER: SHANGHAI STARING IMPORT & EXPORT TRADING CO., LTD.

Room 802, Tango Mansion, No. 525 Fangxie Road, Shanghai, China

Tel: 86-21-63557885

Fax: 86-21-63557885

THE SELLER: WEST CO., LTD.

152 CAMPBELLSTREET, SURRYHILLS, SYDNEY,

NEW SOUTH WALES, AUSTRALIA

Tel: 61-27-5461357

This CONTRACT is made by and between the Buyers and the Sellers; whereby the Buyers agree to buy and the sellers agree to sell the undermentioned goods on the terms and conditions stated below:

---

(1) Name of commodity, specifications, packing terms and shipping marks	(2) Quantity	(3) Unit price	(4) Total amount
EVENT DATA RECORDER NIGHT VISION 30 FPS 2.4 INCH LCD 10 IR DUAL LENS 1280*720 P Each set is packed in a plastic bag; 5 sets in one inner box, 20 inner boxes in one carbon Shipping marks: WEST/WSL0310/SHANGHAI/ C/NO. 1-50	5,000 sets	CFR Shanghai, China USD35.00/set	USD175,000.00
Total:	5,000 sets		USD175,000.00
Total amount in words: SAY US DOLLARS ONE HUNDRED AND SEVENTY-FIVE THOUSAND ONLY.			

(5) Port of loading: any Australian port.

(6) Port of destination: Shanghai, China.

(7) Partial shipment: not allowed.

(8) Transshipment: allowed.

(9) Time of shipment: June 15, 2017.

(10) Terms of payment: by sight payment L/C. Upon receipt from the Seller of the advice as to the time and quantity expected ready for shipment, the Buyer shall open, 30 days before shipment, an irrevocable Letter of Credit payable by the issuing bank against sight draft accompanied by the documents as stipulated in Clause (11) of this contract.

(11) Documents: to facilitate the Buyer to check up, all documents should be made in a version identical to that used in this contract.

+Signed commercial invoice in duplicate indicating this contract number and L/C number.

+Packing list in triplicate indicating this contract number, L/C NO., shipping marks, gross and net weights of each package.

+Full set of Clean on Board Shipped Bill of Lading made out to order, blank endorsed, notifying the applicant, marked "freight prepaid".

+Certificate of Quality issued by the Seller.

+ Shipping advice: the Seller shall upon completion of loading, advise immediately the Buyer by cable the contract number, name of commodity, L/C number, number of packages shipped, gross and net weight, name of vessel, loading date, ETD and ETA.

(12) Insurance: to be covered by the Buyer from shipment, for this purpose the Seller shall advise the Buyer by cable of the particulars as called for in Clause (10) of this contract. In the event of the Buyer being unable to arrange for insurance in consequence of the Seller's failure to send the

above advice, the Seller shall be held responsible for all the losses thus sustained by the Buyer.

(13) Inspection and claim: The buyer shall have the right to apply to the General Administration of Quality Supervision, Inspection and Quarantine of the People's Republic of China (AQSIQ) for inspection after discharge of the goods at the port of destination. Should the quality and/or quantity/weight be found not in conformity with the contract or invoice the Buyer shall be entitled to lodge claims with the Seller on basis of AQSIQ's Survey Report, within 90 days after discharge of the goods at the port of destination, with the exception, however, of those claims for which the shipping company and/or the insurance company are to be held responsible. All expenses incurred on the claim including the inspection fee as per the AQSIQ inspection certificate are to be borne by the Seller.

(14) Force Majeure: In case of Force Majeure, the seller shall not be held responsible for delay in delivery or non-delivery of the goods but shall notify immediately the Buyer and deliver to the Buyer by registered mail a certificate issued by government authorities or Chamber of Commerce as evidence thereof. If the shipment is delayed over one month as the consequence of the said Force majeure, the Buyer shall have the right to cancel this Contract.

(15) Delayed delivery and penalty: Should the Seller fail to effect delivery on time as stipulated in this Contract owing to causes other than Force Majeure as provided for in Clause (14) of this Contract, the Buyer shall have the right to cancel the Contract. Or alternatively, the Seller may, with the Buyer's consent, postpone delivery on payment of penalty to the Buyers. The Buyer may agree to grant the Seller a grace period of 15 days. Penalty shall be calculated from the 16th day. The rate of penalty is charged at 0.5% for every day, and the penalty shall not exceed 20% of the total value of the goods involved in the delayed delivery. In case the Seller fail to make delivery 45 days later than the time of shipment stipulated in the Contract, the Buyer shall have the right to cancel the Contract and the Seller, in spite of the cancellation, shall nevertheless pay the aforesaid penalty to the Buyer without delay.

(16) Arbitration: Any dispute arising from or in connection with the Contract shall be settled through friendly negotiation. In case no settlement is reached, the dispute shall be submitted to China International Economic and Trade Arbitration Commission (CIETAC), for arbitration in accordance with its rules in effect at the time of applying for arbitration. The arbitral award is final and binding upon both parties.

(17) The terms CFR in the Contract are based on INCOTERMS 2010 of the international Chamber of Commerce.

THE BUYER

SHANGHAI STARING IMPORT & EXPORT TRADING CO., LTD.

Alice Xinxin Zhang (signature)

THE SELLER

WEST CO., LTD.

Michael (signature)

信用证申请书

APPLICATION FOR ISSUING AN IRREVOCABLE LETTER OF CREDIT	
TO: **Bank of China, Shanghai Branch**	DATE: **April 10, 2017**
WE APPLY FOR THE ISSUANCE OF AN IRREVOCABLE DOCUMENTARY LETTER OF CREDIT BY TELETRANSMISSION WITH THE FOLLOWING CONDITIONS	
□ CONFIRMED L/C	□ TRANSFERABLE L/C
□ ADVISING BANK: SWIFT CODE:	
CONTRACT NO.: **WSL0310**	L/C NO. :
L/C EXPIRY DATE: **July 5, 2017**	L/C EXPIRY PLACE: **Sydney, Australia**
APPLICANT'S NAME AND FULL ADDRESS **SHANGHAI STARING IMPORT & EXPORT TRADING CO., LTD.** **Room 802, Tango Mansion, No. 525 Fangxie Road, Shanghai, China** **Tel: 86-21-6355××××** **Fax: 86-21-6355××××**	BENEFICIARY'S NAME AND FULL ADDRESS **WEST CO., LTD.,** **152 CAMPBELLSTREET, SURRYHILLS,** **SYDNEY, NEW SOUTH WALES, AUSTRALIA** **Tel: 61-27-546××××**
L/C AMOUNT: **USD 175,000.00**	□ ___ % MORE OR LESS
CREIDT AVAILABLE	
□ WITH □ ANY BANK □ ADVISING BANK BY NEGOTIATION ☒ WITH ISSUING BANK BY SIGHT PAYMENT □ WITH ISSUING BANK BY ACCEPTANCE AT: □ WITH ISSUING BANK BY DEFERRED PAYMENT AT:	
AGAINST THE DOCUMENTS DETAILED HEREIN AND	
□ BENEFICIARY'S DRAFT FOR ___ OF INVOICE VALUE AT ___ ON BANK OF CHINA ___ BRANCH	
PARTIAL SHIPMENT: □ ALLOWED ☒ NOT ALLOWED	TRANSSHIPMENT: ☒ ALLOWED □ NOT ALLOWED
PLACE OF TAKING IN CHARGE/DISPATCH FROM/PLACE OF RECEIPT:	
LOADING ON BOARD/DISPATCH/TAKING IN CHARGE AT/FROM: **Any Australian port**	
FOR TRANSPORTATION TO: **Shanghai, China**	
PALCE OF FINAL DESTRIATION/PLACE OF DELIVERY:	
NOT LATER THAN: **June 15, 2017**	

GOODS DECRIPTION: **EVENT DATA RECORDER NIGHT VISION 30 FPS 2.4 INCH LCD 10 IR DUAL LENS 1280*720 P. Each set is packed in a plastic bag; 5 sets in one inner box, 20 inner boxes in one carbon.**

Shipping marks: WEST/WSL0310/SHANGHAI/C/NO. 1-50

DOCUMENTS REQUIRED:

☒ MANUALLY SIGNED COMMERCIAL INVOICE IN __1__ ORIGINAL(S) AND __1__ COPY(IES) INDICATING THIS L/C NO. AND CONTRACT NO.

☒ FULL SET 〔__ ORIGINAL(S) AND __NON-NEGOTIABLE COPY(IES) INCLUDED〕OF CLEAN ON BOARD OCEAN BILLS OF LADING MADE OUT TO ORDER AND BLANK ENDORSED, _____, MARKED "FREIGHT ☒ PREPAID ☐COLLECT ☐SHOWING FREIGHT AMOUNT" AND "NOTIFYING **THE APPLICANT**".

☐AIR WAYBILLS SHOWING "FREIGHT PREPAID" AND CONSIGNED TO ____.

☐RAIL WAYBILLS SHOWING "FREIGHT PREPAID" AND CONSIGNED TO ____.

☐FULL SET 〔__ORIGINAL(S) AND __ COPY(IES) INCLUDED〕OF INSURANCE POLICY/CERTIFICATE FOR 110% OF THE INVOICE VALUE, SHOWING CLAIMS PAYABLE IN CHINA, IN CURRENCY OF THE L/C, BLANK ENDORSED, COVERING (☐OCEAN MARINE TRANSPORTATION ☐AIR TRANSPORTATION ☐OVERLAND TRANSPORTATION) ☐ICC (A) ☐ALL RISKS (C.I.C.) AND WAR RISKS.

☐PACKING LIST/WEIGHT MEMO IN __ ORIGINAL(S) AND __ COPY(IES) ISSUED BY __ INDICATING QUANTITY, GROSS AND NET WEIGHTS OF EACH PACKAGE AND PACKING CONDITIONS AS REQUIRED BY THE L/C.

☐CERTIFICATE OF QUANTITY/WEIGHT IN __ ORIGINAL(S) AND __ COPY(IES) ISSUED BY ____ INDICATING THE ACTUAL SURVEYED QUANTITY/WEIGHT OF SHIPPED GOODS AS WELL AS THE PACKING CONDITIONS.

☒ CERTIFICATE OF QUALITY IN __ ORIGINAL(S) AND __ COPY(IES) INDICAING _____ ISSUED BY THE BENEFICIARY.

☐BENEFICIARY'S CERTIFIED COPY OF FAX/TELEX DISPATCHED TO THE APPLICANT WITHIN __ DAYS AFTER SHIPMENT ADVISING ☐NAME OF VESSEL☐ FLIGHT NO.☐ WAGON NO.☐ DATE, QUANITY, WEIGHT AND VALUE OF SHIPMENT.

☐CERTIFICATE OF ORIGIN IN __ORIGINAL(S) AND __ COPY(IES) ISSUED BY ____.

☐OTHER DOCUMENTS, IF ANY

+Packing list in triplicate indicating this contract number, L/C No., shipping marks, gross and net weights of each package.

+Shipping advice: the Seller shall upon completion of loading, advise immediately the Buyer by cable the contract number, name of commodity, L/C number, number of packages shipped, gross and net weight, name of vessel, loading date, ETD and ETA.

ADDITIONAL INSTRUCTIONS:

☒ ALL BANKING CHARGE OUTSIDE THE ISSUING BANK ARE FOR THE ACCOUNT OF BENEFICIARY.

续表

☒ DOCUMENTS MUST BE PRESENTED WITHIN ___ DAYS AFTER DATE OF TRANSPORT DOCUMENTS BUT WITHIN THE CREDIT VALIDITY.
☒ ALL DOCUMENTS TO BE FORWARDED IN ONE COVER, THROUGH COURIER SERVICE TO OUR ADDRESS: 23 CHUANGSHAN ROAD E.1, HUANGPU DISTRICT, SHANGHAI, CHINA, UNLESS OTHERWISE STATED ABOVE.
☒ AS PER YOUR CURRENT CHARGES.
PLEASE DEBIT OUR A/C FOR PAYMENT ☒ IN L/C CURRENCY ☐ BUY THE COUNTER VALUE OF FOREIGN CURRENCY.
ACCOUNT NO.: ××××
AUTHORIZED SIGNATURE: **SHANGHAI STARING IMPORT & EXPORT TRADING CO., LTD.**

三、信用证的开立方式及内容

（一）信用证的开立方式

信用证的开证方式有信开（open by mail）和电开（open by teletransmission）两种。所谓信开信用证是指开证行采用印就的信函格式开立的信用证，开证后通过航空邮寄的方式寄给通知行；电开信用证是指开证行采用电报或电传等电讯方式对内容经过加注密押所开立的信用证。

电开信用证又分为简电本（brief cable）、全电本（full cable）和SWIFT信用证。简电本是指开证行只通知已经开证，将信用证主要内容如信用证号码、开证申请人名称、受益人名称和地址、金额、装运期、有效期、货物名称、数量和价格等先通告通知行，详细条款另行通过航空邮寄的方式寄给通知行。全电本即开证行以电讯方式开证，把信用证全部条款传达给通知行。

电讯方式有广义和狭义之分。广义的电讯方式现在主要包括电传（telex）和电讯（SWIFT），而狭义的电讯方式则是指SWIFT方式。SWIFT（Society for Worldwide Interbank Financial Telecommunications）是环球银行金融电讯协会的简称。该协会成立于1973年，总部设在比利时的布鲁塞尔，在荷兰的阿姆斯特丹和美国的纽约分别设有交换中心。该协会设有自动化国际电讯网，专门从事传递国际非公开性的金融电讯业务，其成员银行可以通过该电讯网办理信用证的开立及结算、托收、国际间的财务结算、银行间的资金调拨、外汇买卖、证券交易等金融业务。用此方式开立的信用证叫作"全银电协信用证"，简称"SWIFT信用证"。

随着网络技术的发展，方便、快捷、安全、格式统一、条款明确的SWIFT信用证已基本取代传统的信开、电报、电传等方式开立的信用证，这些传统的方式不仅费用较高、手续烦琐，而且还存在条款文句缺乏统一性容易造成误解等弊端。因此，本书紧跟时代步伐，介绍目前普遍使用的SWIFT信用证。

（二）信用证的内容

SWIFT信用证是一种格式化的电文，必须使用SWIFT手册规定的代号，且必须遵守UCP600各项条款的规定。目前开立SWIFT信用证的格式代号为MT700和MT701，修改格式代号为MT707。下面将以MT700的开立格式为例讲解信用证的内容。

SWIFT信用证电文内容由报头（header block）、正文（text block）和报尾（trailer block）组成。报头部分又包括基本报头（basic header block）、应用报头（application header block）和用户报头（user header block）。报头内容包括信用证的发报行（sender）、收报行（receiver）、报文类型（SWIFT message type）、报文输入编号（message input No.）等信息；正文为电文的主体部分，其内容由若干个代号（TAG）组成的项目组成，不同的代号代表不同的含义，如代号50表示开证申请人，代号59表示受益人。SWIFT电文中的项目规定有一定的格式，各种SWIFT电文都必须按照这种格式表示。项目分必要项目（mandatory）和任意项目（optional）两种。必要项目是每个信用证必须具备的内容，任意项目是根据具体交易情况可选的内容，如20 DOCUMENTARY CREDIT NUMBER（信用证号码）就是必要项目，39A PERCENTAGE CREDIT AMOUNT TOLERANCE（信用证总金额加减百分比）为可选项目。报尾部分为报文密押信息（MAC）和校验信息（CHK）。报头和报尾内容多与银行相关，进出口商关注的重点内容是中间的正文部分。熟悉SWIFT正文项目中的常见代号和栏位名称是正确理解和解读信用证的前提。表2-2列举了MT700开立格式下的SWIFT信用证标准化格式正文内容。

表2-2　SWIFT 信用证标准化格式项目

MT700 跟单信用证标准化格式					
状态 STATUS	代号 TAG	栏位名称 FIELD NAME	解释 DESCRIPTION	内容 CONTENT/ OPTIONS	解释 DESCRIPTION
M[①]	27	Sequence of Total	合计次序	1n/1n	1 个数字 /1 个数字
M	40A	Form of Documentary Credit	跟单信用证类别	24x	24 个字符
M	20	Documentary Credit Number	跟单信用证号码	16x	16 个字符
O[②]	23	Reference to Pre-Advice	预通知编号	16x	16 个字符
M	31C	Date of Issue	开证日期	6n	6 个数字
M	40E	Applicable Rules	信用证适用的惯例	35x	35 个字符
M	31D	Date and Place of Expiry	信用证有效期及地点	6n29x	6 个数字 29 个字
O	51A[③]	Applicant Bank	信用证开证的银行	A or D	A 或者 D
M	50	Applicant	开证申请人	4*35x	4 行×35 个字符
M	59	Beneficiary	信用证的受益人	[/34x]4*35x	[34 个字符]4 行×35 个字符

MT700 跟单信用证标准化格式					
状态 STATUS	代号 TAG	栏位名称 FIELD NAME	解释 DESCRIPTION	内容 CONTENT/ OPTIONS	解释 DESCRIPTION
O	39A	Percentage Credit Amount Tolerance	信用证总金额允许上下浮动的最大范围	2n/2n	2 个数字 /2 个数字
O	39C	Additional Amounts Covered	附加金额	4*35x	4 行 × 35 个字符
M	41A	Available With… By…	指定银行及兑付方式	A or D	A 或者 D
O	42C	Drafts at…	汇票付款日期	3*35x	3 行 × 35 个字符
O	42A	Drawee	汇票付款人	A or D	A 或者 D
O	42M	Mixed Payment Details	混合付款条款	4*35x	4 行 × 35 个字符
O	42P	Negotiation/Deferred Payment Details	议付 / 延期付款条款	4*35x	4 行 × 35 个字符
O	43P[④]	Partial Shipments	分装条款	11x	11 个字符
O	43T[④]	Transshipment	转运条款	11x	11 个字符
O	44A	Place of Taking in Charge/ Dispatch from… /Place of Receipt	接受监管地 / 发运地 / 收货地	65x	65 个字符
O	44E	Port of Loading/Airport of Departure	装运港 / 始发机场	65x	65 个字符
O	44F	Port of Discharge/Airport of Destination	卸货港 / 目的机场	65x	65 个字符
O	44B	Place of Final Destination/ For Transportation to… / Place of Delivery	最后目的地 / 货物运至地 / 交货地	65x	65 个字符
O	44C	Latest Date of Shipment	最迟装运日	6n	6 个数字
O	44D	Shipment Period	装运期限	6*65x	6 × 65 个字符
O	45A	Description of Goods and/or Services	货物描述及 / 或交易条件	100*65z[⑤]	100 行 × 65 个字符
O	46A	Documents Required	所需单据	100*65z	100 行 × 65 个字符
O	47A	Additional Conditions	附加条款	100*65z	100 行 × 65 个字符
O	49G	Special Payment Conditions for Beneficiary	对受益人的付款安排指示条款	100*65z	100 行 × 65 个字符
O	49H	Special Payment Conditions for Receiving Bank	对收报行的付款安排指示条款	100*65z	100 行 × 65 个字符
O	71D	Charges	费用	6*35z	6 行 × 35 个字符
O	48	Period for Presentation in Days	交单期（以天计）	3n[/35x][⑥]	3 个数字 [35 个字符]

续表

MT700 跟单信用证标准化格式				
状态 STATUS	代号 TAG	栏位名称 FIELD NAME	解释 DESCRIPTION	内容 CONTENT/ OPTIONS	解释 DESCRIPTION
M	49	Confirmation Instructions	保兑指示	7x	7 个字符
O	53A	Reimbursing Bank	清算银行（偿付行）	A or D	A 或者 D
O	78	Instructions to the Paying/ Accepting/Negotiating Bank	对付款行／承兑行／议付 行的指示	12*65x	12 行×65 个字符
O	57A	"Advise Through" Bank	通知行	A, B, or D	A、B 或者 D
O	72	Sender to Receiver Information	银行间的通知（附言）	6*35z	6 行×35 字符

注：① M=Mandatory。

② O=Optional。

③ 51A 是一个任意项目，不是必要项目。该银行是有别于开证行（issuing bank) 的开证申请人的银行，它可能是没有 SWIFT code 的银行，或者因其他原因而无法开立信用证的小银行或分行，或者卖方不接受的进口商所在地银行，必须利用开证行的金融服务。

④ 43P Partial Shipments 和 43T Transshipment 字符数由 35x 变更为 11x，固定显示为 ALLOWED/NOT ALLOWED/CONDITIONAL 3 个可选项。

⑤ z 类字符包括原来 x 字符和新增加的 =！"" % & * < > ; { @ # _ 等 13 种字符。

⑥ 3n[/35x] 表示 3 个数字 [/35 个字符]，3n 表示天数，[/35x] 用于描述交单期起始日期类型。例如，若交单期为发票日后 15 天，则显示为 15/INVIOICE ISSUING DATE；若交单期为提单日后 21 天，则可直接展示为 21 天或者不展示此项内容。

（上表内容以 2018 年 11 月 18 日 SWIFT 组织对 MT700 报文格式的升级内容为准。）

由于可选项目的存在，SWIFT 信用证可以满足不同交易的多样化需求，从而在内容上呈现出复杂多变性。但是无论有多复杂，信用证内容大致可以概括成如下几类：

（1）信用证基本信息，如：

● 信用证类型（form of credit）

● 信用证号码（L/C No.）

● 开证日期（date of issue）

● 适用惯例（applicable rules）

● 有效日期及地点（date and place of expiry）

● 开证申请人（applicant）

● 受益人（beneficiary）

- 金额（amount）
- 兑用方式（available with/by）

（2）汇票条款，如：

- 汇票期限（draft at）
- 汇票的付款人（drawee）

（3）对运输的说明，如：

- 分批装运（partial shipment）
- 转运（transshipment）
- 装船 / 发运 / 接管地点（loading on boards/dispatch/taking in charge at/from）
- 目的地（for transport to）
- 最迟装运日期（latest date of shipment）

（4）对货物的说明（description of goods），如：

- 商品的名称（description）
- 品质规格（specification）
- 价格（price）
- 数量（quantity）
- 包装（packing）

（5）对单据的说明（document required），如：

- 商业发票（commercial invoice）
- 装箱单（packing list）
- 提单（bill of invoice）
- 产地证（certificate of origin）
- 保险单（insurance policy）
- 装运通知（shipping advice）

（6）附加条件的说明。这些说明是根据每一具体的交易需要加列的条款，如关于船龄的要求和佣金（commission）的说明、交单方式的补充说明等。

（7）有关银行费用、交单期、保兑和承诺付款的责任文句。

较为完整的 SWIFT 信用证内容如图 2-7 所示。

QIIB 〰 الـــدولـــي الإســـلامــي

--------------------- Instance Type and Transmission ---------------
Notification (Transmission) of Original sent to SWIFT (ACK)
Network Delivery Status : Network Ack
Priority/Delivery   : Normal
Message Input Reference   : 0735 170307QIIBQAQAAXXX3633736404
------------------------- Message Header -------------------------
Swift Input   : FIN 700 Issue of a Documentary Credit
Sender : QIIBQAQAXXX
        QATAR INTERNATIONAL ISLAMIC BANK
        DOHA QA
Receiver : DEUTINBBCEP
        DEUTSCHE BANK AG
        (TRADE FINANCE-CENTRAL ENTRY POINT ASIA)
        MUMBAI IN
------------------------- Message Text -------------------------
27: Sequence of Total
    1/1
40A: Form of Documentary Credit
    IRREVOCABLE
20: Documentary Credit Number
    ILCQIIB70062017Q
31C: Date of Issue
    170306
40E: Applicable Rules
    UCP LATEST VERSION
31D: Date and Place of Expiry
    170319HONGKONG
50: Applicant

59: Beneficiary - Name & Address

32B: Currency Code, Amount
    Currency   : USD (US DOLLAR)
    Amount   :   #3,858.00#
39B: Maximum Credit Amount
    NOT EXCEEDING
41A: Available With...By... - FI BIC
    HSBCHKHHHKH
    HONGKONG AND SHANGHAI BANKING CORPORATION LIMITED, THE
    (ALL HK OFFICES AND HEAD OFFICE)
    HONG KONG HK
    BY NEGOTIATION
42C: Drafts at...
    PLEASE REFER FIELD 47A CLAUSE NO.14
42A: Drawee - FI BIC
    QIIBQAQAXXX
    QATAR INTERNATIONAL ISLAMIC BANK
    DOHA QA
43P: Partial Shipments
    NOT ALLOWED
43T: Transshipment
    ALLOWED
44E: Port of Loading/Airport of Dep.
    ANY PORT IN CHINA
44F: Port of Discharge/Airport of Dest
    HAMAD PORT - QATAR
44C: Latest Date of Shipment

图 2-7 SWIFT 信用证样单

QIIB الدولي الإسلامي

170313

45A: Descriptn of Goods &/or Services
SOLAR CONNECTOR AND MC 4 CONNECTOR.

DELIVERY TERMS: CIF, HAMAD PORT- QATAR.

46A: Documents Required

1.ORIGINAL BENEFICIARY'S SIGNED COMMERCIAL INVOICES ISSUED TO ORDER AND FOR ACCOUNT OF 'QATAR INTERNATIONAL ISLAMIC BANK, P.O.BOX 664,DOHA QATAR' IN 1 ORIGINAL PLUS 3 COPIES SHOWING QUANTITIES, MANUFACTURERS: BRAND:CHINA, SHIPPING MARKS: AND FULL DETAILS OF GOODS FOR FULL CIF VALUE STATING 'WE CERTIFY THAT THE PRICES, SPECIFICATION AND QUANTITIES ARE STRICTLY AS PER PROFORMA INVOICE NO. RHT20170213601 DATED. FEB, 2017 AND THE ORIGIN OF THE GOODS IS "CHINA" AND INDICATE THAT GOODS ARE MARKED WITH NAME OF THE COUNTRY OF ORIGIN.

2.PACKING LIST IN 1 ORIGINAL PLUS 3 COPIES.

3.FULL SET OF CLEAN 'ON BOARD' OCEAN BILLS OF LADING MARKED WITH THE CREDIT NUMBER SHOWING QUANTITIES, SHIPPING MARKS: AND DESCRIPTION OF GOODS AND MARKED:'FREIGHT PREPAID' ISSUED TO THE ORDER AND FOR ACCOUNT OF 'QATAR INTERNATIONAL ISLAMIC BANK, P.O.BOX 664, DOHA QATAR AND NOTIFY:

4.SHORT FORM, BLANK BACK,COMBINED OR MULTIMODAL BILL OF LADING ARE NOT ACCEPTABLE AND B/L MUST CLEARLY INDICATE THE NAME OF THE CARRIER AND CLEARLY STATES ITS FUNCTION (THE CARRIER) AND NOT (AS CARRIER)

5.IN CASE SHIPMENT IS BY CONTAINERS, B/L MUST BEAR A SEPARATE NOTATION STATING (CONTAINERS ACTUALLY LOADED ON BOARD) DULY DATED AND SIGNED BY THE SAME SIGNER OF THE B/L.

6.B/L TO BE ISSUED BY THE MASTER/CARRIER OF THE CARRYING VESSEL OR THEIR AGENTS INDICATING NAME AND ADDRESS OF THEIR AGENT IN QATAR.

7.CERTIFICATE OF ORIGIN ISSUED BY LOCAL CHAMBER OF COMMERCE OR ANY OFFICIAL TRADE COMMITTEE IN THE EXPORTING/BENEF. COUNTRY SHOWING THE ORIGIN OF THE GOODS IS "CHINA" STATING FULL NAME AND ADDRESS OF THE MANUFACTURER(S) OR PRODUCER(S) AND TRADE MARKS OR BRAND NAMES OF GOODS WHICH SHOULD ALSO BE CLEARLY MENTIONED ON THE INVOICES (IN CASE THERE IS NO TRADE MARKS OR BRAND NAME, BENEFICIARY'S CERTIFICATE IS REQUIRED TO THIS EFFECT).

8.CERTIFICATE FROM THE OWNER, CARRIER OR CAPTAIN OF THE CARRYING VESSEL OR THEIR AGENT SHOWING ITS NAME, FLAG AND NATIONALITY ALSO CONFIRMING THAT IT IS PERMITTED TO ENTER ARAB PORTS (THIS CERTIFICATE IS NOT REQUIRED IF THE CARRYING VESSEL IS OWNED BY ARAB SHIPPING COMPANIES)

9.THE ABOVE MENTIONED CERTIFICATE, ORIGINAL INVOICE AND THE CERTIFICATE OF ORIGIN ARE TO BE CERTIFIED BY THE LOCAL CHAMBER OF COMMERCE AND LEGALIZED BY QATAR EMBASSY/CONSULATE IN THE EXPORTING/BENEF. COUNTRY.

10.CARRIERS OR CARRIER'S AGENT SIGNED CERTIFICATE EVIDENCING THAT CARRYING VESSEL IS CLASSIFIED 100A 1 BY LLOYDS (OR EQUIVALENT) AND IS OPERATED ON PRESENT VOYAGE BY A MEMBER OF NAMED CONFERENCE

图 2-7 SWIFT 信用证样单（续）

QIIB البنـــك الدولــــي الإسلامــــي

07/03/17-07:35:31   LCdeptPrinter-2110-000001   3

OR REGULAR LINE VESSEL AND AT THE TIME OF LOADING THE CARRYING
VESSEL IS ISM CODE CERTIFIED AND HOLD A VALID INTERNATIONAL
SAFETY MANAGEMENT CERTIFICATE AS WELL AS VALID ISM DOCUMENTS OF
COMPLIANCE AS REQUIRED BY THE SOLAS CONVENTION 1974 AS AMENDED.
.
11.INSURANCE POLICY/CERT.REQUIRED IN DUPLICATE IN NEGOTIABLE FORM
FOR THE FULL CIF VALUE OF THE GOODS PLUS 10 PERCENT COVERING
MARINE INSURANCE, SHOWING CLAIMS PAYABLE IN QATAR IN THE CURRENCY
OF THIS CREDIT TO THE ORDER OF 'QATAR INTERNATIONAL ISLAMIC BANK,
P.O.BOX 664, DOHA QATAR.' INSURANCE POLICY/CERT MUST COVER:
INSTITUTE CARGO CLAUSES (A) DATED 01/01/1982
PERILS AS PER INSTITUTE STRIKE CLAUSES (CARGO) DATED 01/01/1982
INSTITUTE WAR CLAUSES (CARGO) DATED 01/01/1982
INCLUDING THEFT, PILFERAGE, NON DELIVERY, WAREHOUSE TO WAREHOUSE
AND W.P.A.
IRRESPECTIVE OF PERCENTAGE. TRANSHIPMENT RISKS TO BE COVERED IF
TRANSHIPMENT EFFECTED COVERED A PERIOD INCLUDING 60 DAYS AFTER
DATE OF DISCHARGE AT FINAL DESTINATION PORT.
.
THIS INSURANCE POLICY/CERT. MUST SHOW THE NAME AND ADDRESS OF THE
INSURANCE COMPANY'S PRINCIPAL OFFICE, COUNTRY OF ITS
INCORPORATION AND THE NAME AND ADDRESS OF THEIR AGENT IN QATAR.
.
INSURANCE SHOWING A FRANCHISE CLAUSE OR AN EXCESS DEDUCTIBLE IS
NOT ACCEPTABLE
.
INSURANCE NOT CONTAIN ANY EXCLUSION OF RISKS NOR ANY RESTRICTION
CLAUSE NOT CONTAIN ANY WAR CANCELLATION CLAUSE OR CLAUSE OF
SIMILAR INTENT AND IN CASE OF WAR OR WARLIKE OPERATIONS AT
DESTINATION THIS INSURANCE SHALL CONTINUE TO PRODUCE ALL ITS
EFFECTS EVEN IF GOODS AND OR CONVEYANCE IS/ARE DEVIATED TO OTHER
DESTINATIONS BY THE CARRIER OR HIS AGENT.
47A: Additional Conditions
1.COSTS ADDITIONAL TO THE FREIGHT CHARGES ACCORDING TO ARTICLE
(26C) OF UCP 600 ARE NOT ACCEPTABLE. TRANSPORT DOCUMENTS HAVING
REFERENCE BY STAMP OR OTHERWISE TO CHARGES ADDITIONAL OF THE
FREIGHT CHARGES IS NOT ACCEPTABLE
.
2.ALL DOCUMENTS MUST BE ISSUED TO ORDER AND FOR ACCOUNT OF 'QATAR
INTERNATIONAL ISLAMIC BANK,P.O. BOX: 664, DOHA QATAR' EXCEPT
NOTIFY PARTY ON THE B/L.
.
3.DOCUMENTS ISSUED IN THE NAME OTHER THAN QATAR INTERNATIONAL
ISLAMIC BANK, DOHA QATAR ARE NOT ACCEPTABLE.
.
4.DRAFTS TOGETHER WITH THE RELATIVE DOCUMENTS TO BE DESPATCHED TO
OUR BANK (QATAR INTERNATIONAL ISLAMIC BANK, GRAND HAMAD
AVENUE,P.O.BOX.664 DOHA QATAR) AS:
A. ORIGINAL AND ONE COPY BY COURIER SERVICE
B. REMAINING COPIES BY REGISTERED AIRMAIL
.
5.PAYMENT UNDER RESERVE OR GUARANTEE IS NOT PERMITTED
.
6.ALL DOCUMENTS MUST BE ISSUED IN ENGLISH INDICATING THIS LC
NUMBER
.
7.ALL ORIGINAL TRANSPORT DOCUMENTS REQUIRED UNDER THIS L/C MUST
BE PRE-PRINTED WITH THE WORD "ORIGINAL"
.
8.ARTICLE NO.14 (I,K, AND L) OF UCP 600 ARE NOT APPLICABLE
.
9.ARTICLE NO.18 (a.iv and b) OF UCP 600 ARE NOT APPLICABLE

图 2-7 SWIFT 信用证样单（续）

QIIB الدولي الإسلامي

10.ALL NEGOTIATIONS MUST BE ENDORSED ON THE ORIGINAL COPY OF THIS CREDIT.

11.THE NEGOTIATING BANK SHOULD CONFIRM ON NEGOTIATION THAT THE ADVISING BANK'S CHARGES AND COMMISSION ALREADY PAID IN CASE THE CHARGES ARE FOR BENEF'S ACCOUNT.

12.FOR CONTAINER SHIPMENT,TRANSHIPMENT IS PROHIBITED EVEN IF GOODS LOADED BY CONTAINERS (IN CASE TRANSSHIPMENT IS NOT ALLOWED AND GOODS SHIPPED BY CONTAINERS)

13.A DOCUMENT DATED PRIOR TO THE ISSUANCE DATE OF THE CREDIT OR DATED LATER THAN ITS DATE OF PRESENTATION IS NOT ALLOWED

14.PAYMENT TERMS:
A.50 PCT OF LC VALUE TO BE PAID AS ADVANCE AGAINST PRESENTATION OF BENEFICIARY'S SIGNED COMMERCIAL INVOICES AND SIMPLE RECEIPT CONFIRMING TO REFUND THE ADVANCE PAYMENT AMOUNT IF THE L/C IS CANCELLED UNUTILIZED.
B.50 PCT OF LC VALUE TO TO BE PAID AT SIGHT AGAINST COMPLYING PRESENTATION OF DOCUMENTS CALLED FOR UNDER THIS LC.

15.PLEASE ACKNOWLEDGE RECEIPT.
71B: Charges
ALL BANK'S CHARGES AND COMMISSION
OUTSIDE QATAR ARE FOR BENEFICIARY'S
ACCOUNT AS WELL AS PAYMENT/REIMB.
CHARGES.
48: Period for Presentation
DOCUMENTS MUST BE PRESENTED WITHIN
21 DAYS FROM TRANSPORT DOCUMENT
DATE BUT WITHIN THE VALIDITY OF THE
CREDIT
49: Confirmation Instructions
WITHOUT
78: Instr to Payg/Accptg/Negotg Bank
UPON RECEIPT OF STRICTLY COMPLYING DOCUMENTS WE SHALL EFFECT THE PAYMENT IN ACCORDANCE WITH THE PAYMENT TERMS MENTIONED IN FIELD 47A CLAUSE NO.14.

THIS CREDIT IS SUBJECT TO THE UNIFORM CUSTOMS AND PRACTICE FOR DOCUMENTARY CREDITS PUBLICATION NO.600 OF THE ICC PARIS.
57A: 'Advise Through' Bank - FI BIC
/015 482078 838
HSBCHKHHHKH
HONGKONG AND SHANGHAI BANKING CORPORATION LIMITED, THE
(ALL HK OFFICES AND HEAD OFFICE)
HONG KONG HK
------------------------- **Message Trailer** -----------------------
{CHK:1933FDEF44EB}
PKI Signature: MAC-Equivalent
------------------------- **Interventions** -----------------------
Category   : Network Report
Creation Time : 07/03/17 07:35:19
Application   : SWIFT Interface
Operator   : SYSTEM
Text
{1:F21QIIBQAQAAXXX3633736404}{4:{177:1703070735}{451:0}}

图 2-7 SWIFT 信用证样单（续）

四、信用证的审核及修改

信用证的审核包括两个含义：一是通知行在收到开证行的信用证之后对信用证的表面真实性进行的审核。其审核的内容包括对开证行和保兑行（如果有）的经营作风和资信状况、信用证是否已经生效、信用证的限制性条款、付款责任、偿付路线和偿付条款等条款和规定。二是受益人对信用证正文部分的审核。其主要审核依据是双方达成的合同、UCP600，并以INCOTERMS2020、ISBP745等规定为辅。受益人审证时需要注意以下两个原则。

（1）对信用证的内容修改应该尽量一次提出，避免多次改证。这样不仅节约时间还避免费用的增加。由于银行通常按修改次数计算修改费用，且经过买方向开证行提出申请，开立信用证修改通知书，再通知到受益人，一般要历时数日。因此，受益人须对信用证全面审核之后一次性提出修改意见。

（2）秉承有利于双方贸易顺利进行、顺利结汇的原则，把握好必须修改与不必修改的度。对于与合同条款存在重大出入或软条款，如质量证明要求开证申请人会签，或严重损害卖方利益的条款，如信用证单价与合同不符、货物规格不符、交货期提前、交单期太短等，受益人必须要求修改信用证；而对于可改可不改的内容，如一般的单词拼写错误或交货期略有提前而卖方能够做到的情况，则可以灵活处理，无须要求对方修改信用证。

从信用证使用的流程上来看，信用证的修改是在信用证开立之后，开证申请人认为或根据受益人的要求，有必要对信用证内容或条款进行修改时，由开证申请人提出申请，填写修改申请书要求开证行对信用证内容进行修改，并再次按照原路径将修改通知书传递给受益人。UCP600第十条规定，在受益人向通知修改的银行表示接受该修改内容之前，原信用证（或先前已被接受修改的信用证）的条款和条件对受益人仍然有效。受益人应当发出接受或拒绝接受修改的通知。如受益人未提供上述通知，当其提交至指定银行或开证行的单据与信用证以及尚未表示接受的修改的要求一致时，该事实即视为受益人已做出接受修改的通知，并从此时起，该信用证已被修改。因此，在实务中，提出要求对信用证进行修改往往始于受益人，也止于受益人，即信用证的修改大多由受益人提出，接受或拒绝也由受益人做出决定。鉴于此，本书从受益人的角度讲解如何审核信用证并向买方发出要求其修改信用证的通知函。

一般而言，受益人对信用证的审核主要是审核信用证的正文部分，其要点如下：

（1）审核信用证基本信息。主要审核信用证是否是不可撤销的、是否可以转让、是否可以保兑。UCP600规定，所有跟单信用证一经开出即是不可撤销的。当合同约定使用可转让信用证或保兑信用证时，受益人须予以核实。同时，重点审查信用证的开证申请人与受益人公司名称与地址是否与合同一致，尤其是公司名称，不得有误。若公司名称一致，仅地址略有出入，根据UCP600的解释，则可以不提出修改，属于可改可不改的范围。

信用证的金额、货币种类、浮动比例、兑用方式等都必须与合同保持一致，才能保证安全收汇，确保受益人的利益。此外，根据国际商会2018年11月对SWIFT信用证报文格式的最新升级，信用证的开证日期由O（任意显示项）变更为M（必须显示项），这意味着现在的信用证必须显示开证日期。受益人应当知晓这一变动。

信用证的交单期、有效期及有效地点应当与装运期有合理的时间间隔。一般交单期应该在信用证的装运期之后15~21天，且受益人应当尽量争取交单地点在出口商所在地；否则，当交单期限较短，有效地点又在进口国时，受益人将会面临单据无法按时送达开证行或指定银行的风险，从而影响交单结汇。若有效地点在出口商所在地，不仅出口商有充足的时间备单，而且即使在首次交单存在不符点时，受益人仍有修改单据并按时交单的余地。因此，一般受益人会要求有效地点为出口商所在地。

（2）审核相关运输信息。审核最迟装运期是否提前，装运港、目的港以及关于转运、分批的规定是否与合同相符。尤其是在大宗交易下，如果受益人必须分批转运，则信用证应当允许转运；否则，即使受益人发货，按时交货，也会面临单证不符的风险。如果信用证规定的最迟装运日比合同日期早，而受益人无法办到，则必须要求对方修改信用证。

（3）审核货物的描述。货物的描述必须与合同一致，包括货物的名称、货号、规格、数量、包装方式、单价、金额等内容。这些是受益人装船交货和制单结汇的重要依据，受益人应当逐项审核其描述是否与合同一致。

（4）对单据条款的审核。46A单据条款是银行在审核受益人单据时的重要依据，受益人在收到信用证时必须谨慎逐条解读，对于不合理的要求必须提出修改，否则即使提交了与合同相符的货物也无法从银行顺利地交单结汇。受益人须逐条审查单据条款，核实单据的种类、份数、性质及内容是否与合同内容、国际惯例、当地的习惯做法等一致。如成交术语为FOB，信用证却要求受益人提交清洁已装船提单，注明"运费已付"，受益人显然无法做到，必须要求开证申请人修改。

（5）审核附加条款。除上述单据条款之外，受益人也须留意信用证中47A附加条款的内容。对这部分内容的忽视往往会造成单证不符。如信用证中在这一部分常见的规定"所有单据必须显示信用证号码、开证日期和开证行"，受益人必须在制单时对46A所要求的所有单据均显示信用证号码、开证日期和开证行名称；否则，即构成不符点，会遭到开证行的拒付。

（6）警惕软条款。信用证项下的软条款是指信用证中规定有某些单据需要办理特殊手续，或规定受益人提交某些不合理的单据，而使得受益人处于被动境地，受开证申请人控制，即使受益人严格地履行合同也无法交单结汇。这其中，最为典型的软条款就是要求单据经过开证申请人会签，如"The certificate of quality should be countersigned by the applicant before presented to the issuing bank"。这种情况下，若开证申请人故意不签字或者拖延签字时间，则会造成受益人无法交单或无法按时交单的情形。因此，受益人须逐条阅读信用证条款，确保不存在类似软条款。

（7）审核银行费用支付责任。银行费用包括开证费、通知费、保兑费、议付费、修改费、邮费及电报费等。这些费用通常由受益人和开证申请人按照属地原则进行分摊，即开证申请人所在地银行的费用由开证申请人承担，受益人所在地银行发生的费用由受益人承担。当受益人认为信用证存在不合理的费用分摊条款时，如所有银行费用均由受益人承担，受益人可以提出修改信用证。

下面将通过实例讲解对信用证的审核以及将审核结果告知开证申请人，要求其对开证行提出修改信用证的过程。

上海晨星技术有限公司从韩国FEK PLUS公司进口Spaceman牌四驱旋转遥控玩具汽车3 000台。合同主要内容及补充信息如下：

SALES CONTRACT

CONTRACT NO.: FEKP0525

DATE: May 25, 2016

THE BUYER: SHANGHAI MORNINGSTAR TECHNOLOGY CO., LTD.

　　　　　15 CHANGPING ROAD, SHANGHAI, CHINA

THE SELLER: FEK PLUS CO., LTD.

　　　　　1-209 HANNAMDONG YOUNGSAN-KU, SEOUL, KOREA

This CONTRACT is made by and between the Buyers and the Sellers; whereby the Buyers agree to buy and the sellers agree to sell the undermentioned goods on the terms and conditions stated below:

(1) Name of commodity, Specifications, Packing Terms and shipping marks	(2) Quantity	(3) Unit price	(4) Total amount
"Spaceman" brand four-drive rotary remote control toy car	3,000 sets	CIF Shanghai, China USD12.50/set	USD37,500.00
Total:	3,000 sets		USD37,500.00
Total amount in words: SAY US DOLLARS THIRTY-SEVEN THOUSAND FIVE HUNDRED ONLY.			

(5) Port of loading: Seoul, Korea.

(6) Port of destination: Shanghai, China.

(7) Partial shipment: not allowed.

(8) Transshipment: allowed.

(9) Time of shipment: during November, 2016.

(10) Terms of Payment: By irrevocable Letter of Credit at 45 days sight to reach the seller not later than June 10, 2016, valid for negotiation in Korea until the 15th day after time of shipment.

(11) Documents: to facilitate the Buyer to check up, all documents should be made in a version identical to that used in this contract.

+Signed commercial invoice in three folds.

+Packing List in three folds indicating gross and net weights of each package.

+Full set of Clean on Board Ocean Bill of Lading made out to order, blank endorsed, notifying the applicant, marked "freight prepaid".

+Certificate of Origin in 1 original and 1 copy issued by the chamber of commerce in Korea.

+Shipping advice: the Seller shall upon completion of loading, advise immediately the Buyer by cable the contract number, name of commodity, L/C number, number of packages shipped, gross and net weight, name of vessel, loading date, ETD and ETA.

(12) Insurance: Insurance policy/Certificate in duplicate endorsed in blank for 110% invoice value covering ICC (A) and War Risk showing the claim payable in the same currency of the credit in destination.

THE BUYER   THE SELLER

SHANGHAI MORNINGSTAR TECHNOLOGY CO., LTD.   FEK PLUS CO., LTD.

Hailing Wang (signature)   Minwoo Sung (signature)

出口商 FEK PLUS CO., LTD. 收到中国银行上海分行开来的信用证，正文如下：

40A: Form of Documentary Credit:

          Irrevocable

20: Documentary Credit Number:

          BOC 1622111059

31C: Date of Issue:

          160602

40E: Applicable Rules:

          UCP LATEST VERSION

31D: Date and Place of Expiry:

161115 IN CHINA

50: Applicant:

FEK PLUS CO., LTD.

1-209 HANNAMDONG YOUNGSAN-KU, SEOUL, KOREA

59: Beneficiary:

SHANGHAI MORNINGSTAR TECHNOLOGY CO., LTD.

32B: Currency Code, Amount:

CURRENCY: USD (US Dollar)

AMOUNT: 31,500.00

39B: Maximum Credit Amount:

NOT EXCEEDING

41A: Available with…By:

ANY BANK BY NEGOTIATION

42C: Drafts at…:

45 DAYS AT SIGHT

42A: Drawee:

SHANGHAI MORNINGSTAR TECHNOLOGY CO., LTD.

43P: Partial Shipments:

NOT ALLOWED

43T: Transshipment:

NOT ALLOWED

44E: Port of Loading/Airport of Dep.:

SEOUL, KOREA

44F: Port of Discharge/Airport of Des:

SANHAI, CHINA

44C: Latest Date of Shipment:

161031

45A: Description of Goods and/or Services:

3,000 sets of "Spaceman" brand four-drive rotary remote control toy cars

46A: Documents Required:

+Signed commercial invoice in three folds.

+Packing list in three folds indicating gross and net weights of each package.

+Full set of Clean on Board ocean Bill of Lading made out to order, blank endorsed, notifying the applicant, marked "freight collect".

+Certificate of Origin in 1 original and 1 copy issued by the chamber of commerce in China.

+ Shipping advice: the Seller shall upon completion of loading, advise immediately the Buyer by cable the contract number, name of commodity, L/C number, number of packages shipped, gross and net weight, name of vessel, loading date, ETD and ETA.

+ Insurance policy/Certificate in duplicate endorsed in blank for 120% invoice value covering ICC (A) and War Risk showing the claim payable in the same currency of the credit in destination.

47A: Additional Conditions:

1. ALL ORIGINAL TRANSPORT DOCUMENTS REQUIRED UNDER THIS L/C MUST BE PRE-PRINTED WITH THE WORD "ORIGINAL".

2. PAYMENT UNDER RESERVE OR GUARANTEE IS NOT PERMITTED.

3. COSTS ADDITIONAL TO THE FREIGHT CHARGES ACCORDING TO ARTICLE 26(c) OF UCP600 ARE NOT ACCEPTABLE TRANSPORT DOCUMENTS HAVING REFERENCE BY STAMP OR OTHERWISE TO CHARGES ADDITIONAL OF THE FREIGHT CHARGES IS NOT ACCEPTABLE.

4. ALL CHARGES AND COMMISSIONS ARE FOR ACCOUNT OF BENEFICIARY.

5. ALL DOCUMENTS MUST BE ISSUED IN ENGLISH.

出口商公司单证员Susan根据合同审核信用证后发现，信用证中以下项目存在与合同不符或可能会让出口商面临无法顺利交单结汇的风险。

（1）50: Applicant 和59: Beneficiary 开证申请人和受益人。开证申请人与受益人应该分别对应进口商和出口商，信用证中的开证申请人与受益人则恰恰与之相反。

（2）32B: Currency Code, Amount 币别代码与金额。信用证金额有误。合同中货物的金额为 USD37,500.00，而信用证的金额仅为 31,500.00（注意：信用证中的金额习惯用 "," 作为千位分隔符，信用证中 USD31,500.00 代表通常意义上的 USD31,500.00）。信用证金额不足使得受益人面临无法取得全额货款的风险。

（3）42A: Drawee 信用证付款人。UCP600 第六条明确规定：不得开立包含有以开证申请人为汇票付款人条款的信用证。在信用证方式下，开证行承担第一付款责任，信用证必须以开证行或指定付款行作付款人，而不得以开证申请人为付款人，否则信用证便不再具有其银行信用特点，与跟单托收无异。受益人必须认真审查该项目，如有违背，必须提出修改。

（4）43T: Transshipment 转运。合同规定允许转运，信用证应该同合同保持一致。

（5）44F: Port of Discharge/Airport of Des 目的港。信用证中的目的港 Sanhai, China 拼写有误，应当与合同条款中的 Shanghai, China 保持一致。这种关键信息的拼写错误将给顺利交货留下巨大隐患，属于必须修改的内容。受益人应当及时通知开证申请人更正信息。

（6）44C: Latest Date of Shipment 最迟装运日。信用证中规定的最迟装运日较合同规定提前了一个月。合同中规定装运期为during November, 2016，交货截止日期应该为2016年11月30日，信用证中则规定为2016年10月31日，提前了整整一个月。除非卖方有十足的把握能在2016年10月31日之前交货，否则，装运期的提前往往会让卖方十分被动，无法按时交货。因此，受益人应当要求开证申请人修改信用证条款与合同保持一致，即最迟装运期为2016年11月30日。

（7）31D: Date and Place of Expiry信用证的有效期和有效地点。信用证显示的有效期为2016年11月15日，地点在中国。显而易见，开证申请人做出这一规定是以装运期为2016年10月31日为基础进行推算的。若按照合同要求，最迟装运期应该为2016年11月30日，这样，根据合同中关于信用证有效性的表述 "valid for negotiation in Korea until the 15th day after time of shipment"，信用证的有效期应该为2016年12月15日，即装运日之后15天。同时，有效地点应该在Korea 而不是China。

（8）46A: Documents Required 所需单据。所需单据中，关于提单的要求与双方所采用的贸易术语不符。合同中贸易术语为 CIF Shanghai, China，这表明运费由卖方支付，提单上应当注明 "运费已付 / 预付 freight paid/prepaid"，而不是 "运费到付 freight collect"。产地证应该由出口商所在地的商会出具才合理，而不是由进口商所在地的商会出具。保单上的保险加成率应该为 10%，与合同保持一致，而不是信用证中的 20%。增加保险加成率会导致出口商成本增加，于出口商不利。

（9）47A: Additional Conditions 附加条件。信用证中规定有关银行费用全部由受益人承担，除非合同另有约定，受益人应当要求开证申请人一起分摊。受益人所在地银行产生的费用由受益人承担，开证申请人所在地产生的费用由开证申请人承担。

根据以上这些发现，出口商公司单证员 Susan 决定迅速向进口商告知信用证审核结果，并要求对方及时向开证行申请修改相关条款。信件内容如下：

Dear Ms. Zhang,

Thank you very much for your promptly opening the irrevocable Letter of Credit No. BOC 1622111059 issued by Bank of China, Shanghai Branch. It is regretful that we find some discrepancies with our Sales Contract No. FEKP0525. The details are as follows:

1. 50: Applicant should be your company: SHANGHAI MORNINGSTAR TECHNOLOGY CO., LTD.

2. 59: Beneficiary should be our company: FEK PLUS CO., LTD.

3. 31D: Please extend the DATE OF EXPIRY to December15, 2016, and amend PLACE OF EXPIRY to IN KOREA.

4. 32B: Currency Code and Amount should be USD37,500.00.

5. 42A: Drawee should be the opening Bank.

6. 43T: Transshipment should be allowed.

7. 44F: Port of Discharge: Shanghai, China.

8. 44C: Latest Date of Shipment should be November 30, 2016. Our company can not deliver the goods in October as requested in L/C.

9. 46A: Ocean Bill of Lading should indicate "marked freight prepaid".

10. 46A: Certificate of Origin should be issued by Chamber of Commerce in Korea.

11. 46A: Insurance policy should cover 110% invoice value rather than 120%.

12. 47A: All banking charges and commissions outside China should be borne by the beneficiary.

Please instruct the issuing bank to amend the L/C ASAP. Thank you very much for your cooperation.

We are looking forward to your early L/C amendments.

Yours truly,
Susan

    这类信件通常由三部分内容组成：一是告知对方收到了信用证并表示感谢，注明信用证的开证行、信用证号码和开证日期便于对方查找和核实；二是列明信用证中需要修改的项目和条款，重点突出，直截了当，以助对方一目了然，迅速找到主要内容；三是感谢对方的合作，并表达希望能早日收到信用证修改通知书。倘若装运期临近，也可以提醒对方尽量早日申请修改信用证，否则会影响租船订舱，不利于货物装运的安排。

第三章 发 票

 ## 第一节 发票基础知识

发票是卖方对所售货物的详细和全面说明。国际贸易中常见的发票包括商业发票（commercial invoice）、海关发票（customs invoice）、形式发票（proforma invoice）、领事发票（consular invoice）和厂商发票（manufacturer's invoice）等。不同类别的发票因用途不同，其记载内容会稍有差异。其中，以商业发票最为常见、用途最广，是进出口贸易中最重要的单据之一，也是全套单据制作的核心。

一、商业发票

（一）商业发票的定义及作用

商业发票（commercial invoice），简称发票（invoice），是卖方开立的、向买方索取货款的价目清单，是对整个交易及货物有关内容的总体说明。国际贸易中，商业发票虽不是物权凭证，却是出口商交单议付必须提交的重要单据之一，是出口商制作全套单据的核心和主要依据。商业发票的重要性和作用体现在以下几个方面：

1. 商业发票是交易的证明文件

对出口商而言，商业发票是能够说明合同履行情况的证明文件，它详细列明了出口商在该笔业务下所装运货物的名称、商品规格、数量、价格条款、单价及总值等信息，可以证明出口商按合同履行了交货的义务。进口商可以依据发票内容，通过与合同条款逐条核对，了解卖方的履约情况，进行验收，并凭之付款。

2. 商业发票是买卖双方记账及核算的依据

商业发票是销售货物的凭证。它是出口商记录销售情况、进口商记录购货情况、核算经营盈亏、掌握经济效益的基本依据。对于进口商而言，也是收货、记账、支付货款的原始凭证，是买卖双方会计记账及核算的重要依据。

3. 商业发票是买卖双方办理报关、清关、纳税、退税的凭证

在货物出运前，出口商需要向海关递交商业发票，作为报关发票，海关凭此核算税金，并作为验关放行和统计的凭证之一。在中国，出口商发出货物，并完成了整桩交易后，在申请出口退税的环节，仍然需要随附发票。进口商在办理进口货物的清关手续时也必须提

交商业发票。一般情况下，进口海关直接以商业发票的金额作为其计算海关税费征收数额的依据。

4. 商业发票是出口商缮制其他单据的依据

国际贸易中，其他单据的缮制在一定程度上都需以商业发票为依据，如保险单据、运输单据、检验检疫单据的制作和取得都需要提供商业发票。在装箱单的制作中，往往引用商业发票的号码作为装箱单的号码；汇票的出票依据中也常常引用商业发票的编号作为参考号码。

5. 商业发票是索赔和理赔的重要凭证

发生保险索赔时，发票可以起到证明货物价值的作用。保险公司在理赔时往往要求提供商业发票作为理赔的凭证之一。

6. 商业发票可以代替汇票作为付款依据

在汇付项下，买方可以凭发票而不使用汇票直接向卖方支付货款。在即期付款信用证和延期付款信用证项下，进口商为合理避开印花税，尤其是欧盟进口商，往往会选择不使用汇票，而直接使用发票作为付款依据。

（二）商业发票的内容

进出口贸易中使用的商业发票与国内贸易发票不同，一般为出口商编制。虽然本书第一章也介绍到，国际上有推荐的联合国商业发票式样，但是由于各国和各企业的贸易惯例不同，为满足具体的交易需要，实务中的商业发票格式并不固定。近些年来，在中国各地也陆续出现了国内税务机关统一印制的通用出口发票，内容与一般发票项目相同。若进口商接受，通用出口发票也可以用于收汇。但若与进口商要求不一致，这种发票只能在报关、报检等国内环节中使用，对外收汇时，出口商仍需根据进口商要求自行制作发票。

虽然商业发票没有统一格式，但其基本内容大致相同。一般而言，商业发票的内容包括首文、本文和结文部分。

商业发票的首文部分主要包括发票的出票人、发票名称、发票抬头、发票编号、日期、合同编号、合同日期、信用证号码及日期、运输路线与方式、付款方式等。

商业发票的本文部分包括唛头、货物描述、数量、单价和总值等。

商业发票的结文部分包括各种补充的证明文句、声明、发票制作人的签章等。

常见的商业发票格式参见商业发票式样一和式样二。这两种格式布局虽然不同，内容略有差异，但主要内容基本一致。式样一的首文部分包括商业发票名称，1.出口商，2.进口商，3.运输事项，4.发票日期和发票号码，5.合同号码，6.信用证号码，7.原产国/地区，8.贸易方式，9.交货和付款条件；本文部分包括10.运输标志和集装箱号，11.包装类型和件数、货物描述、货号、商品编码，12.数量，13.单价，14.金额，15.总金额；结文部分包括自由处置区和出口商签章。

式样二的首文部分包括栏目 (1)～(11)，与式样一的首文部分略有不同。实务中，往往有出口商根据具体的交易情形和进口商的要求进行设置，并不拘泥于特定的格式；式样二的本文部分和结文部分与式样一的本文部分和结文部分一样。出口商可以在左下方空白区域自行补充声明文句或备注。

商业发票式样一

Commercial Invoice

1. 出口商 Exporter	4. 发票日期和发票号码 Invoice date and No.	
	5.合同号码 Contract No.	6. 信用证号码 L/C No.
2. 进口商 Importer	7. 原产国 / 地区 Country/Region of origin	
	8. 贸易方式 Trade mode	
3. 运输事项 Transport details	9. 交货和付款条款 Terms of delivery and payment	

10. 运输标志和集装箱号Shipping marks; Container No.	11. 包装类型和件数、货物描述、货号、商品海关编码Number & kind of packages; Description of goods; Commodity No.; H.S. code	12. 数量 Quantity	13. 单价 Unit price	14. 金额 Amount

15. 总金额（用数字和文字表示）Total amount (in figure and words)

自由处置区

Free disposal

出口商（签章）

Exporter stamp and signature

商业发票式样二

(1) HONGDOU INTERNATIONAL CO., LTD.

NO. 35 JIANGNING ROAD, SHANGHAI, CHINA

(2) COMMERCIAL INVOICE

(3) TO:

(4) Invoice NO.:

(5) Date:

(6) S/C NO.:

(7) Date:

(8) Payment terms:

From (9)_____ to (10)_____ by (11)_____

(12) Marks & Nos.	(13) Description of goods	(14) Quantity	(15) Unit price	(16) Amount

TOTAL AMOUNT IN WORDS:

(17) Signature

二、海关发票

（一）海关发票的定义及作用

海关发票（customs invoice）是根据进口国家海关的规定，由出口商填制并签署，由进口商在办理进口货物的海关申报手续时提交，供进口国海关办理进口通关、确定征收进口税目和税率并予以放行的一种特定格式的发票。

各国海关发票的单据名称和内容不尽相同，但主要内容是货物价值和原产地证明，供海关作为估价完税、确定价格、征收差别待遇关税或征收反倾销税的依据。各国使用的海关发票不同，不能互相替代。出口商可以自行在进口国海关网页上下载空白表格或要求进口商提供空白海关发票，再按要求填写。海关发票主要在非洲、美洲和大洋洲的某些国家使用较多。常见的海关发票名称及格式如下：

1. 美国：SPECIAL CUSTOMS INVOICE (FORM 5519棉布、棉涤纶、人造棉布，FORM 5520钢铁，FORM 5523鞋类等）；

2. 加拿大：CANADA CUSTOMS INVOICE；

3. 新西兰：COMBINED CERTIFICATE OF VALUE AND OF ORIGIN AND INVOICE OF GOODS FOR EXPORTATION TO NEW ZEALNAD (FORM 59 A)；

4. 澳大利亚：COMBINED CERTIFICATE OF VALUE AND OF ORIGIN TO BE WRITTEN (C.C.V.O.), TYPEWRITTEN OR PRINTED ON INVOICE OF GOODS FOR EXPORTATION TO THE COMMONWEALTH OF AUSTRALIA（出口至澳大利亚的中国出口商可以直接在出口商自制的商业发票上写明商品的价值、加注原产地证明即可满足澳大利亚海关要求）；

5. 加勒比共同市场：CARI-COM INVOICE；

6. 尼日利亚：COMBINED CERTIFICATE OF VALUE AND OF ORIGIN AND INVOICE OF GOODS FOR EXPORTATION TO FEDERATION OF NIGERIA (BOWCOURT NO. 25)；

7. 南非：DECLARATION OF ORIGIN FOR THE EXPORT OF GOODS TO THE REPUBLIC OF SOUTH AFRICA；

8. 肯尼亚：COMBINED CERTIFICATE OF VALUE AND INVOICE IN RESPECT OF GOODS FOR EXPORTATION INTO KENYA, UGANDA AND TANZANIA。

海关发票的作用：

1. 进口商报关、进口国海关估价完税或征收差别待遇关税的凭证；

2. 证明货物原产地的依据；

3. 进口国海关核查货物在出口国国内市场上的价格，以确定该货物是否为低价倾销以及进口商是否虚报价格的依据；

4. 进口国海关编制统计资料的依据。

（二）海关发票的内容

不同进口国家编制的海关发票内容不尽相同。总体看来，海关发票的内容主要包括：1. 进出口双方的名称和地址；2. 运输工具；3. 商业发票号码和日期；4. 货物名称、规格；5. 货物的数量、件数，唛头；6. 原产国；7. 货物的单价和总价；8. 各种费用详表；等等。样单如图3-1所示，以加拿大海关发票为例。

Help | Aide   Restore - Restaurer

Canada Border Services Agency   Agence des services frontaliers du Canada

CANADA CUSTOMS INVOICE
FACTURE DES DOUANES CANADIENNES

PROTECTED PROTÉGÉ **B** when completed une fois rempli

Page ___ of de ___

1. Vendor (name and address) - Vendeur (nom et adresse)	2. Date of direct shipment to Canada - Date d'expédition directe vers le Canada **yyyy/mm/dd**
	3. Other references (include purchaser's order No.) Autres références (inclure le n° de commande de l'acheteur)
4. Consignee (name and address) - Destinataire (nom et adresse)	5. Purchaser's name and address (if other than consignee) Nom et adresse de l'acheteur (s'il diffère du destinataire)
	6. Country of transshipment - Pays de transbordement
	7. Country of origin of goods Pays d'origine des marchandises — IF SHIPMENT INCLUDES GOODS OF DIFFERENT ORIGINS ENTER ORIGINS AGAINST ITEMS IN 12. SI L'EXPÉDITION COMPREND DES MARCHANDISES D'ORIGINES DIFFÉRENTES, PRÉCISEZ LEUR PROVENANCE EN 12.
8. Transportation: Give mode and place of direct shipment to Canada Transport : Précisez mode et point d'expédition directe vers le Canada	9. Conditions of sale and terms of payment (i.e. sale, consignment shipment, leased goods, etc.) Conditions de vente et modalités de paiement (p. ex. vente, expédition en consignation, location de marchandises, etc.)
	10. Currency of settlement - Devises du paiement

11. Number of packages Nombre de colis	12. Specification of commodities (kind of packages, marks and numbers, general description and characteristics, i.e., grade, quality) Désignation des articles (nature des colis, marques et numéros, description générale et caractéristiques, p. ex. classe, qualité)	13. Quantity (state unit) Quantité (précisez l'unité)	Selling price - Prix de vente	
			14. Unit price Prix unitaire	15. Total

18. If any of fields 1 to 17 are included on an attached commercial invoice, check this box Si tout renseignement relativement aux zones 1 à 17 figure sur une ou des factures commerciales ci-attachées, cochez cette case Commercial Invoice No. - N° de la facture commerciale ▶ ☐	16. Total weight - Poids total		17. Invoice total Total de la facture
	Net	Gross - Brut	

19. Exporter's name and address (if other than vendor) Nom et adresse de l'exportateur (s'il diffère du vendeur)	20. Originator (name and address) - Expéditeur d'origine (nom et adresse)

21. Agency ruling (if applicable) - Décision de l'Agence (s'il y a lieu)	22. If fields 23 to 25 are not applicable, check this box Si les zones 23 à 25 sont sans objet, cochez cette case ☐

23. If included in field 17 indicate amount: Si compris dans le total à la zone 17, précisez :	24. If not included in field 17 indicate amount: Si non compris dans le total à la zone 17, précisez :	25. Check (if applicable): Cochez (s'il y a lieu) :
(i) Transportation charges, expenses and insurance from the place of direct shipment to Canada Les frais de transport, dépenses et assurances à partir du point d'expédition directe vers le Canada	(i) Transportation charges, expenses and insurance to the place of direct shipment to Canada Les frais de transport, dépenses et assurances jusqu'au point d'expédition directe vers le Canada	(i) Royalty payments or subsequent proceeds are paid or payable by the purchaser Des redevances ou produits ont été ou seront versés par l'acheteur
(ii) Costs for construction, erection and assembly incurred after importation into Canada Les coûts de construction, d'érection et d'assemblage après importation au Canada	(ii) Amounts for commissions other than buying commissions Les commissions autres que celles versées pour l'achat	(ii) The purchaser has supplied goods or services for use in the production of these goods L'acheteur a fourni des marchandises ou des services pour la production de ces marchandises
(iii) Export packing Le coût de l'emballage d'exportation	(iii) Export packing Le coût de l'emballage d'exportation	☐

Dans ce formulaire, toutes les expressions désignant des personnes visent à la fois les hommes et les femmes.

CI1 (08/09)   **If you require more space, please attach another sheet. - Si vous avez besoin de plus d'espace, veuillez joindre une autre feuille.**   BSF189

图 3-1　加拿大海关发票

三、形式发票

（一）形式发票的定义及作用

形式发票（proforma invoice, PI）又称预开发票、报价发票或估价发票，是由卖方按照拟报价出售货物时开立给买方的一种非正式发票，发票内容包括货物名称、规格、单价、装运条件、付款条件等。形式发票虽然亦被称为发票，然而并不用作收付货物款项的依据和凭证。因此，尽管从格式和内容上看，形式发票与商业发票有许多共同之处，但从其作用上来看，形式发票更类似于报价单或销售确认书，而不是发票。形式发票的作用有如下几点：

1. 向进口商报价或对原买卖合同待定内容给予补充和明确

形式发票中对货物名称、规格、单价和数量的描述可以起到报价单的作用。此外，进出口双方在签订合同时，有些细节内容尚不十分确定，等到开始履行合同的时候，形式发票就可以补充和明确每一批次交货的细节内容，如该批次所交货物的颜色、尺码、重量、数量等。进出口双方以形式发票的形式对具体交易细节进行明确，有利于双方更好地履行合同。

2. 进出口双方签字确认后用作销售确认书

一般在小额贸易情形下，若买卖双方有长期合作的经历，双方可以约定不签正式出口合同，而由出口商开立形式发票将交易的主要内容详列清楚，经买方核实，签字确认后，可以起到销售确认书的作用。经签署的形式发票对进出口双方均有约束力。若买方没有签字确认，形式发票便只是形式上的、无实际意义的发票，对买卖双方都没有约束力。

3. 供进口商申请进口许可、外汇许可和开立信用证

由于形式发票上详细载明了进口货价及有关费用，有些国家规定可以凭形式发票申请进口许可证、审批外汇或向海关申报货物价格。进口商也可以凭形式发票上详细的交货条款作为申请开立信用证的依据。

（二）形式发票的内容

形式发票与商业发票的内容大致相同，但是在实务中，由于卖方开立形式发票时也往往期待买方签字确认后可以起到合同的作用。因此，形式发票的内容更类似于销售确认书或合同，通常会根据客户和业务需要补充说明货物的装运期、装运港和卸货港、包装条款、付款方式、保险条款以及出口商银行等信息。其具体内容参见以下样单：

NINGBO CARNATION MACHINERY CO., LTD.

NO. 368 JIANSHE ROAD, 315040 NINGBO, CHINA

PROFORMA INVOICE

BUYER:	INVOICE NO.:	17CARMC3889T
CHAIN TRADING SRL	INVOICE DATE:	2017/JULY/22
VIA DRCALE RABOTTE 10		
27058 VOGHERA (PV)		
ITALY		
PORT OF LOADING: SHANGHAI, CHINA	PLACE OF DELIVERY: GENOVA, ITALY	
MEANS OF TRANSPORT:	PAYMENT TERM:	
BY SEA	BY IRREVOCABLE L/C AT 60 DAYS FROM B/L DATE	

MARKS & NUMBERS:	GENOVA 17CARMC3889T NO.UP	DELIVERY ADDRESS: CHAIN TRADING SRL, VIA BITCONVALLAZIONE 20 - 26017 TORTONA (AL) ITALY

DESCRIPTION OF GOODS: 168,700 PCS BEARING, CHAIN LINKS AND 6015MTS CHAIN AS PER PROFORMA INVOICE NO. 17CARMC3889T DATED JULY 22, 2017 FOR THE TOTAL AMOUNT OF EUR 20,529.55 FOB SHANGHAI

S/N	ITEM NAME	ITEM NO.	QTY	UNIT	UNIT PRICE IN EUR, FOB SHANGHAI	AMOUNT IN EUR
1	BEARING	6001 2RS	165,200	PCS	€ 0.105/PC	€ 17,346.000
2	CHAIN LINKS	6002	3,500	PCS	€ 0.217/PC	€ 759.500
3	CHAIN	6003 2RS	6,015	MTS	€ 0.403/MT	€ 2,424.045
TOTAL:			6015MTS+168700PCS			€ 20,529.55

DELIVERY DATE: TO BE ON BOARD ON/BEFORE OCTOBER 25, 2017

ALL PACKAGES INCLUDING NO WOOD MATERIAL

PARTIAL SHIPMENT ALLOWED AND TRANSHIPMENT SHIPMENT NOT ALLOWED, **10%** MORE OR LESS SHIPMENT ALLOWED.

BANKING INFORMATION FOR EUR:

Beneficiary's Bank: BANK OF CHINA, NINGBO BRANCH

Beneficiary's Bank Swift Code: BKCHCNBJ92A

Beneficiary's name: NINGBO CARNATION MACHINERY CO., LTD.

Beneficiary's A/C No.: 49606826×××× (EUR)

Beneficiary's Tel: 0086-576-8716××××, 8716××××

四、领事发票

（一）领事发票的定义及作用

领事发票（consular invoice）是指按照某些国家法令规定，出口商对其国家输入货物时必须取得进口国在出口国领事签证的特殊发票。有的国家，如巴拿马规定了领事发票的固定格式，有的国家规定其领事在出口商出具的商业发票上认证亦可。如果进口国在出口地没有设立领事馆，出口商无法提供此项单据，出口商应该要求进口商取消信用证所规定的领事发票或领事签证发票的条款，或者要求进口商同意接受由出口地商会签证的发票。

领事发票的主要作用：

（1）进口商办理进口通关和放行的重要依据；

（2）代替原产地证明书，供进口国海关了解货物的原产地，以对不同国家的商品实施不同的差别关税待遇，作为进口国海关收取关税的依据；

（3）证明出口商提供的商品数量、价格的真实性，限制或禁止某些非必需品或未经批准的商品随便进口；

（4）作为审核出口商有无低价倾销的参考；

（5）增加进口国驻出口国领事馆的收入（因为签证时领事馆要收取签证费）。

鉴于领事发票认证往往涉及较高的签证费用，出口商在核算成本或审核信用证时需要充分考虑到这一费用负担的问题，同进口商进行友好协商，并妥善处理。

（二）领事发票的内容

有的国家领事发票有固定格式，出口商可以向其出口地的进口国领事馆申领，并根据固定格式如实填写。在领事馆没有规定其固定格式的情形下，出口商则自行缮制商业发票，由进口国领事在出口商缮制好的商业发票上认证。无论哪种格式的领事发票，其内容都应该包括常见商业发票的主要内容再加上进口国驻出口国领事的证明字句及签署。填制领事发票时，注意有关内容应与商业发票、提单等单据相符；注意领事发票的日期不应迟于汇票和提单的日期；注意核发的领事馆是否与来证规定相符。

此外，不同国家在进行认证时往往对出口商有不同的具体要求，出口商应当在准备单据时予以特别关注。例如，针对出口商自行缮制的商业发票进行领事认证，部分国家，如黎巴嫩，要求出口商申明，"WE CERTIFY THAT THIS INVOICE IS AUTHENTIC, THAT IT IS THE ONLY ISSUED BY US FOR THE GOODS DESCRIBED THEREIN, THAT IT SHOWS THEIR EXACT VALUE WITHOUT ANY DEDUCTION, WE DECLARE ALSO THAT THE ORIGIN OF THE GOODS IS EXCLUSIVELY FROM CHINA"。出于宗教原因，叙利亚使馆对证书中包含与以色列有关的内容均不予认证，并要求出口商在商业发票上申明，"NEITHER PARTS NOR RAW-MATERIALS OF ISRAELI ORIGIN HAVE BEEN USED IN THE PRODUCTION OF THE GOODS MENTIONED IN THIS INVOICE, NO

ISRAELI COMPANY OR INSTITUTE HAVE BEEN INVOLVED IN THE PRODUCTION OR CO-PRODUCTION OF THE ABOVE MENTIONED GOODS"。出口商应该尊重这些规定，按照要求处理。

五、厂商发票

（一）厂商发票的定义及作用

厂商发票（manufacturer's invoice）是由出口商品的真正生产厂商出具给出口商的销售货物凭证。厂商发票通常以本国货币显示货物在出口国国内市场的出厂价格。进口商要求提供厂商发票的主要目的是检查出口商品是否有低价倾销行为，供进口国海关估价、核税以及征收反倾销税所用。

（二）厂商发票的内容

（1）单据上方明确标明"厂商发票（manufacturer's invoice）"字样。

（2）抬头：一般为出口商。

（3）厂商发票的出票日期：早于商业发票和装箱单日期。

（4）货物的名称、规格、数量、件数等：与商业发票保持一致。

（5）单价：以本国货币显示，价格应该比发票FOB价格还要低（可以按FOB价格打九折或八五折）。

（6）厂商负责人签字盖章。厂商发票不必缮打运输标志，如信用证有要求，则可以按照信用证要求补注上。

第二节　发票制单要点

一、商业发票制单要点

（一）发票的名称（**name of invoice**）

按照 ISBP745 第 C1 段的规定：

（1）如果信用证只要求"invoice（发票）"，受益人除了不能出具"provisional/proforma invoice（临时发票/形式发票）"之外，可以任意出具商业发票（commercial invoice）、发票（invoice）、税务发票（tax invoice）、最终发票（final invoice）、海关发票（customs invoice）或者领事发票（consular invoice）等。

（2）当信用证规定"commercial invoice（商业发票）"时，受益人就只能出具"commercial invoice（商业发票）"或者"invoice（发票）"。

以上规定表明单据的名称应与信用证的规定一致，单据本身必须醒目地标注"invoice"字样。

（二）出票人的名称（drawer/exporter/issuer/consignor）

《跟单信用证统一惯例》（UCP600）第十八条规定：除转让信用证的情况外，商业发票必须由受益人出具。实务中，出口商大多在印制空白发票或设计模板时，事先将公司的名称、地址、电话、传真印在发票的正上方（作为信头），如本章商业发票式样二所示。如果出口商公司采用商业发票式样一，则可以在exporter这一栏填上出口商公司的名称和地址。

发票的出票人除以上两种表示方式之外，还可以由受益人在发票上进行签署。

（三）发票的抬头（to/messrs/consignee/importer）

《跟单信用证统一惯例》（UCP600）第十八条规定：除转让信用证的情况之外，商业发票必须做成以申请人的名称为抬头。因此，在实务中，发票的抬头多填写进口商。除非信用证另有规定，如"commercial invoice made to order of the opening bank"，在此情形下，发票的抬头即做成凭开证行指示，与信用证保持一致。

（四）发票的号码及日期（invoice No. and date）

商业发票的号码一般由出口商自行编制，一般采用顺序号，以便查对。发票的出票日期一般不迟于装运日。如果信用证没有特别规定，发票日期也可以早于信用证的开证日。

（五）信用证号码、日期及其他参考号（L/C No., date and other references）

如果买卖双方约定采用信用证付款，一般在商业发票上都会填写信用证号码和信用证的开立日期；如果是托收或者汇付，则可以将信用证号码和日期栏目设置删去，改为其他参考号，如合约号和日期、订单号和日期或形式发票号码和日期等。

（六）付款方式（term of payment）

该栏目由出口商自行设置，一般根据合同或者信用证中的付款方式如实填写，如30%T/T+70%L/C，by L/C 45 days after sight 或by collection等。

（七）运输路线及方式（transport route and means）

商业发票上可以根据业务的需要，说明货物的装运地（港）和目的地（港）。如果货物需要转运，转运地点也应明确表示出来，如FROM GUANGZHOU TO NEW YORK VIA HONGKONG BY SEA。在填写装运地和目的地时，如果信用证只是笼统的规定，如any Chinese Port，在商业发票上要换成具体的地点名称，且需注意若出现重名的装运地（港）或目的地（港）时，应该加具所属国名以示区别。

（八）运输标志唛头（**Marks and Nos., shipping marks**）

运输标志"shipping marks"又称唛头，通常填写在Marks and Nos.一栏下面。其主要作用是把一批货物同其他货物区别开来，避免错装、错运和错放，同时也方便进口商清点货物。标准的运输标志由收货人简称、贸易业务参考号（如合同号、信用证号或订单号）、目的地名称和件数编号组成，如HDICM/15CD568426/TORONTO/C/NO.1-72中，HDICM为进口商公司简称，15CD568426为信用证编号，TORONTO表示目的港，C/NO.1-72表示72件货物中的第1件。合同或信用证上的唛头通常用这种方式表示，这里的斜线表示换行。在单据上或在包装箱上应制作成如下式样：

> HDICM
>
> 15CD568426
>
> TORONTO
>
> C/NO.1-72

除了以上标志唛头之外，有的公司设计的唛头也有可能包括文字和几何形状，如"SAMSUNG" in square，或"SAMSUNG" in triangle，或"SAMSUNG" in diamond，刷唛时应该制作成如下式样：

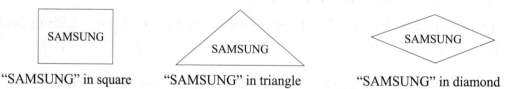

"SAMSUNG" in square   "SAMSUNG" in triangle   "SAMSUNG" in diamond

在制单时，如果合同和信用证中已有规定，则严格按照规定填写。如果信用证和合同没有相关规定，出口商可以参考标准运输标志自行设计。在散装货物和信用证或合同没有相关规定的情况下，出口商也可以用"no mark"或者"N/M"表示没有唛头。

（九）货物描述（**description of goods**）

货物的描述是发票的主要内容，包括货物的品名、规格、型号、等级、尺寸、颜色等内容。在托收和汇付项下，合同有关货物内容的条款应如实填写在发票的这一栏。在信用证项下，该栏目的填写与信用证中45A: Description of Goods中的货物描述保持一致。《跟单信用证统一惯例》（UCP600）第十八条规定：商业发票中货物、服务或行为的描述必须与信用证中显示的内容相符。商业发票上的货物描述可以分开几处描述，无须与信用证中的内容做到完全一致，但是在商业发票上必须能够找出信用证中45A中关于货物描述的全部文字。

实务中，如果信用证只规定了货物的总称，发票应照样显示，除此之外，还可加列详细的货名、规格、成分、状态等，但不得与信用证中的总称、规格和品质的规定矛盾。

在可以分批装运的情况下，信用证规定了多种货名时，发票应当根据实际发货情况注明其中的一种或几种，而不是盲目照抄。ISBP745第C12段规定：发票上不得显示超过信用证规定数量的货物，也不得显示信用证中没有规定的货物（包括样品、广告材料等），即使注明了"免费"也不行。

（十）包装（package）与数量（quantity）

本栏目填写货物的包装件数、包装情况及成交数量。件数和数量既要与实际装运货物相符，又要符合合同或信用证规定。

《跟单信用证统一惯例》（UCP600）第三十条规定：

A. "约"或"大约"用于信用证金额或信用证规定的数量或单价时，应解释为允许有关金额或数量或单价有不超10%的增减幅度。

B. 在信用证未以包装件数或货物自身件数的方式规定货物数量时，货物数量允许有5%的增减幅度，只要总支取金额不超过信用证金额。

C. 如果信用证规定了货物数量，而该数量已全部发运，且如果信用证规定了单价，而该单价又未降低，或当第三十条B款不适用时，则即使不允许部分转运，也允许支取的金额有5%的减幅。若信用证规定有特定的增减幅度或使用第三十条A款提到的用语限定数量，则该减幅不适用。

如果信用证规定在指定的期限内分期装运货物数量，只要其中有一期未按规定期限装运，就会造成信用证失效，开证行将不再对信用证负责。但是信用证经过修改亦可以恢复有效。出口商在交货和制单时都必须确保所装运货物的数量和包装与信用证和合同规定相符，并遵守国际惯例的相关规定。

（十一）单价（unit price）

商业发票的单价填写包括计价货币、单位价格金额、计量单位和贸易术语四部分内容。有的单价中还包括了佣金或折扣的描述，如USD（计价货币）33.65（单位价格金额）per piece（计量单位）CIF C5 Shanghai（价格术语，含5%佣金）。每种商品的价格必须与合同或信用证保持一致。需要特别注意的是，当信用证中有规定贸易术语的附加条件如INCOTERMS 2020，制作发票时，必须按此表述在发票上予以注明；否则会造成单证不符，遭到银行的拒付。

（十二）总值（amount）

货物的总值是经过计算后得到的货物总价值，发票的总金额。单价和总值是发票的主要项目，必须准确计算、正确缮制、认真复核，确保金额和数量的横乘、竖加所得数值的一致性。ISBP745第C6、C7段规定，发票中必须标明以下内容：所装运或交付的货物，或所提供的服务或履约行为的价值、单价（如果信用证有规定时）和币种必须与信用证中的规定一致；信用证要求的折扣和扣减；发票还可以显示信用证未规定的预付款和折扣的扣减额。

《跟单信用证统一惯例》（UCP600）第十八条也规定：商业发票必须将发票币别做成与信用证相同的币种。如果出口国外汇管制要求发票以当地货币表示金额，出口商可以在发票上显示信用证货币金额的同时，再写上当地货币表示的等值金额。

当信用证规定的金额和数量允许有一定比例增减时，该信用证项下不同颜色、规格的货物，分别可以满足该增减幅度。如果其中有单独一项货物金额或数量超过规定，即使总金额和总数量在规定的范围内，也是不允许的。

在按照CIF贸易术语成交时，当信用证要求发票上必须分别显示成本、运费和保险费时，出口商可以只写预估的大致数据，只要不与实际情况相差太远即可，不一定绝对准确。但是制单人一定要确保成本＝发票总金额运－费－保险费，且发票总值不得超过信用证的总金额。

关于佣金和折扣，信用证一般会直接显示折扣扣减，例如：

CIF D2%　　　　　USD25,000.00
Less D2%　　　　 USD500.00
Total　　　　　　 USD24,500.00

发票上是否显示佣金的情况比折扣的扣减稍显复杂。若信用证的总金额是按含佣价计算的，则商业发票上的总金额也应按含佣价计算，不需要扣除佣金。若信用证单价为含佣价，但总金额已扣佣金的，即使信用证没有规定扣减，发票总金额也应是扣除佣金后的货物总值，例如：

CIF C5%　　　　　 USD 25,000.00
Less commission　　USD 1,250.00
Total　　　　　　　USD 23,750.00

（十三）声明内容或备注（declaration/remarks）

有时候，出于特殊情况，进口商会要求出口商在发票上注明或声明某些特别的文句，以便于进口商办理进口通关手续等，出口商应该予以配合。例如，伊朗海关规定，发票要加注关税号码；黎巴嫩海关规定商业发票除了要显示货值、详细品名、产地、唛头、件数和商品的毛重、净重外，同时还要注明发票内容的真实性。在这种情况下，出口商就必须写明，"We hereby certify that the contents of invoice herein are true and correct"。

值得注意的是，当商业发票上载明了与之类似的证实发票内容真实性的文句时，发票上不可再显示"E.&O.E."(Errors and Omissions Expected有错当查），指发票签发人事先声明，一旦发票有误，可以更正。

有时候信用证关于商业发票的其他要求，比如证明商品原产地或加列开证行名称、船名等信息，出口商都可以填写在这一栏。

（十四）签章（signature）

《跟单信用证统一惯例》（UCP600）第十八条规定：商业发票无须签字。但是当信用证明确要求"signed invoice"时，出口商必须签字。当信用证要求"manually signed invoice"时，出口商必须手签。

二、海关发票制单要点

（一）海关发票的格式和内容是由进口国海关制定的，出口商在填写时，必须严格遵守进口国海关的规定，按照要求谨慎缮制。若海关发票格式错误，进口国海关将拒绝接受，从而给进口商的清关工作带来极大的不便。

（二）海关发票与其他单据上共有的项目和内容，必须保持一致。例如，海关发票上涉及的运费、毛重和净重等信息应该与提单一致，品名和金额应该与商业发票保持一致，不得相互矛盾。若按CIF价格条件成交，则应分别列明运费、保险费和FOB价格，这三者的总和应与CIF货值相等。

（三）尤其值得注意的是，由于海关发票金额是进口国海关征税的一个依据，为避免被征收反倾销税，必须做到以本国货币表示的出口国当地市场价格比FOB价格略低，否则会被进口国海关认为是低价倾销。

（四）关于海关发票的签署，要求以个人名义用手签方式签署的海关发票，则不盖公章；如需要监签人（证明人），监签人也要手签。海关发票的签字人或其他单据的签字人不得作为监签人。海关发票如有涂改，须由原缮制人用钢笔小签，不能加盖校对印章，也不得由监签人代行。

（五）海关发票的抬头人一般应填写收货人。如果收货人不在货物的到达港，则应填写到达地被通知人的名称。

以上为填写海关发票时的一般注意事项。下面以内容较为复杂的加拿大海关发票为例，介绍货物出口到加拿大时填写加拿大海关发票的具体注意事项。加拿大海关发票是指销往加拿大的出口货物（食品除外）所使用的海关发票，如图3-2所示，其栏目有英文和法文两种文字对照，共有25个栏目。

Help Aide   Restore - Restaurer

Canada Border Services Agency   Agence des services frontaliers du Canada

CANADA CUSTOMS INVOICE
FACTURE DES DOUANES CANADIENNES

PROTECTED PROTEGE **B** when completed une fois rempli

Page of de

1. Vendor (name and address) - Vendeur (nom et adresse)

2. Date of direct shipment to Canada - Date d'expédition directe vers le Canada
yyyy/mm/dd

3. Other references (include purchaser's order No.)
Autres références (inclure le n° de commande de l'acheteur)

4. Consignee (name and address) - Destinataire (nom et adresse)

5. Purchaser's name and address (if other than consignee)
Nom et adresse de l'acheteur (s'il diffère du destinataire)

6. Country of transshipment - Pays de transbordement

7. Country of origin of goods
Pays d'origine des marchandises
IF SHIPMENT INCLUDES GOODS OF DIFFERENT ORIGINS ENTER ORIGINS AGAINST ITEMS IN 12.
SI L'EXPÉDITION COMPREND DES MARCHANDISES D'ORIGINES DIFFÉRENTES, PRÉCISEZ LEUR PROVENANCE EN 12.

8. Transportation: Give mode and place of direct shipment to Canada
Transport : Précisez mode et point d'expédition directe vers le Canada

9. Conditions of sale and terms of payment
(i.e. sale, consignment shipment, leased goods, etc.)
Conditions de vente et modalités de paiement
(p. ex. vente, expédition en consignation, location de marchandises, etc.)

10. Currency of settlement - Devises du paiement

11. Number of packages
Nombre de colis

12. Specification of commodities (kind of packages, marks and numbers, general description and characteristics, i.e., grade, quality)
Désignation des articles (nature des colis, marques et numéros, description générale et caractéristiques, p. ex. classe, qualité)

13. Quantity (state unit)
Quantité (précisez l'unité)

Selling price - Prix de vente

14. Unit price Prix unitaire

15. Total

18. If any of fields 1 to 17 are included on an attached commercial invoice, check this box
Si tout renseignement relativement aux zones 1 à 17 figure sur une ou des factures commerciales ci-attachées, cochez cette case
Commercial Invoice No. - N° de la facture commerciale ▶

16. Total weight - Poids total
Net   Gross - Brut

17. Invoice total Total de la facture

19. Exporter's name and address (if other than vendor)
Nom et adresse de l'exportateur (s'il diffère du vendeur)

20. Originator (name and address) - Expéditeur d'origine (nom et adresse)

21. Agency ruling (if applicable) - Décision de l'Agence (s'il y a lieu)

22. If fields 23 to 25 are not applicable, check this box
Si les zones 23 à 25 sont sans objet, cochez cette case

23. If included in field 17 indicate amount:
Si compris dans le total à la zone 17, précisez :

(i) Transportation charges, expenses and insurance from the place of direct shipment to Canada
Les frais de transport, dépenses et assurances à partir du point d'expédition directe vers le Canada

(ii) Costs for construction, erection and assembly incurred after importation into Canada
Les coûts de construction, d'érection et d'assemblage après importation au Canada

(iii) Export packing
Le coût de l'emballage d'exportation

24. If not included in field 17 indicate amount:
Si non compris dans le total à la zone 17, précisez :

(i) Transportation charges, expenses and insurance to the place of direct shipment to Canada
Les frais de transport, dépenses et assurances jusqu'au point d'expédition directe vers le Canada

(ii) Amounts for commissions other than buying commissions
Les commissions autres que celles versées pour l'achat

(iii) Export packing
Le coût de l'emballage d'exportation

25. Check (if applicable):
Cochez (s'il y a lieu) :

(i) Royalty payments or subsequent proceeds are paid or payable by the purchaser
Des redevances ou produits ont été ou seront versés par l'acheteur

(ii) The purchaser has supplied goods or services for use in the production of these goods
L'acheteur a fourni des marchandises ou des services pour la production de ces marchandises

Dans ce formulaire, toutes les expressions désignant des personnes visent à la fois les hommes et les femmes.

Ci1 (08/09)   **If you require more space, please attach another sheet. - Si vous avez besoin de plus d'espace, veuillez joindre une autre feuille.**   BSF189

图3-2　加拿大海关发票

加拿大海关发票的25个栏目具体填写方法如下：

栏目1 Vendor：填写出口商的名称及地址，包括城市和国家名称。信用证项下即为受益人的名称和地址。

栏目2 Date of direct shipment to Canada：填写直接运往加拿大的装运日期，此日期应与提单日期一致。如单据送银行预审，也可请银行按正本提单日期代为加注。

栏目3 Other references：信用证方式下，填写信用证编号。汇付和托收等其他方式下填写合同、订单或商业发票号码。

栏目4 Consignee：填写加拿大收货人的名称与详细地址。信用证项下填写信用证的开证人名称和地址。

栏目5 Purchaser's name and address：填写实际购货人（非栏目4的收货人）的名称及地址。如与第四栏的收货人相同，则此栏可打上"the same as consignee"。

栏目6 Country of transshipment：填写转船地点的名称。如果直运不转船，可填"N/A"。

栏目7 Country of origin of goods：填写出口国国名。若非单一的国产货物，则应在第12栏目中详细逐项列明各自的原产地国名。

栏目8 Transportation: Give mode and place of direct shipment to Canada：填写货物直接运往加拿大的运载方式和起讫地点。一般采用from… to…或by vessel/air 等格式。

栏目9 Conditions of sale and terms of payment：填写合同和信用证中使用的价格术语及支付方式。如FOB Shanghai by L/C at sight。

栏目10 Currency of settlement：填写成交时确定的支付货币名称。

栏目11 Number of packages：填写该批货物的总包装件数。应该与装箱单或提单等其他单据一致。

栏目12 Specification of commodities：与商业发票或信用证中的货物描述保持一致，并将包装情况及唛头填写于此栏，包括规格、品名、唛头、等级等。

栏目13 Quantity：填写商品的具体数量（计价数量总和），而不是包装的件数。

栏目14 Unit price：按商业发票记载的每项单价填写。最新版的加拿大海关发票格式这一栏只需填写数字。

栏目15 Total：填写数量与单价的乘积，与商业发票一致。如果有两个以上货号，可分别列出单价，相应填写每一货号的总额。最新版的加拿大海关发票格式这一栏也只需填写数字。

栏目16 Total weight：填写总毛重与总净重，与装箱单、提单保持一致。

栏目17 Invoice total：按商业发票的总金额填写。

栏目18 If any of fields 1 to 17 are included on an attached commercial invoice, check this box：如果第1~17栏目的所填内容均已包括在所随附的商业发票内，则在方框内填一个"√"记号，并将有关商业发票号填写在横线上。

栏目19 Exporter's name and address (if other than vendor)：如出口商与第1栏目的卖方不是同一名称，则列入实际出口商名称；而若出口商与第一栏卖方为同一者，则在本栏打上

"the same as vendor"。信用证如果要求出口商签字确认，出口商可以在这一栏签名盖章。

栏目20 Originator (name and address)：生产（加工）商的名称及地址。出于保守商业秘密的考虑，出口商一般不愿意把生产加工商的名称和地址告诉国外客户，因此一般会填写the same as vendor/exporter。

栏目21 Agency ruling (if applicable)：填写加拿大海关和税务机关对该货物进口现行管理条例（如果有）。如有管理条例，则按要求填写；如无，则填"N/A"。

栏目22 If fields 23 to 25 are not applicable, check this box：如果第23~25三个栏目均不适用，可在方框内打"√"记号。

栏目23 If included in field 17 indicate amount：如果以下金额已包括在第17栏目内，可在方框内打"√"记号：

（i）自起运地至加拿大的运费和保险费。若有相关费用，填写金额即可。

（ii）货物进口到加拿大后进行建造、安装及组装而发生的成本费用。若有相关费用，填写金额即可。

（iii）出口包装费用可按实际情况填写金额。

栏目24 If not included in field 17 indicate amount：如果以下金额不包括在第17栏目内，注明金额：

（i）运费和保险费。

（ii）购买佣金之外的佣金。

（iii）出口包装费。

如果在FOB等价格条件下，卖方又替买方租船订舱时，其运费于货到时支付，则（i）栏可填实际运费额。

栏目25 Check (if applicable)：若适用，就分别在对应的方框内打"√"记号。这一栏目适用于来料加工、来件组装等贸易方式。

（i）买方已付专利费或售后支付的款项。若适用，在方框内打"√"记号。

（ii）买方为生产这些货物提供的货物或服务。若适用，在方框内打"√"记号。

按照加拿大海关的要求，填写完毕后应该将文件设置为"8 1/2″ × 14″"的格式打印出来，以备交单。

第四章　包装单据

 第一节　包装单据基础知识

一、包装单据的定义及作用

包装单据（packing documents）是记载或描述商品包装及数量等内容的单据。在国际货物运输中，除矿石、煤炭、谷物等散装商品之外，大多数商品都会经过适当的包装之后才装运出口，以确保该商品在运输过程中的安全。包装单据记载了货物的包装方式、包装数量及包装规格等信息，是对商业发票记载内容的补充说明。无论是托收、汇付还是信用证项下，商业发票和包装单据一般都是结汇所需的基础单据。

包装单据在业务中的主要用途包括：

1. 出口商缮制其他单据的基础单据

包装单据上准确记载的出售货物的数量、毛重、净重、总体积等内容是缮制其他单据的基础。如出口商在填写出口货物托运单时需要填写总毛重、总体积等信息；提单和保险单上也记载了商品的总件数。包装单据上不同货号产品的准确交货数量和包装说明是对商业发票内容的有益补充，全面说明了该批货物的交易情况。所以，包装单据不仅是商业发票内容的补充和辅助单据，也是出口商缮制其他单据的基础。

2. 进口商接收货物及销售货物的依据

包装单据是进口商在接收货物时对货物进行清点的重要依据。进口商可以根据包装单据上记载的货物的货号、数量对货物进行清点，核实所交货物是否与合同或订单一致。在提货时，把包装单据上的箱号与实际箱号进行比对就能有序快速地提取整批货物。此外，由于进口商根据详细的包装单据能了解到不同货号的商品所在箱号，当转售该批货物时，不用打开包装就能迅速找到某种型号或货号的商品，方便再次出售。

3. 海关和商检部门查验货物的依据

一般而言，进出口双方在申请检验检疫和办理进出口通关手续时，商检部门和海关通常会要求提交包装单据，并对照包装单据所列各项进行抽检或逐一进行检查和核实。只有当申报商品符合相关规定时，海关才会放行。

4. 承运人合理安排货物装卸、运输的依据

无论是航空、航海还是陆路运输，承运人在安排货物装运时都需要托运人提供外包装

尺码和重量，以便于合理地安排装卸和运输，在减少运输成本，减少差错事故的同时，确保货物能完好无损地运到目的地。

二、包装单据的种类

不同的商品适用的包装不同，同时，进口商出于不同的需求也可能要求不同的包装单据。因此，包装单据的名称多种多样，其内容也会有不同的侧重点。常见的包装单据有以下几种：

1. 装箱单

装箱单（packing list），又称包装单，主要用来说明商品包装的详细情况，通常记载货物名称、规格、唛头、数量、件数、净重、毛重、尺码、包装方式等内容。对于定量包装，由于每件都是统一的数量和重量，其装箱单只需说明每件包装的具体数量、净重、毛重、体积和总件数即可。但是对于不定量包装，其装箱单需要逐一列出每件包装内所装货物的具体数量、内装商品的净重、该件货物的毛重及尺码等详细情况。装箱单是最常见的包装单据，在实务中，进口商大多数要求出具装箱单。

2. 重量单

重量单（weight list/weight memo），又称磅码单，是用于说明货物重量细节的清单。重量单详细注明每件包装中商品的净重、毛重以及整批货物的总重量。重量单尤其适合按重量成交的产品。

3. 尺码单

尺码单（measurement list）侧重于说明货物外包装体积及尺码细节。这类单据重点说明每件、每个不同规格产品的尺码和总尺码，如果不是统一的尺码应逐件列明。尺码单的作用在于方便安排装卸、运输和仓储，同时也是承运人计算运费的重要依据。

4. 中性包装单

中性包装单（neutral packing list）是一种特殊的包装单据。这种单据不显示出口制单方的名称和地址，出口商不签字、不盖章，只显示货物的名称和基本包装信息。这种单据一般适用于有中间商参与的转口贸易或进口国家对出口国家有贸易管制的情形。

除以上介绍的几种常见单据之外，在实务中，进口商可能会根据进口商品的特点要求其他的单据，如包装明细单（packing specification）、详细装箱单（detailed packing list）、花色搭配单（assortment list）、规格单（specification list）、包装提要（packing summary）等。

三、装箱单的内容

由于装箱单在实务中运用最广也最常见，所以本书主要介绍装箱单的内容和制作。装箱单并无固定的格式和内容，制作时一般由各公司根据信用证或合同要求以及货物特点自行设计。一般而言，装箱单包括以下内容：

1. 出单人

装箱单的出单人一般为出口商。出口商自行设计时，通常会使用公司统一设计的信头格式，一般显示在单据的正上方。

2. 抬头

装箱单的抬头栏目通常表示为"to:"或者"consignee"，一般为进口商。

3. 装箱单单据的名称

装箱单单据的名称应该与合同或信用证保持一致，在醒目的位置予以显示。

4. 装箱单编号和日期

装箱单编号一般采用发票编号。装箱单日期可与商业发票保持一致，或稍晚于发票日期，但不能迟于信用证的有效期及提单日期。

5. 唛头

装箱单唛头与合同、信用证及其他单据保持一致。如果唛头太多，可以另附页码说明，如"see attached files about shipping marks"，有时也可以只注明"as per commercial invoice No. ×××"。

6. 货物名称及描述

装箱单上记载的货物名称及描述内容一般较商业发票更为详细。货物若有不同货号，一般先在统称上与发票保持一致，然后逐项列明货号及规格。

7. 货物的数量

装箱单上货物的数量是对商业发票上记载的货物数量的详细说明，应详细描述不同货号、规格、花色、品种等货物在每一包装内的数量。

8. 包装件数

装箱单上的包装件数详细记载不同货号、规格、花色、品种等货物的包装情况。详细的包装单甚至会仔细记载不同货号货物包装件数的序号，方便清单和查验货物。

9. 净重

装箱单上的净重一般先记载每一包装内货物的净重，然后在小计栏内注明该批货物的总净重，不同净重应该分开记载。

10. 毛重

装箱单上的毛重一般先记载每一包装货物的毛重，然后在小计栏内注明该批货物的总毛重。每一包装内的货物净重加上包装重量为该包装件的毛重。

11. 包装尺寸

装箱单的包装尺寸记载每一个外包装的尺寸，即长×宽×高，可以用厘米作为计量单位。如果进口商没有严格要求，出口商也可以直接计算出结果填写在此栏，结果通常用立方米来表示。

12. 小计和合计

小计栏目通常包括对该批货物的数量、净重、毛重和包装件数的合计。在合计栏目通常只报告总包装件数的合计内容，并以文字的形式记载。

13. 签章

装箱单的制单人签署，一般在单据的右下角。同商业发票一样，在没有明确规定的情况下，包装单据可以不用签署。

需要注意的是，作为商业发票的补充单据，除非信用证或合同中有明确的规定，装箱单的内容一般不包括货物的单价和总价。一个原因是商业发票已经显示货物的单价和总价；另一个原因是有些出口商会在箱内随附装箱单，进口商往往不愿向第三方透露购买价格，尤其是在转口贸易中更是如此。常见的装箱单格式有如下两种：

装箱单式样一

HONGDOU INTERNATIONAL CO., LTD.

NO. 35 JIANGNING ROAD, SHANGHAI, CHINA

PACKING LIST

TO MESSERS: INVOICE NO.:

                                                        INVOICE DATE:

                                                        S/C NO.:

                                                        S/C DATE:

For transportation from _____ to _____ by _____

Marks & Nos.	Name of commodity & Quantity specifications	Packages	N.W. (KGS)	G.W. (KGS)	Measurement (CM)

TOTAL PACKAGES IN WORDS:

装箱单式样二

Issuer DALIAN TAISHAN SUITCASE & BAG CO., LTD. 66 ZHONGSHAN ROAD, DALIAN 116001, CHINA			装 箱 单 PACKING LIST			
To ORTAI CO., LTD. 30 EAST 40TH STREET, NEW YORK, NY 10027, USA			Invoice No. TSI0801005		Date AUG. 5, 2008	
			S/C NO. N5632405TH11808		L/C NO. TSSC0801005	
Marks and Numbers	C/NOS.	Number and Kind of Packages; Description of Goods	QTY (PCS)	G.W. (KGS)	N.W. (KGS)	MEAS. (CBM)
TAISHAN TSI0801005 NEW YORK C/NO.1-1231	1-368 369-751 752-1231	Trolley Cases TS503214 —368 CTNS TS503215 — 383 CTNS TS503216 — 480 CTNS	1,104 1,149 1,440	5,078.4 4,596 5,040	4,416 4,021.5 4,320	57.8864 57.833 58.8
Total：		1,231CTNS	3,693PCS	14,714.4	12,757.5	174.519

TOTAL PACKAGES IN WORDS: SAY ONE THOUSAND TWO HUNDRED AND THIRTY-ONE CARTONS ONLY.

 # 第二节　包装单据制单要点

托收和汇付项下，出口商缮制装箱单的依据为合同或订单；信用证项下，出口商缮制装箱单的依据为合同和信用证。整体看来，装箱单的制单要点包括以下方面：

1. 出单人（issuer）

一般而言，装箱单的出单人为出口商，单据上显示出口商公司的名称和地址即可。值得注意的是，如果合同或信用证要求出具中性包装单，则装箱单上不得显示出单人的名称、地址及任何联系方式。

2. 抬头（to:/consignee）

一般情况下，装箱单的抬头栏填写进口商公司的名称即可。若信用证有特殊的要求，出口商也须照办。

3. 装箱单单据名称（name of packing list）

装箱单单据的名称应该与合同或信用证保持一致，无论信用证怎样命名，出口商都应该照样显示。如信用证显示"weight list"，出口商也应该将单据制作成"weight list"而不是"packing list"或"weight memo"。尽管UCP600第十四条审核单据的标准中明确规定："单据中的内容描述不必与信用证、信用证对该单据的描述以及国际标准银行实务完全一致，但不得与该项单据中的内容、其他规定的单据或信用证冲突。"但出口商在制单时应该从严把握，以免引起无谓的纠纷。

此外，一般情况下，装箱单、重量单和尺码单应该单独缮制。但是实务中，也有出口商将商业发票和装箱单联合缮制，或者将装箱单和重量单一起缮制成packing and weight list的情形，这种单据称为联合单据（combined documents）。关于联合单据和装箱单的份数问题，ISBP745 第40A规定，如果信用证要求装箱单和重量单各一份，受益人可以分别提交一份装箱单和一份重量单（皆为正本），也可以提交两份合并的装箱单和重量单正本，只要该单据同时表明了装箱和重量的细节。这说明如果信用证没有明确表明"不接受联合单据（combined documents unacceptable）"，出口商就可以将装箱单和重量单联合制作，也可以将商业发票和装箱单联合制作。但是如果信用证明确表明"不接受联合单据"，出口商就必须将其分开缮制。

4. 装箱单编号和日期（No. and date of packing list）

装箱单编号、日期和发票编号、日期保持一致。其中装箱单日期也可晚于发票日期，但不能迟于信用证的有效期及提单日期。

5. 唛头（shipping marks）

如果合同和信用证规定了唛头的式样，装箱单唛头必须与规定的式样保持一致。如果信用证未规定唛头，出口商可自行设计，如果没有唛头，可以填写"N/M"；如果唛头太多，可以另附页码说明，如"see attached files about shipping marks"。有时也可以只注明"as per commercial invoice No. ×××"。

6. 货物名称及描述（goods description）

首先根据合同和信用证填写货物的笼统名称及描述内容，再逐项列明该批货物内所有的货号、规格、花色、品种等信息。

7. 货物的数量（quantity）

按照实际的装箱情况，填写不同货号、规格、花色、品种的货物相对应的数量。

8. 包装件数（packages）

装箱单上的包装件数详细记载不同货号、规格、花色、品种的货物的包装情况。记录货物包装件数序号的装箱单应该确保序号的连续性，中间不可出现断号或跳号。

9. 净重（net weight）

根据实际装箱情况，填写单位包装的净重，然后在小计栏内注明该批货物的总净重。

如果进口商没有特别要求，也可以直接填写对应的货号、尺码、规格的货物的总净重。

10. 毛重（gross weight）

根据实际装箱情况，填写单位包装的毛重，然后在小计栏内注明该批货物的总毛重。如果进口商没有特别要求，也可以直接填写对应的货号、尺码、规格的货物的总毛重。

11. 包装尺寸（size/measurement）

装箱单的包装尺寸有两种填写方法，一种是直接列明外包装的长×宽×高，通常以厘米为计量单位；另一种是将外包装的乘积结果填写在此栏，乘积结果通常用立方米来表示。无论采用哪种方法，小计的最终结果都须以立方米表示。

12. 小计和合计（total）

在对该批货物的数量、净重、毛重和包装件数进行合计时，出口商务必确保横乘、竖加保持一致。银行并不检查单据中的计算细节，只负责将总量与信用证及其他单据相核对。合计栏目中的总包装件数通常表述为"Total packages in words: SAY ×××PACKAGES ONLY"。

13. 签章（signature）

一般情况下，装箱单可以不用签署。如果信用证和合同明确要求签署，则出口商应该照办。在中性包装单据下，出口商不得签字盖章。

此外，在信用证项下，出口商应当仔细阅读46A单据条款中关于包装单据的说明，若在信用证中还明确规定需要载明其他内容，出口商也应当配合。如信用证中经常要求在装箱单中也要列明信用证号码，出口商可以将其与商业发票编号和日期列在一起。或者当信用证要求有其他申明或证明文句时，出口商可以在单据下方空白处予以备注。

第五章　运输单据

 第一节　运输单据基础知识

国际贸易中常见的三种运输方式为海运、空运和陆运。其中，海运运输线路最为成熟，运费相对较便宜，在实务中运用最广。空运的特点是运输速度较快、货运质量高、货运风险小，但货运量小、运费相对较高等。近年来，随着航空运输业迅速发展，其在国际贸易中的应用也日益增加。陆路运输受地理条件限制，仅适用于部分国家或地区间的贸易。当前的国际铁路运输业务多集中在欧亚大陆，其业务范围多在《国际铁路货物运送公约》和《国际铁路货物联运协定》的缔约国之间。国际贸易中大多数贸易采用FOB、CFR和CIF三种贸易术语成交，这说明在进出口业务中海洋运输方式运用最广。因此，本书将重点介绍海运方式下单据的缮制。

运输单据，是承运人收到承运货物后签发给出口商的证明文件，它是当事人交接货物、索赔、理赔以及向银行结算货款或进行议付的重要单据。常见的海运运输单据包括海运提单（ocean bill of lading）、不可转让海运单（non-negotiable sea waybill）、租船合约提单（charter party bill of lading）、多式联运单据（multimodal/combined transport documents）等；空运单据包括航空运单（air waybill）；陆运单据包括承运货物收据（cargo receipt）、国际特快专递收据（courier receipt）和邮政收据（post receipt）等。

一、出口货物托运

国际贸易中，进出口商中的一方根据合同约定，负责安排货物托运，与承运人订立运输合同，并取得运输单据。例如，在FOB贸易术语下，由买方负责租船订舱；而在CFR和CIF贸易术语下，由卖方负责租船订舱。这里主要以出口商负责租船订舱为例，简要介绍海运、空运和陆路运输的托运流程。

（一）海运托运

1.海运托运流程

（1）办理托运。出口商按照信用证或合同中有关货物运输的规定寻找合适的承运人，根据合同或信用证条款填写"托运单"，并随附所需单据如"装箱单"等，送交货运代理公司或直接交予船公司（实务中多通过货代），作为订舱的依据。

（2）领取装运凭证。货运代理公司收到"托运单"和随附单据后，即缮制"海运出口托运单"，并会同有关船公司安排船只和舱位，然后由船公司据此签发装货单，作为通知船方收货装运的凭证。

（3）报检报关。出口商向海关申报、申请检验检疫（必要时）、海关查验、应税产品在出口企业纳税后海关放行。

（4）装船。货物代理公司根据船期，代出口商前往发货仓库提取货物并运进码头，由码头理货公司理货，凭船公司签发的装货单装船。

（5）换取提单。货物装船完毕，由船长或大副签发"场站收据"或"大副收据"，载明收到货物的详细情况。托运人凭上述单据向船公司换取提单。

2. 海运托运单

海运托运单是托运人根据信用证条款或合同条款向承运人或其代理办理托运时所填写的单证，是出口商在报关前向船方申请租船订舱的主要单据，也是承运人签发海运提单的主要依据。因此，当信用证和合同中关于提单有特殊要求时，出口商填写托运单时应当予以声明，要求船公司在出具提单时予以备注，确保填写内容与合同和信用证要求相符。不同船公司或货运代理的海运托运单格式不同，杂货班轮运输和集装箱运输条件下的托运单也不尽相同，但内容大致相似，详见样单一和样单二。

样单一

<table>
<tr><td colspan="5" align="center">**出口商公司名称及地址**</td></tr>
<tr><td colspan="5"></td></tr>
<tr><td colspan="5"></td></tr>
<tr><td colspan="3" align="center">**订舱委托书**</td><td colspan="2"></td></tr>
<tr><td colspan="2">B/L NO.</td><td>B/L DATE:</td><td colspan="2">核销单号：</td></tr>
<tr><td colspan="2" rowspan="2">经营单位
（装船人）</td><td>公司名称</td><td>信用证号</td><td></td></tr>
<tr><td>地址</td><td>发票号</td><td></td></tr>
<tr><td rowspan="4">提
单
或
承
运
收
据</td><td rowspan="2">收货人</td><td rowspan="2"></td><td rowspan="2">起运港</td><td rowspan="2"></td></tr>
<tr></tr>
<tr><td></td><td>目的港</td><td></td></tr>
<tr><td rowspan="2">通知人</td><td rowspan="2"></td><td>贸易性质</td><td>结汇方式</td></tr>
<tr><td>可否转运</td><td>可否分批</td></tr>
</table>

续表

标记唛头	运费 HS 码	货物规格及货号	装运期限 件 数	数 量	有效期限 毛／净重	总体积
		TOTAL:				
本票货物进仓、退单及寄发票地址如下： 公司地址： 发票抬头：公司名称						
备 注						

样单二　集装箱货物托运单样表

Shipper (发货人)			D/R NO.		
Consignee (收货人)			集装箱货物托运单 货主留底		
Notify Party (被通知人)					
Pre-carriage by (前程运输) Place of Receipt (收货地点)					
Ocean Vessel (船名) Voy. No. (航次) Port of Loading (装运港)					
Port of Discharge (卸货港)	Place of Delivery (交货地点)	Final Destination for the Merchant's References (目的地)			
Container No. (集装箱号)	Seal No. Marks & Nos. (封号和唛头)	No. of Containers or Pkgs. (箱数或 件数)	Kind of Packages; Description of Goods (包装种类与货名)	Gross Weight (毛重)	Measurement (尺码)
Total Number of Containers or Packages (in words): (集装箱件数或件数合计大写)					
Freight & Charges (运费与附加费)	Revenue Tons (运费吨)	Rate (费率)	Per (每)	Prepaid (预付)	Collect (到付)
Ex Rate: （兑换率）	Prepaid at (预付地点)		Payable at (到付地点)	Place of Issue (签发地点)	
	Total Prepaid (预付总额)		No. of Original B(S)/L (正本提单份数)		
Service Type on Receiving □—CY □—CFS □—DOOR (堆场) (拼箱站) (门)		Service Type on Delivery □—CY □—CFS □—DOOR (堆场) (拼箱站) (门)		Reefer-Temperature Required (冷藏温度)	^{0}F ^{0}C

续表

Type of Goods （货物类别）	□Ordinary □Reefer □Dangerous □Auto （普通） （冷藏） （危险品） （裸装车辆） □Liquid □Live Animal □Bulk □_____ （液体） （活动物） （散货）	Dangerous 危险品	Class: （级别） Property: （性能） IMDG Code Page: （IMDG页码） UN No.: （联合国危险货物编号）
Transshipment（可否转船）	Partial shipment（可否分批）		
Time of Shipment（装运期）	Expiry date（有效期）		
Charges（金额）			
Date（制单日期）			

（二）空运托运

航空运输主要分为班机运输、包机运输、集中托运和航空快件运输四种方式。国际贸易中出口企业大多采用集中托运的方式，由托运人首先将货物交给集中托运商（航空货运代理），并委托其订舱。航空货运代理将来自不同托运人的货物集中到一起后，进行搭配整理，并以自身的名义向航空公司订舱。集中托运商取得航空公司签发的总运单后，再签发自己的分运单给不同的托运人，作为接收货物的初步凭证。货物运至目的地后，由集中托运商的目的港分拨代理统一清关后，分拨交给不同的收货人。

1. 空运托运流程

（1）办理托运。出口企业根据信用证和合同有关装运条款填制国际货物托运委托书，连同随附单据一起送交货运代理公司，作为预定航班的依据。

（2）货运代理安排货舱。货运代理根据出口企业缮制的托运委托书，以自身名义向航空公司订舱，并会同航空公司一起根据配载原则、货物性质、货运数量、目的地等情况，结合航班，安排舱位。货运代理制作操作交换单，并给每份交接单配一份总运单或分运单。

（3）提货、配舱。出口企业将货物送至货运代理指定仓库，货运代理收取、查验、清点货物并贴分标签。货运代理会同航空公司一起正式完成航班和舱位安排。

（4）海关查验、放行。出口企业报关或货运代理代为报关，海关查验、应税产品在出口企业纳税后海关放行。

（5）货物装机，取得空运单。货物装机完毕后，由航空公司签发航空总运单给货运代理，货运代理签发分运单给托运人。出口企业取得空运单后可以向进口商发出装运通知，以便对方准备付款、赎单和办理收货事宜。

2. 空运托运书

空运托运书是托运人委托航空公司将货物运往国外时填写的书面文件，是委托承运人或其代理填开航空货运单的一种单据。单据上列有填制货运单所需的各项内容，并印有授权承运人或航空运输货运代理代其在货运单上签字的文字说明。中国民用航空总局国际货物托运书（shipper's letter of instruction）格式及内容见样单三。

样单三

中 国 民 用 航 空 总 局
The CIVIL AVIATION ADMINISTRATION OF CHINA
国 际 货 物 托 运 书
SHIPPER'S LETTER OF INSTRUCTION

托运人名称及地址 SHIPPER'S NAME AND ADDRESS	托运人账号 SHIPPER'S ACCOUNT NUMBER	供承运人用 FOR CARRIER USE ONLY	
		航班／日期 FLIGHT/DATE	航班／日期 FLIGHT/DATE
收货人名称及地址 CONSIGNEE'S NAME AND ADDRESS	收货人账号 CONSIGNEE'S ACCOUNT NUMBER	已预留吨位 BOOKED	
		运费 CHARGES	
代理人的名称和城市 ISSUING CARRIER'S AGENT NAME AND CITY 始发站机场 AIRPORT OF DEPARTURE 到达站机场 AIRPORT OF DESTINATION		另请通知 ALSO NOTIFY	
托运人申明的价值 SHIPPER'S DECLARED VALUE	保险金额 AMOUNT OF INSURANCE	所附文件 DOCUMENTS TO ACCOMPANY AIR WAYBILL	
运输费用 FOR CARRIAGE / 供海关用 FOR CUSTOMS			

处理情况（包括包装方式、货物标志及号码）
HANDLING INFORMATION (INCL. METHOD OF PACKING, IDENTIFYING MARKS AND NUMBERS)

件数 NO. OF PACKAGES	实际毛重 ACTUAL G.W. (kg)	运价种类 RATE CLASS	收费重量 CHARGEABLE WEIGHT	费率 CHARGE RATE	货物品名及数量（包括体积或尺寸） NATURE AND QUANTITY OF GOODS (INCL. DIMENSION OR VOLUME)

托运人证实以上所填全部属实并愿遵守承运人的一切载运章程。

THE SHIPPER CERTIFIES THAT THE PARTICULARS ON THE PAGE HEREOF ARE CORRECT AND AGREES TO THE CONDITIONS OF CARRIAGE OF THE CARRIER.

托运人签字 SIGNATURE OF SHIPPER	日期 DATE	经手人 AGENT	日期 DATE

二、海运提单

（一）海运提单的定义及作用

海运提单（Bill of Lading, Ocean/Marine Bill of Lading, B/L），简称提单，是由承运人或其代理人签发给托运人，表明承运人已经收到提单上所列明的货物，并承诺在指定目的港将承运货物交付给指定收货人的书面证明。在国际货物运输中，提单是最具特色、最完整的运输单据。在国际贸易中，提单对于促进进出口双方贸易的顺利进行起着重要作用。从法律角度来看，根据《汉堡规则》和《中华人民共和国海商法》的规定，提单是海上货物运输合同的证明，是货物已由承运人接收装船的收货证据，是承运人保证凭以交付货物的物权凭证。从外贸业务和运输业务角度看，提单是承运人凭以向发货人或收货人收取运费的依据，也是出口商向银行交单结汇的重要文件之一。

1. 运输合同证明

海运提单本身通常并不被认为是运输合同，而是承运人和托运人之间就某批货物运输所达成的运输合同的证明文件。它和其他文件，如托运人提交给承运人或其货运代理的"出口货物运输委托书"，一起构成一份完整的运输合同，对托运人和承运人双方的责任、义务和免责事项起到规范和约束作用。

2. 物权凭证

（1）提单是承运人凭以交付货物，合法持有人凭以提取货物的物权凭证。在国际贸易中，必要时其也可以起到被质押用作融资手段的作用。（2）提单的合法持有人持有提单即意味着享有提单上载明货物的所有权。（3）提单的善意持有人可以凭提单在目的港向承运人或其代理人提取货物。

3. 货物收据

海运提单是承运人或其代理人签发的货物收据，证明承运人已经收到了托运人交付的提单上所列明的货物。

4. 收取运费的依据

海运提单是货主与货运代理之间、货运代理与承运人之间或者货主与承运人之间支付或收取运费的依据和凭证。

5. 重要的结汇单据

由于具有重要的物权凭证属性，海运提单通常在国际贸易中成为出口商向银行结汇的重要单据。出口商通过向银行提交提单，象征性地转让了货权，从而凭提单取得货款。进口商则通过向银行付款取得象征货权的提单，并凭以提货。

（二）海运提单的分类

海运提单按照不同的标准可以分为不同的类别，见表 5-1 海运提单分类一览表。

表 5-1　海运提单分类一览表

分类标准	提单种类（中文名称）	提单种类（英文名称）
货物装船与否	已装船提单	On Board B/L
	备运提单	Received for Shipment B/L
有无不良批注	清洁提单	Clean B/L
	不清洁提单	Unclean/Foul B/L
提单收货人	记名提单	Straight /Non-negotiable B/L
	不记名提单	Bearer/Blank/Open B/L
	指示提单	Order B/L
运输方式	直达提单	Direct B/L
	转船提单	Transshipment B/L
	联运提单	Through/Combined Transport B/L
	多式联运提单	Multimodal Transport B/L
内容繁简	全式提单	Long Form B/L
	简式提单	Short Form B/L
船舶运营方式	班轮提单	Liner B/L
	租船提单	Charter Party B/L
	集装箱提单	Container B/L
单据的有效性	正本提单	Original B/L
	副本提单	Copy B/L
单据的签发或提交时间	过期提单	Stale B/L
	倒签提单	Anti-dated B/L
	预借提单	Advanced B/L
提单签发人	承运人 / 船东提单	Master B/L
	货代提单	House B/L
	无船承运人提单	NVOCC B/L
文本形式	纸质提单	B/L
	电子提单	Electronic B/L

1. 已装船提单和备运提单

已装船提单是指提单表面明确注明了"已装船"字样。如果提单预先印就了"shipped on board in apparent good order and conditions"，承运人仅签发日期便可以满足提单必须具备签发日期和装船日期的要求，该提单为已装船提单。如果提单上只标明"received in apparent good order and conditions"或"intended vessel"，并未批注"已装船"和已装船日期，则该提单为备运提单。进口商和银行一般不接受备运提单。但当备运提单上明确注明"已装船"（shipped on board）批注和装船日期，则该提单为已装船提单。

2. 不清洁提单和清洁提单

不清洁提单是指提单明确记载有货物表面状况不良、包装不良或存在缺陷的提单。银行和进口商通常要求提单为清洁提单。根据UCP600第二十七条，银行只接受清洁提单。清洁提单是指未载有明确宣称货物或包装有缺陷的条款或批注的运输单据。"清洁"一词并不需要在运输单据上出现，即使信用证要求运输单据为"清洁已装船"。

3. 记名提单、不记名提单和指示提单

提单的收货人又称为抬头。按照不同的抬头，提单可以分为记名提单、不记名提单和指示提单。记名提单是指提单的收货人一栏直接填写收货人的名称，如进口商公司的名称，这种提单不能转让。不记名提单是指提单的收货人一栏空白或仅填写"来人（bearer）"，这种提单在实务中几乎不适用。实务中用的最多的是指示提单，该提单在收货人一栏通常填写"to order"或"to order of ×××"，前者又称"空白抬头"。这种提单由指定人在提单背面背书后可以进行转让。

4. 直达提单、转船提单、联运提单和多式联运提单

直达提单是指运输过程中不需要转船的提单。转船提单，顾名思义，在运输途中需要转船。联运提单是指承运人一次签发包括运输全程但用于陆海或海陆或海河或海海联合运输的提单。多式联运提单是指货物由多式联运经营人以两种以上的不同运输方式，其中一种是海上运输方式（一般为第一程运输），将货物从接收地运至目的地并收取全程运费的提单，多用于集装箱运输。由于现在的运输单据设计一般为满足综合性运输需求，运输公司设计的运输单据通常为多功能性的，既可以适用于单一海运方式下的直达提单，也可以用作联运提单和多式联运提单。

5. 全式提单和简式提单

全式提单和简式提单正面所记载内容一样，不同点在于全式提单背面印有详细的格式性提单条款，而简式提单背面没有这些条款。

6. 班轮提单、集装箱提单和租船提单

班轮提单是指由班轮运输公司签发的提单。

集装箱提单是指采用集装箱运输方式下承运人签发的提单，提单上一般注明"containerized"字样。班轮提单有可能是杂货班轮海运提单，也有可能是集装箱班轮海运提单。

租船提单是由租船运输的承运人签发的提单。租船提单一般是一种简式提单，只列明货名、数量、船名、装货港和目的港等必要项目，没有全式提单背面的详细条款，但在提单表面会表明根据租船合同出具。银行一般要求出口商在提交租船提单时随附租船合同副本，以供有关方面参阅，但银行并不负责审核租船合同。

7. 正本提单和副本提单

正本提单具有法律效力，是物权凭证，可以被抵押作为融资手段，可以转让；而副本提单不具备法律效力，不具备物权凭证属性，也无法转让。

8. 过期提单、倒签提单和预借提单

过期提单是指未能及时交到银行的提单或过了银行规定的交单期限后提交到银行的提单。UCP600规定，正本运输单据必须由受益人或其代表按照相关条款在不迟于装运日后的二十一个公历日内提交，但无论如何不得迟于信用证的到期日。如果信用证有效期或信用证规定的交单期早于此期限，则以有效期为准。银行一般不接受过期提单，过期提单可

能会影响出口商安全收汇；但是过期提单并非无效提单，提单持有人仍然可凭以要求承运人交付货物。

倒签提单是指提单上显示的签发日期早于该批货物实际装船完毕的日期。这种提单一般是按承运人或其代理应出口商的要求签发，其目的是使提单签发日期与信用证规定的装运期吻合，从而能顺利结汇。

预借提单是指在货物尚未装船或已经开始装船但尚未完毕的情况下，托运人由于信用证的装船日期即将到期而向承运人或其代理人要求其预先签发并借出的已装船提单。这种提单也是倒签提单。倒签提单并不合法，承运人签发预借提单承担的风险比倒签提单更大，进口商一般也不接受这种提单。且如果其预先没有征得进口商的同意而被发现，后果十分严重。因此，承运人几乎不签发这种提单。

9. 承运人提单、货代提单和无船承运人提单

承运人提单又称船东提单，是指由实际承担将货物运往目的地的运输公司所签发的提单。货代提单是指由货运代理人签发的提单。无船承运人提单是指无船承运人与托运人订立运输合同而签发的提单。无船承运人并不实际运输货物，而是通过与实际运输该货物的承运人再次订立运输合同，由他人实际将货物运往目的地。货代提单在本质上就是一种无船承运人提单。

10. 纸质提单和电子提单

按照提单的文本形式进行划分，提单有纸质提单和电子提单两种。电子提单是为适应EDI需要而设计的非书面化提单，其签发、通知和放货都以报文和回执确认的方式进行。承运人在接受托运人货物后向托运人发送电子报文，内容包括纸质提单的正面全部内容和一个传输电讯报文的"密码"。托运人收到报文后必须确认该项收讯，承运人或其代理人凭此项确定认可托运人为提单持有人。当提单持有人要求放货或指定收货人向另一方转让货物时，必须使用含有该"密码"的电讯报文通知承运人或其代理人。转让电子提单时，原持有人向承运人发出通知并指明受让人的名称和详细地址，承运人据此向受让人发出电讯回执，以示同意。如受让人电讯确认接受转让，承运人会向受让人发出一个新"密码"代替原有"密码"。电子提单每转让一次都会更换一次新"密码"。在承运人交货之前，提单持有人随时有权索要书面提单或保持电子提单。

（三）海运提单的内容

不同公司的海运提单格式和内容各不相同，但主要内容大致相似。以全式海运提单为例，正面包括以下内容：

（1）承运人的名称和营业地点；

（2）提单的号码、签发日期、地点和份数；

（3）托运人、收货人及通知人；

（4）装运港、卸货港、中转港（如果有）；

（5）船名和航次；

（6）唛头及集装箱的箱号、封号、尺寸、交接方式（若采用集装箱运输）等；

（7）货名、件数、毛重及尺码；

（8）运费的支付信息；

（9）承运人或其代理的签字。

除上述信息外，不同运输公司可能还会在其提单正面印刷下列部分条款：

（1）装船或收货条款。该条款是承运人表示在货物或集装箱外表状况良好的条件下接收货物或集装箱，或在货物外表状态良好的情况下已经将货物装上船。例如：

Received/Shipped the goods in apparent good order and condition as specified below unless otherwise stated herein.

（2）内容不知悉条款。该条款是承运人标明除非另有明确表述，否则对提单上所记载的货物数量、重量、质量及价值等信息概不了解也不承担责任的文句。例如：

Weight, measure, marks, numbers and quality, contents and values if mentioned in this Bill of Lading are to be considered unknown unless the contrary has been expressly acknowledged and agreed to.

（3）承诺条款。承诺条款包括承运人同意承担按照提单所列条款，将货物或集装箱从装运港或起运地运往卸货港或交货地，把货物交付给收货人的责任条款。例如：

The Carrier, in accordance with the provisions contained in this document, 1) undertakes to perform or to procure the performance of the entire transport from the place at which the goods are taken in charge to the place designated for delivery in this document, and 2) assumes liability as prescribed in this document for such transport.

以及承运人、本提单的持有人共同受提单条款约束的文句。

On presentation of this document (duly endorsed) to the Carrier by or on behalf of the Holder, the rights and liabilities arising in accordance with the terms hereof shall (without prejudice to any rule of common law or statute rendering them binding on the Merchant) become binding in all respects between the Carrier and the Holder as though the contract evidenced hereby had been made between them.

（4）签署条款。该条款是承运人表明签发各份正本提单均具有相同效力，其中一份提货后其余各份自行失效。例如：

In witness whereof the number of original Bills of Lading stated above have been signed, one of which being accomplished, the other(s) to be void.

以及提取货物时必须提交经背书的一份正本提单。

One of the signed Bills of Lading must be surrendered duly endorsed in exchange for the goods or delivery order.

全式提单的背面印有格式化条款，详细解释了与提单相关的术语定义及范围，并明确了所涉及的当事人应当承担的相关法律责任和享有的各项权利。提单背面常见的主要条款如下：

（1）定义条款。该条款对提单有关术语包括提单所涉及如托运人、承运人等当事人的含义和范围做出明确的规定。例如：

DEFINITION: Wherever the term "Shipper" occurs hereinafter, it shall be deemed to include also Receiver, Consignee, Holder of Bill of Lading and Owner of the goods.

（2）管辖权条款。该条款规定解决与提单相关的争端所适用的法庭范围。一般我国运输公司出具的提单规定，中华人民共和国的法庭对与之相关的争端享有管辖权。例如：

JURISDICTION: All disputes arising under and in connection with this Bill of Lading shall be determined by the court in the People's Republic of China.

（3）光船租船条款。该条款规定提单虽然不是由拥有船舶的一方或通过光船租赁船舶的一方签发，但船东或光船租船人为承运人。提单仅仅作为发货人或提单持有人与船东或光船承租人订立的运输合同而生效。运输公司仅作为代理行事，对该代理行为有关的任何事项概不承担责任。例如：

DEMISE CLAUSE: If the ship is not owned by or chartered by demise to the corporation by whom this Bill of Lading is issued (as may be the case notwithstanding anything that appears to the contrary) this Bill of Lading shall take effect only as a contract with the Owner or demise charterer as the case may be as principal made through agency of the said corporation who act as agents only and shall be under on personal liability whatsoever in respect thereof.

（4）海牙规则。约定提单关于承运人的义务、免责事项、索赔诉讼、责任限制等适用于1924年《关于统一提单若干法律规定的国际公约》。例如：

HAGUE RULES: This Bill of Lading shall have effect in respect of Carrier's liabilities, responsibilities, rights and immunities subject to the Hague Rules contained in the *International Convention for the Unification of Certain Rules Relating to Bills of Lading 1924*.

（5）包装与唛头。该条款要求托运人对货物提供妥善包装和正确清晰的标志。目的港字体印刷应该高五厘米，使之在货物交付前清晰可见。例如：

PACKING AND MARKS: The Shipper shall have the goods properly packed obdurately and clearly marked before shipment. The port of destination of the goods should be marked in letters of 5 cm high, in such a way as will remain legible until their delivery.

（6）特定货物条款。这些条款用以明确承运人运输一些特定货物时应承担的责任和享有的权利，或为减轻或免除某些责任而做出规定的条款，如舱面货物、植物和活动物条款，冷藏货物、木材、危险品、禁运品、散装产品、棉花、重大件及超长货物等条款。例如：

DECK CARGO, PLANTS AND LIVE ANIMALS: Cargo on deck, plants and live animals are received, handled, carried, kept and discharged at Shipper's or Receiver's risk and the Carrier shall not be liable for loss thereof or damage thereto.

TIMBER: Any statement in this Bill of Lading to the effect that timber has been shipped "in apparent good order and condition" does not involve any admission by the Carrier as to the absence of stains, shakes, splits, holes or broken pieces, for which the Carrier accepts no responsibility.

COTTON: Description of the apparent condition of cotton or cotton products does not relate to the insufficiency of or torn condition of the covering, nor to any damage resulting therefrom, and the Carrier shall not be responsible for damage of such nature.

DANGEROUS GOODS, CONTRABAND: 1) The Shipper undertakes not to tender for transportation any goods which are of a dangerous, inflammable, radio-active, and/or any harmful nature without previously giving written notice of their nature to the Carrier and marking the goods and the container or other covering on the outside as required by any laws or regulations which may be applicable during the carriage. 2) Whenever the goods are discovered to have been shipped without complying with the subclause 1 above or the goods are found to be contraband or prohibited by any laws or regulations of the port of loading, discharge or call or any place or waters during the carriage, the Carrier shall be entitled to have such goods rendered innocuous, thrown overboard or discharged or otherwise disposed of at the Carrier's discretion without compensation and the Shipper shall be liable for and indemnify the Carrier against any kind of loss, damage or liability including loss of freight, and any expenses directly or indirectly arising out of or resulting from such shipment. 3) If any goods shipped complying with the subclause 1 above become a danger to the ship or cargo, they may in like manner be rendered innocuous, thrown overboard or discharged or otherwise disposed of at the Carrier's discretion without compensation except to general average, of any.

REFRIGERATED CARGO: 1) The Shipper undertakes not to tender for transportation any goods which require refrigeration without previously giving written notice of their nature and particular temperature range to be maintained. If the above requirements are not complied with, the Carrier shall not be liable for any loss of or damage to the goods howsoever arising. 2) Before loading goods in any insulated space, the Carrier shall, in addition to the Class Certificate, obtain the certificate of the Classification Society's Surveyor or other competent person, stating that such insulated space surveyor or other competent person fit and safe for the carriage and preservation of refrigerated goods. The aforesaid certificate shall be conclusive evidence against the Shipper, Receiver and/or any Holder of Bill of Lading. 3) Receivers have to take delivery of refrigerated goods as soon as the ship is ready to deliver, otherwise the Carrier shall land the goods at the wharf at Receiver's or Shipper's risk and expense.

HEAVY LIFTS AND OVER LENGTH CARGO: Any one piece or package of cargo which exceeding 2,000 kilos or 9 meters must be declared by the Shipper in writing before receipt by the Carrier and/or length clearly and durably on the outside of the piece or package in letters and figures not less than 2 inches high by the Shipper. In case of the Shipper's failure in his obligations aforesaid, the Shipper shall be liable for loss of or damage to any property or for personal injury arising as a result of the Shipper's said failure and shall indemnify the Carrier against any kind of loss or liability suffered or incurred by the Carrier as a result of such failure.

（7）承运人装船、卸货、交货等操作条款。这些条款规定了承运人装船、卸货、交货、转船、任意装载等操作时应当承担的责任和享有的权利。例如：

OPTIONAL STOWAGE: 1) The goods may be stowed by the Carrier in containers or similar articles of transport used to consolidate goods. 2) Goods stowed in containers other than flats, pallets, trailers, transportable tanks or similar articles of transport whether by the Carrier or the Shipper, may be carried on or under deck without notice to the Shipper. Such goods whether carried on or under deck shall participate in general average.

LOADING, DISCHARGING AND DELIVERY: The goods shall be supplied and taken delivery of by the owner of the goods as fast as the ship can take and discharge them, without interruption, by day and night. Sundays and Holidays included, notwithstanding any custom of the port to the contrary and the owner of the goods shall be liable for all losses or damages incurred in default thereof. Discharge may commence without previous notice. If the goods are not taken delivery of by the Receiver in due time from alongside the vessel, or if the Receiver refuses to take delivery of the goods, or in case there are unclaimed goods, the Carrier shall be at liberty to land such goods on shore or any other proper places at the sole risk and expense of the Shipper or Receiver, and the Carrier's responsibility of delivery of goods shall be deemed to have been fulfilled. If the goods are unclaimed during a reasonable time, or wherever the goods will become deteriorated, decayed, or worthless, the Carrier may, at his discretion and subject to his lien and without any responsibility attaching to him, sell, abandon or otherwise dispose of such goods solely at the risk and expense of the Shipper.

FORWARDING, SUBSTITUTE OF VESSEL, TRHOUGH CARGO AND TRANSSHIPMENT: If necessary, the Carrier may carry the goods to their port of destination by other persons or by rail or other means of transport proceeding either directly or indirectly to such port and to carry the goods or part of them beyond their port of destination, and to transship and forward same at Carrier's expense but at Shipper's or Receiver's risk. The responsibility of the Carrier shall be limited to the part of the transport performed by him on the vessel under his management.

（8）留置权条款。该条款规定了承运人在未获得应得费用时对货物享有留置权。例如：

LIEN: The Carrier shall have a lien on the goods and any documents relating thereto for all sums payable to the Carrier under this Bill of Lading and for general average contributions to whomsoever due and for the cost of recovering the same, and for that purpose shall have the right to sell the goods by public auction or private treaty without notice to the Shipper. If on sale of the goods, the proceeds fail to cover the amount due and the cost incurred, the Carrier shall be entitled to recover the deficit from the Shipper.

（9）运费及其他费用条款。这些条款规定了托运人应当支付的运费，以及货物遭受损失时承运人可能会支付的赔偿费用。例如：

LIGHTERAGE: Any lighterage in or off ports of loading or ports of discharge shall be for the account of the Shipper or Receiver.

FREIGHT: 1) Freight and charges shall be deemed earned on receipt of the goods by the Carrier and shall be paid by the Shipper and non-returnable and non-deductible in any event. Freight payable at destination together with other charges is due on arrival of the goods at the place of destination and shall be paid before delivery of the goods. 2) For the purpose of verifying the freight basis, the Carrier reserves the right to have the goods and the contents of containers, trailers or similar articles of transport inspected in order to ascertain the weight, measurement, value or nature of the goods. In case the particulars of the goods furnished by the Shipper are incorrect, the Shipper shall be liable and bound to pay to the Carrier a sum either five times and difference between the correct freight and the freight charged or to double the correct less the freight charged, whichever sum is the smaller, as liquidated damages to the Carrier.

THE AMOUNT OF COMPENSATION: 1) When the Carrier is liable for compensation in respect of loss of or damage to the goods, such compensation shall be calculated by reference to the invoice value of the goods plus freight and insurance premium of paid. 2) Notwithstanding clause 4 (Refers to HAGUE RULES) of this Bill of Lading the limitation of liability under the Hague Rules shall be deemed to be RMB ¥700 per package or unit. 3) Higher compensation may be claimed only when, with the consent of the Carrier, the value for the goods declared by the Shipper which exceeds the limits laid down in this clause has been stated in this Bill of Lading and extra freight has been paid as required. In that case the amount of declared value shall be substituted for that limit. Any partial loss or damage shall be adjusted pro rata on the basis of such declared value.

（10）索赔通知与时效条款。该条款规定了承运人在交货后被告知货物损失的时效。例如：

TIME BAR, NOTICE OF LOSS: In any event the Carrier shall be discharged from all liabilities under this Bill of Lading unless suit is brought within one year after the delivery of the goods or the date when the goods should have been delivered. Unless notice of loss of or damage to the goods and the general nature of it be given in writing to the Carrier at the place of delivery before or at the time of the removal of the goods into the custody of the person entitled to delivery thereof under this Bill of Lading, or, if the loss or damage such removal shall be prima facie evidence of the delivery by the Carrier of the goods as described in this Bill of Lading. In the case of any actual or apprehended loss or damage the Carrier and the Shipper shall give all reasonable facilities to each other or inspecting and tallying the goods.

（11）不可抗力事件及双方有责碰船条款。这些条款规定了发生不可抗力事件及双方有责碰船事件时，承运人及托运人承担的义务和享有的权利。例如：

WAR, QUARANTINE, ICE, STRIKES, CONGESTION, ETC.: Should it appear that war, blockage, pirate, epidemics, quarantine, ice, strikes, congestion and other causes beyond the Carrier's control would prevent the vessel from safely reaching the port of destination and discharging the goods thereat, the Carrier is entitled to discharge the goods at the port and the contract of carriage shall be deemed to have been fulfilled. Any extra expenses incurred under the aforesaid circumstances shall be borne by the Shipper or Receiver.

BOTH TO BLAME COLLISION: If the carrying ship comes into collision with another ship as a result of the negligence of the other ship and any act, neglect or default in the navigation or the management of the carrying ship, the Shipper undertakes to pay the Carrier as trustee for the Owner and/or demise charterer of the carrying ship, to pay to the Carrier as trustee for the Owner and/or demise charterer of the carrying ship against all loss or liability to the other or non-carrying ship or her Owners insofar as such loss or liability represents loss of or damage to his goods or any claim whatsoever of the Shipper, paid or payable by the other or non-carrying.

（12）共同海损条款。该条款规定在发生共同海损时如何进行共同海损的理算。例如：

GENERAL AVERAGE: General average shall be adjusted in Beijing in accordance with the *Beijing Adjustment Rules 1975*.

（13）美国条款。该条款主要是针对美国法律的规定而设置的通行条款。例如：

U.S.A. CLAUSE: Notwithstanding any other term hereof of the Carriage of Goods by Sea Act 1936 of the United States of America shall have been affect subject to in respect to carriage of goods to and from the Untied States of America. If any provision of this Bill of Lading be invalid under the *Carriage of Goods by Sea Act 1936*, such provision shall, to the extent of such invalidity, but no further, be null and void.

常见的提单背面条款的主要内容如上，但不同公司出具的提单背面条款在措辞和内容上不尽相同。如中远海运集装箱运输公司提单背面的条款主要内容包括：定义；承运人的运价本；分立契约、赔偿以及抗辩、免除责任及责任限制；承运人的责任；索赔通知及时效；灭失或损害；货物灭失或损坏的赔偿责任限制；火灾而引起的承运人赔偿责任；承运人的集装箱；货方装箱的集装箱；货方的货物描述；货方责任；运费及费用；检验货物；运输因货物条件受到影响；留置权；舱面货、牲畜及植物；运输方式及路线；影响履约的事项；危险货物；特殊、冷藏或加热集装箱；通知及交付；共同海损及救助；双方有责碰撞条款；无船承运人；法律及管辖权；契约的变更；新杰逊条款；等等。

（四）提单的使用

1. 提单的确认

实务中，承运人在装船完毕后，正式签发提单之前会发一个"提单确认样张"或"提单确认件"给托运人，要求其对提单上记载的内容进行确认，若存在与托运单填写信息不一致的情况，或在信用证方式下，与信用证要求不一致的情况，托运人可以充分利用此次确认的机会，要求承运人及时修改。如果提单内容无误，确认即可取得正本提单。

2. 提单的背书与转让

正本提单是物权凭证，除记名提单之外，其余提单是可以通过背书转让的。不记名提单无须背书即可转让。指示提单必须经过背书才能转让。

与抬头相似，背书可分为记名背书、指示背书和不记名背书三种。记名背书是指背书人在提单背面写明被背书人（受让人）的名称，并由背书人签名的背书形式。经过记名背书的提单便成为记名提单性质的指示提单。指示背书是指背书人在提单背面写明"凭×××指示"的字样，同时由背书人签名的背书形式。经过指示背书的指示提单还可以继续进行背书，但背书必须连续。不记名背书也称空白背书，是指背书人在提单背面签字但不记载任何受让人的背书形式。经过空白背书的提单成为不记名提单性质的指示提单。这种提单在实务中使用最多，信用证中通常要求"Bill of Lading made out to order and endorsed in blank"。

3. 提单的更正

当托运人已经取得提单，运输船只已经驶离装运港，但尚未到达目的港或收货人尚未提货之前，托运人若发现需要对提单进行更改（如更改卸货港、唛头、货名、货物件数、货物重量、货物尺码、货物包装形式、交货条款等），需要提出正式的书面申请和船公司的保函或有效银行担保，并保证支付由此产生的一切费用，在不损害承运人利益，也不违反海关的相关规定的情况下，船公司或其代理人一般会同意更改。

更改形式有两种：一种是提单在缮制过程中出现的个别字母的错误，可以在原提单上加盖更正章予以更正，但该字母的差错必须是不影响该词或该语句的含义，且每一份提单的更改不得超过三处；另一种是重新签发提单。当提单上的更改超过三处时必须重新签发提单。因提单的更改而需要重新签发提单时，托运人必须退还此前签发的全套正本提单。运输公司在更改提单时通常会收取较高的更改费用。出口商应该充分利用提单的确认环节，认真审核，使其符合信用证和合同条款要求，做到单单相符、单证相符，从而顺利交单议付。

4. 电放提单

在货物装船之后，承运人或其代理人在已经签发了提单或已将提单交给托运人的情况下，却又应托运人的要求，从托运人手中收回全套正本提单，并以电讯方式通知其在卸货港代理放货给提单收货人的操作为电放提单。承运人或其代理可以在每张正本提单上加盖电放（surrendered/telex release original B/L）字样的图章，将盖章后的提单交给卸货港代理，凭以放货。承运人或其代理也可以在收回全套正本提单后，出具一张电放电文给其卸货港代理，凭以放货。一般而言，承运人或其代理对运费未结清的提单、不记名的提单或收货人通信方式不详细的记名提单不接受电放提单。在使用电放提单时，承运人或其代理人必须收回所有的正本提单，在正本提单份数不齐的情况下，承运人或其代理人也不接受电放提单。

三、不可转让海运单

1. 不可转让海运单的定义及作用

不可转让海运单（non-negotiable sea waybill）是海洋运输业务中承运人根据托运人填写的海运托运单而签发的货物收据。其主要作用是承运人与托运人之间的运输合约证明，是承运人收到托运人交由其看管并负责运输至目的地的货物收据。

2. 不可转让海运单与提单的区别

从单据表面看，不可转让海运单的主要内容与提单正面记载内容相似，都记载有货物名称、装运港、目的港、承运人、托运人、被通知方等信息，但不可转让海运单单据表面明确记载有"non-negotiable"字样，这决定了它与提单的重大区别。

（1）提单是物权凭证，不可转让海运单不是物权凭证。

不可转让海运单上记载有"non-negotiable"字样，表明其不可转让，不是物权凭证。这是它与提单最主要的区别。这一区别使得实务中不可转让海运单的适用范围不如提单广泛。

（2）不可转让海运单是记名抬头。

不可转让海运单收货人一栏填写方法属于记名抬头，清楚地载明了收货人的名称和地址，且只有该收货人才能从目的港提货，其他人不能提货。这样，银行也就无法掌握货权。因此，在信用证方式下，除非另有规定，一般情况下，银行不接受不可转让海运单。

（3）不可转让海运单无须出示单据即可提货。

不可转让海运单上载明的收货人在提货时可以不出示该单据，只要能证明其身份即可从承运人或其货代手中提取货物。

（4）不可转让海运单仅有正面内容，无背面条款。

全式提单的背面一般都印有格式化的条款，这些条款构成运输合同不可或缺的内容。不可转让海运单仅有正面内容，无背面条款。

尽管不可转让海运单不是物权凭证，也无法通过背书进行转让，但在实务中仍有其适用的情形，比如跨国总公司与子公司之间采用汇付、托收等方式结汇时，常采用不可转让海运单。此外，在预付货款、赊销方式，货物价值低、数量少或样品业务下也常采用不可转让海运单。对进口商来说，不可转让海运单方式下提货比提单方式下更及时快捷，也更节省费用，手续更简便。由于提货人无须出示单据，不可转让海运单方便推行EDI电子数据交换。

四、航空运单

1. 航空运单的定义及作用

航空运单（air waybill, AWB）是航空运输公司或其代理人签发给托运人，表示已经收妥货物并接受托运的货物收据。航空运单根据其不同的制单人可以分为主运单（master air waybill, MAWB）和分运单（house air waybill, HAWB）两大类。主运单是由航空运输公司签发的航空运单，而分运单是由航空货运代理公司签发的航空运单。两类运单的内容基本相同，法律效力相当。

航空运单不同于海运提单，不是物权凭证，不能凭以提取货物，也不能背书转让，必须做成记名抬头。国际航空运输协会（IATA）成员不得印制可以转让的航空货运单，货运单上的不可转让"not negotiable"不能被删去或篡改。除不具备物权凭证外，航空运单具有运输单据常见的基本功能：

（1）航空运单是货物收据。航空运单是航空承运人签发的已接收货物的证明，在收到托运人的货物后，承运人或其代理人就会将其中一份交给托运人（发货人联），作为已经接收货物的证明。除非另有规定，它是承运人收到货物并在良好条件下装运的证明。

（2）航空运单是运输契约证明。航空运单是托运人与航空运输承运人之间缔结的货物运输契约证明，在双方共同签署后产生效力，并在货物到达目的地并交付给运单上所记载的收货人后失效。

（3）航空运单是承运人据以核收运费的单据。航空运单分别记载着属于收货人或发货人负担的费用，属于应支付给承运人的费用和应支付给代理人的费用，并详细列明费用的种类。承运人及货运代理人凭航空运单核收运费。

（4）航空运单是报检报关单据之一。出口时，货物在装机之前必须经过海关查验。除常见的商业发票和装箱单外，航空运单也是报检报关的单证之一。在货物到达目的地机场进行进口报关时，航空运单通常也是进口国海关查验放行的基本单证之一。

（5）航空运单可作为保险证书。如果承运人承办保险或托运人要求承运人代办保险，则航空运单也可用来作为保险证书。航空运单一式十二联或一式多联。正本一式三份，分三种不同颜色，蓝色的交托运人，绿色的由出票航空公司留存，粉红色的随货物同行，在目的地机场交给收货人。副本六份，额外副本三份或更多。副本分别给代理人，目的港，第一、第二、第三承运人用作提货依据。副本除提货收据为黄色，其余均为白色。

2. 航空运单的内容

不同航空公司出具的航空运单不尽相同，但由于航空公司大多借鉴IATA推荐的航空运单标准格式，各航空公司出具的航空运单除右上角航空公司名称和标志不同外，在其他内容和格式上并无明显差异。航空运单格式及内容如图5-1所示。

Set your tabulator stops here

STAPLE DOCUMENTS ABOVE PERFORATION

← Line up here →

| 999 | LHR | 31819605 | 999　31819605 |

| Shipper's Name and Address | | Shipper's Account Number | Not Negotiable |

SURFACE MEASUREMENT SYSTEMS
5 WHARFSIDE
ROSEMONT ROAD
ALPERTON
MIDDLESEX　　　　HA0 4PE

Air Waybill　AIR CHINA INTERNATIONAL CO
Issued by　　PO BOX 1000621
CAPITAL INTERNATIONAL AIRPORT
BEIJING

Copies 1, 2 and 3 of this Air Waybill are orginals and have the same validity

| Consignee's Name and Address | Consignee's Account Number |

HISUN PHARMACEUTICAL (HANGZHOU)
CO LTD　XIALIAN VILLAGE
XUKOU TOWN　FUYING CITY
ZHEIJIANG PROVINCE
311404 CHINA　　　　311404

It is agreed that the goods described herein are accepted in apparent good order and condition (except as noted) for carriage SUBJECT TO THE CONDITIONS OF CONTRACT ON THE REVERSE HEREOF, ALL GOODS MAY BE CARRIED BY ANY OTHER MEANS INCLUDING ROAD OR ANY OTHER CARRIER UNLESS SPECIFIC CONTRARY INSTRUCTIONS ARE GIVEN HEREON BY THE SHIPPER, AND SHIPPER AGREES THAT THE SHIPMENT MAY BE CARRIED VIA INTERMEDIATE STOPPING PLACES WHICH THE CARRIER DEEMS APPROPRIATE. THE SHIPPER'S ATTENTION IS DRAWN TO THE NOTICE CONCERNING CARRIER'S LIMITATION OF LIABILITY. Shipper may increase such limitation of liabiliy by declaring a higher value for carriage and paying a supplemental charge if required.

| Issuing Carrier's Agent Name and City | Accounting Information |

Charles Kendall Freight Limited
Heathrow Head Office
Spur Road Feltham UK

Agent's Ref : L0135942
Shipper's Ref : 7256-C

| Agents IATA Code | Account No. |

91-4-7166-00 11

| Airport of Departure (Addr. of first Carrier) and Requested Routing | Reference Number | Optional Shipping Information |

LONDON HEATHROW

To	By first Carrier	Routing and Destination	to	by	to	by	Currency	CHGS Code	WT/VAL PPD COLL	Other PPD COLL	Declared Value for Carriage	Declared Value for Customs
BJS	AIR CHINA INTERNATION		HGH	CA	HGH	CA	GBP		X	X		NCV

Airport of Destination	Requested Flight/Date	Amount of Insurance	INSURANCE - If carrier offers insurance and such insurance is requested in accordance with the conditions thereof, indicate amount to be insured in figures in box marked "Amount of Insurance".
Hangchow China	CA 938/15　CA 1509/17		

Handling Information

ONE (1) CRATE FULLY ADDR // INVOICES ATTACHED
KNOWN CARGO - LISTED AGENT NO 128
DUCR-3GB238406267000-L0135942

SCI
X

No. of Pieces RCP	Gross Weight	kg lb	Rate Class / Commodity Item No.	Chargeable Weight	Rate / Charge	Total	Nature and Quantity of Goods (incl. Dimensions or Volume)
1	31.00	K	Q	31.00	9.31	288.61	DVS INTRINSIC 1 COMPLETE SYSTEM
1	31.00						

Prepaid	Weight Charge	Collect	Other Charges
	288.61		ALH=21.00 GB FSC=21.70 GB WAR=2.79 GB

| Valuation Charge |
| Tax |

| Total Other Charges Due Agent | Shipper certifies that the particulars on the face hereof are correct and that insofar as any part of the consignment contains dangerous goods, such part is properly described by name and is in proper condition for carriage by air according to the applicable Dangerous Goods Regulations. |

| Total Other Charges Due Carrier | Charles Kendall Freight Limited as agents for carrier AIR CHINA INTERNATIONAL CO |
| 45.49 | |

Signature of Shipper or his Agent

Total Prepaid	Total Collect	
334.10	0.00	14/02/2013 FELTHAM Charles Kendall Freight Limited

| Currency Conversion Rates | CC Charges in Dest. Currency | Executed on (Date)　　　at (Place)　　Signature of issuing Carrier or its Agent |

| For Carriers Use only at Destination | Charges at Destination | Total Collect Charges |

Tate Freight Forms 01908 231162 www.tatefreightforma.co.uk　Ref: 660404 09/10

图 5-1　航空运单

五、铁路运单

我国对外贸易铁路运输单据主要有承运货物收据和国际铁路运单。承运货物收据适用于对我国香港、澳门地区的货物出口，是由对外贸易运输公司向托运人签发并承诺将货物经铁路运送到目的地（港澳地区）的运输单据。国际铁路运单既是承运人向托运人签发的货物收据，也是承运人和托运人之间运输契约的证明和物权凭证。

目前，常见的国际铁路运单有 CIM 运单与 SMGS 运单。CIM 运单是按照《国际铁路货物运输公约》（简称《国际货约》）制定的，适用于《国际货约》成员国；SMGS 运单是按照《国际铁路货物联运协定》（简称《国际货协》）制定的，适用于加入《国际货协》的成员国。

由于铁路运单只能在相对应的铁路组织国之间流转，铁路运单的不统一给中欧班列带来了极大的不便。为提高班列运行时效，《国际货约》和《国际货协》成立了联合工作组，制定了国际货约/国际货协运单（CIM-SMGS WAYBILL），简称统一运单，并于 2006 年 7 月首先在乌克兰进行了试行。

2012年10月31日，我国首次通过重庆中欧班列（渝新欧班列）集装箱试验列车，采用了国际货约/国际货协统一运单，并于2012年11月16日到达德国杜伊斯堡。试验期间，中途不再需要换单，取得了圆满成功。2016年，重庆中欧班列是我国唯一使用统一运单的中欧班列（只有部分班列使用）。其余的亚欧间运输还是使用国际货协运单（CMIC）在国际铁路组织交接点换票运输。根据国家铁路局铁组委员会第II-05/17OK号函，自2017年5月1日起，经阿拉山口、满洲里、二连浩特、绥芬河、霍尔果斯铁路口岸开行的中国至欧洲国家及返程方向的集装箱列车，可采用国际货约/国际货协运单办理货物运送，由发货人自愿选择。

六、多式联运单据

多式联运单据（multimodal/combined transport documents）是由多式联运经营人或其代理人签发给托运人，承诺按照多式联运合同条款运输货物的单据。它既是货物收据，也是运输契约证明，更是物权凭证，可以进行转让。多式联运单据与联运提单相似，不同点在于联运提单承运人只对自己执行的一段运输负责，而多式联运承运人对全程运输负责。联运提单由船公司签发，运程包括海洋运输在内的全程运输；多式联运单据则由多式联运承运人签发，也包括全程运输，但多种运输方式中，可以不包含海洋运输。

例如，2017年4月6日，四川自贸试验区青白江铁路港片区成都国际陆港运营有限公司签发了首张中欧班列多式联运提单。该提单改变了过去铁路运输条件下，铁路运单不是物权凭证，不能转让的情形，允许出口商将此提单作为物权凭证，凭信用证向银行申请议付。该提单极大地增加了传统意义上以海洋运输方式为主的多式联运单据内容，真正实现了可以不包含海洋运输的多式联运提单。从提单表面上看，除运输方式不同，起点和终点分别为铁路运输中的站台，有别于海运提单的装货港和卸货港，该提单与海运提单极为相似。最重要的是，它起到了和海运提单一样的作用，可以用作物权凭证、运输契约证明，可以被转让，可以作为抵押融资手段，极大地加快了我国国际铁路运输作为国际贸易通道的速度。

 # 第二节　运输单据制单要点

一、出口托运单的制单要点

不同的货运代理公司或运输公司的托运单格式不尽相同，但主要内容及填写时的制单要点都十分类似。这里以出口托运样单为例，介绍出口托运单的制单要点。由于我国境内使用的出口货物托运单大多针对国内的运输公司或货运代理，栏目内容为中文，但是出口企业在填制时必须用英文填写，使之满足货代或运输公司开具提单的要求。

1. 托运人（shipper）

在出口托运中，托运人应当为出口企业。出口企业在制单时，应该用英文填写公司名称和地址。

2. 收货人（consignee）

收货人这一栏的填写决定着提单上的consignee这一栏，即抬头的写法。制单人应该按照合同或信用证的规定，如实填写。如果是记名抬头就直接填写收货人公司的名称；如果是指示抬头则按照合同和信用证条款的规定来写，做成其规定的抬头写法。一般情况下，信用证要求"Bill of Lading made out to order"，这一栏填写为"to order"即可满足要求。

3. 通知人（notify party）

一般情况下，通知人填写进口商公司的名称、地址和联系方式。如果信用证要求填写其他人，出口商也必须照办，在这一栏填写信用证要求的其他通知人。

4. 运输条件（transport details）

运输条件包括装运港、目的港、是否允许转运、能否分批装运、装运期限等信息，应该与合同和信用证的规定保持一致。在填写港口名称时，如果有相同的港口名称，可以加上国别信息以防混淆。同时，如果货物有特殊的运输条件要求，如特定的温度控制，出口商应当予以声明。

5. 有关单据号码及日期（reference Nos. and dates）

常见的有商业发票号码及日期、买卖合同号码及日期、信用证号码及日期填写。如果没有特殊要求，这些单据的号码也可以不注明。但一般而言，信用证方式下通常要求注明相关单据号码和日期，制单人在制单时应当注明。必要时可以采取备注的形式要求货代或运输公司在出具提单时予以特别加注。

6. 唛头（shipping marks）

如果合同或信用证规定有唛头，则填写规定的唛头。如果合同和信用证没有相关规定，出口商自行设计唛头并印刷在外包装上，则填写出口商实际使用的唛头。如果没有唛头，则填写"N/M"。

7. 商品名称、数量、重量及体积（name of commodity, quantity, weight and measurement）

商品的名称可以只写概括性名称，只要不与信用证或合同条款相违背即可。数量一般只写外包装的种类和数量。重量一般填写总毛重和总净重。体积填写整批货物的总体积。最好将外包装的长、宽、高尺码都列明，以便于承运人堆码和装箱。散装产品写明总毛重即可。

8. 随附单据（documents）

必要时列明托运人随附的单据名称及相应的份数，以便于承运人查收。

9. 备注（remarks）

该栏目主要供托运人填写托运单栏目中没有列明，但信用证或合同要求在提单上加列的内容，或者在运输中应该注意的事项等。常见的如信用证上要求提单载明开证行名称，这种情形下，托运人应当在备注中写明开证行信息，要求运输公司或货运代理在提单上予以标注。

填写出口托运单时所填的文字和数据必须准确、完整，与合同和信用证中的要求保持一致。托运人在运输方面有特殊要求时，也需要在托运单上明确记载，不能仅限于口头沟通，以免误会或遗忘。以文字的形式记载，可以方便货代或运输公司执行和出具单据，即使发生争议，文字依据也会让出口商有据可依，获得法律上的支持。

二、提单的制单要点

在实务中，提单是由运输公司或货代开具给托运人的凭证。尽管出口商作为托运人并不负责缮制提单，但提单在国际贸易中扮演着十分重要的角色，尤其是在信用证结汇方式的情况下，关系着出口商能否安全收回货款。因此，出口企业必须清楚，针对一桩交易而言，什么样的提单才符合合同和信用证要求。这就要求出口商必须具备相关的提单缮制知识而不能仅仅局限于托运单缮制知识。虽然提单上的内容及栏目设置大多来自海运托运单，但毕竟海运托运单针对国内运输公司或代理公司，且栏目设置为中文，提单则大多数情况下为英文缮制，在信用证方式下，受UCP600和ISBP745的约束，银行通常会仔细审核提单是否与信用证要求相符。同托运单相比，提单对出口商，更为重要，要求也更严格。鉴于此，这里结合UCP600和ISBP745中关于提单的规定来说明提单的缮制要点。

1. SHIPPER

提单上的托运人是委托运输的一方。在国际贸易中，一般都填写出口商公司的名称及地址。UCP600第十四条K款规定："显示在任何单据中的货物的托运人或发货人不必是信用证的受益人。"因此，除非信用证另有规定，银行将接受表明以信用证受益人以外的第三方作为发货人的运输单据。实务中，也有货代公司将自己公司的名称填写在这一栏中。

2. CONSIGNEE

关于收货人这一栏的填写，在汇付和托收项下，如果进口商已经付清全部货款，可以做成记名抬头，直接填写进口商公司名称。如果货款尚未结清，出口商可以做成指示抬头，填写"to order"即可。在信用证项下，要严格按照信用证中46A单据条款中关于提单的要求进行缮制。常见的有空白指示抬头（Bill of Lading made out to order）和凭银行指示抬头（Bill of Lading made out to order of opening bank）两种，第一种填写"to order"，第二种填写"to order of ×××bank"，需要将"opening bank"换成具体的开证行名称。

3. NOTIFY PARTY

被通知方一般填写进口商公司的名称和地址以及联系方式。若合同和信用证中另有规定，出口商按照规定填写即可。联系方式必须详细、准确，以便承运人及时通知被通知方前来提货，及时妥善地交接货物，避免滞港或发生损失。

4. PRE-CARRIAGE BY

前程运输是指在多式联运或内河运输后再远洋运输的情况下，运输公司负责的首程运输。很显然，这一栏是为运输公司承接多式联运业务而设计的。如果只是港对港运输，这一栏可以留空不填。

5. PORT OF LOADING

装运港一栏填写合同或信用证约定的装运港名称即可。

6. PORT OF DISCHARGE

卸货港一栏填写合同或信用证中约定的卸货港，如果有重名港口名称，可以加上国别。UCP600第二十条规定，提单必须注明装运从信用证规定的装运港至卸货港。如果提单未注明以信用证中规定的装货港作为装货港，或包含"预期"或类似有关限定装货港的标注者，则需要提供注明信用证中规定的装货港、装运日期以及船名的批注。

7. VESSEL &VOYAGE NO.

船名及航次一栏如实填写载货船舶的名称及其航次。

8. FINAL DESTINATION

在单一的海运方式下，卸货港就是目的地。在这种情况下，这一栏可以空白。但是在多式联运方式下，如果货物到达卸货港后，运输公司仍负责下一段的陆路运输，那么这里的最终目的地就是全程运输路线的内陆城市交货地点。

9. PORT OF TRANSSHIPMENT

转运港这一栏在实际发生转运时，填写转运港口名称。如果没有发生转运，这一栏可以空白。出口商需要特别注意信用证是否允许转运。如果不允许转运，在填写出口托运委托书时必须明确告知运输公司或货运代理，以免造成单证不符或单单不符。

10. CONTAINER SEAL NO. OR MARKS AND NOS.

集装箱封号及唛头一栏在有唛头时，如实填写；如果没有唛头则填写"N/M"。散装货物可以填"in bulk"。如果采用了集装箱运输则填写集装箱封号、箱号、尺寸以及集装箱的数量和交接方式。如果没有采用集装箱运输，则空白。如果唛头或集装箱数量较多无法在此栏全部显示，可以另附单据补充全部唛头和集装箱信息，但要盖上签单骑缝章。

11. NO. AND KIND OF PACKAGES, DESCRIPTION OF GOODS

包装件数及种类填写货物的外包装件数和种类，如常见的54 cartons，65 barrels，105 rolls等，在该栏下方空白处可以备注大写的包装件数合计。货物描述则可以用统称，在信用证项下，一般采用信用证上的货物描述文字。

12. GROSS WEIGHT

毛重单位一般为千克，毛重的信息通常来自托运人填写的托运单。如果是裸装货物，可以只填写净重，加注"N.W.（Net Weight）"。在集装箱运输的情况下，实际毛重不得超过集装箱的最大限重，否则由此造成的损失由托运人承担。

13. MEASUREMENT

尺码填写货物的实际体积大小，通常以立方米为单位，小数点后保留三位。

14. FREIGHT AND CHARGES

运费及其他费用这一栏，运输公司或货运代理通常在缮制时没有列明具体的金额，一般打上"AS ARRANGED"。有的运输公司在这一栏填写运费支付情况，如"freight prepaid"或"freight collect"。

15. EX. RATE

汇率一般空白，可以不填。

16. PREPAID AT

运费预付时填写托运人实际支付运费的港口名称或城市名称。

17. FREIGHT PAYABLE AT

运费到付时填写收货人将要支付运费的港口名称或城市名称，也可以填"at destination"。

18. PLACE AND DATE OF ISSUE

运输公司或货运代理如实填写提单的签发地址和日期。按照UCP600第二十条规定，提单的出具日期将被视为装运日期，除非提单包含注明装运日期的装船批注，在此情况下，装船批注中显示的日期将被视为装运日期。如果提单包含"预期船"字样或类似有关限定船只的词语时，装上具名船只必须由注明装运日期以及实际装运船只名称的装船批注来证实。实务中，运输公司通常会做已装船批注，加注"shipped on board"和实际装船日期签章。

19. TOTAL PREPAID

预付总额可以空白。有的运输公司在这一栏备注"prepaid"，表示运费已付。

20. NUMBER OF ORIGINALS

正本提单份数一栏通常用大写英文表示所出示的正本提单份数。UCP600第二十条规定，受益人提交的提单必须表面上看来是仅有的一份正本提单，如果出具了多份正本，应该是提单中显示的全套正本份数。

21. SIGNED FOR OR ON BEHALF OF THE MASTER

承运人或承运人代理人签字必须符合UCP600规定。UCP600第二十条规定，无论其称谓如何，提单必须表面上看来显示承运人名称并由下列人员签署：①承运人或承运人的具名代理或代表、船长或船长的具名代理或代表；②承运人、船长或代理的任何签字必须分别表明其承运人、船长或代理的身份；③代理的签字必须显示其是否作为承运人或船长的代理或代表签署提单。该栏除了具名签字外，签字人还得表明其身份，如"××× as agent"或"××× as carrier"。

22. B/L NO.

提单号码一般按照装货单上的编号填写。我国提单号一般由代表船公司名称的英文代码，加上装运港英文代码或目的港英文代码，或加上代表该航次数字和订舱顺序号等数字组成。提单号是查询和跟踪货物、报检、报关等环节中必不可少的一项重要内容。

23. NOTATION

提单上的批注除了由承运人做出的关于已装船批注外，还应包含信用证中关于提单上应当载明的其他内容，如信用证号码和日期以及其他声明等，都需要托运人明确向运输公司或货运代理提出，要求其加注在提单空白处，使之满足信用证或合同要求。

三、空运托运书的制单要点

空运托运书由出口商填写并签署，作为航空承运人或其代理人填开货运单的依据。空运托运书的制单要点如下：

1. 托运人姓名、地址（shipper's name and address）及托运人账号

在托运人姓名、地址栏填写托运人的公司全称、地址及联系方式。信用证方式下，应该与受益人信息保持一致。托运人账户一般不需要填写，除非承运人另外要求。

2. 收货人姓名、地址（consignee's name and address）及收货人账号

空运托运书乃至航空运单上的收货人姓名、地址一栏不得像提单一样做成指示抬头"to order"，而是必须填写具体的收货人姓名、地址及联系方式。因此，航空运单不具有提单的物权凭证属性，更不能转让。除非承运人需要，收货人账户一般无须填写。

3. 承运人代理人的名称和城市（issuing carrier's agent name and city）

该栏填写航空公司货运代理人的名称及所在城市。其一般为承接托运人委托的航空运输业务代理。若运单由承运人的代理人签发，本栏填写实际代理人的名称及城市名。如果运单直接由承运人本人签发，此栏可以空白不填。

4. 始发站机场（airport of departure）

该栏填写始发站机场的名称。托运时，尚不清楚始发机场的名称也可以填写机场所在城市名称。

5. 到达站机场（airport of destination）

该栏填写目的地机场。托运时，若托运人不清楚目的地机场名称，也可以填写城市名称，加上国别，以防因不同国家城市名称可能存在重名的现象而导致航线错误的情况。

6. 另请通知（also notify）

如果托运人还希望货物到达目的地机场后也通知其他人，此栏可以填写其他被通知人的全名、地址以及联系方式。若没有其他被通知人，该栏可以留空不填。

7. 供运输用的托运人声明价值（shipper's declared value for carriage）

该栏填写供运输用的声明价值，一般按发票金额填写。该价值也是承运人赔偿责任的限额，承运人按相关规定向托运人收取声明价值费。如果所交运的货物价值不超过毛重每千克20美元（或其等值货币），则无须填写声明价值金额。出口商不要求声明价值时，可以不填，或者填写"NVD（no value declared：未声明价值）"。

8. 供海关用的托运人声明价值（shipper's declared value for customs）

该栏填写向海关申报的货物价值。若是进口国海关应税货物，海关根据此栏所填数额征税。当以出口货物报关单或商业发票作为征税标准时，本栏可不填或填写"AS PER INV"。如果货物为样品或数量很少无须办理此项声明价值，则必须打上"NCV（no customs value）"。若为贵重商品，出口商必须如实申报，否则会给进口商提货带来麻烦。

9. 保险金额（insurance amount）

目前仅有少数航空公司开展国际航空运输代理保险业务。因此，只有在航空公司提供代理保险业务且托运人有需求时才填写该栏。一般情况下，该栏可以不填。

10. 随附文件（document to accompany air waybill）

该栏填写连同航空货运单一起随航空飞行器前往目的地的文件名称及份数，如托运人的活动物证明（shipper's certification for live animals）。

11. 注意事项（handling information）

该栏填写托运人需要注明的内容，包括在货物运输及装卸过程中的特别指示。常见的填写内容包括其他被通知人、包装情况、运输途中的操作要求等。

12. 包装件数（No. of packages）

该栏填写该批货物的总件数，如10 cartons，25 crates，50 rolls 等。

13. 实际毛重（actual gross weight）

该栏一般由承运人或其代理人称重后填入。即使托运人已经填写，承运人或其代理人也需对此栏进行复核，因为该栏的数据与最终需支付的运费息息相关。

14. 运价种类（rate class）

针对不同的航空运价种类共有10种运价种类代码。

M (minimum charge)：起码运费

N (normal rate)：45千克以下（或100千克以下）货物适用的普通货物运价

Q (quantity rate)：45千克以上货物适用的普通货物运价

C (specific commodity rate)：指定商品运价

R (class rate reduction)：等级货物附减运价

S (class rate surcharge)：等级货物附加运价

U (unit load device basic charge or rate)：集装化设备基本运价

E (unit load device additional rate)：集装化设备附加运价

X (unit load device additional information)：集装化设备附加说明

Y (unit load device discount)：集装化设备折扣

非专业人士一般不清楚航空运价种类。因此，托运人可以不填该栏，由承运人或其代理人根据托运货物类别及毛重综合判断后填写。

15. 计费重量（chargeable weight）

该栏由承运人或其代理人在量过货物的尺寸后，经过计算来填写实际的计费重量。

16. 费率（rate/charge）

托运人无须填写，一般由承运人或代理人填写货物适用的费率。

17. 货物品名及数量（nature and quantity of goods）

该栏填写货物的品名和数量，包括货物的尺寸或体积。本栏所填写内容应该与出口报关发票、进出口许可证上列明的货物名称相符。若一票货物包括多种物品时，托运人应该逐一填写每一类货物，不能用笼统的名称。这里的尺寸或体积指的是货物的外包装尺寸，以厘米为单位按照长×宽×高的顺序填写，以便装卸货。危险品应填写适用的准确名称及标贴的级别。

18. 托运人签字及日期（signature of shipper and date）

托运人在该栏签字并签署办理托运当日的日期。

第六章　保险单据

第一节　保险单据基础知识

一、国际货物运输保险简介

国际货物运输保险是指被保险人（国际贸易中的买方或卖方）向保险人（保险公司）按一定的金额投保一定的险别，并根据既定的保险费率缴纳保险费，保险人承保后，对于被保险货物在运输途中发生的承保范围内的损失按约定数额给予经济赔偿的一种经济行为。它是以国际贸易运输过程中的货物作为保险标的的保险，属于财产保险中的一种。由于目前大多数国际贸易货物采用海上运输，这里重点介绍海运货物保险，并简要介绍陆上运输货物保险、航空运输货物保险和邮包保险。

（一）国际货物运输保险基本术语

1. 保险人、被保险人、投保人

保险人又称承保人（the insurer），是指与投保人订立保险合同，收取保险费，并在保险事故发生时承担损失赔偿的保险经营组织。根据《中华人民共和国保险法》的规定，在我国经营商业保险业务必须是依法设立的保险公司，其他单位和个人不得经营商业保险业务。因此，在我国保险合同中，保险人就是指依法经营保险业务的保险公司。

被保险人（the insured）是受保险合同保障的人，是指保险事故发生时遭受损失并有权按照保险合同向保险人要求赔偿并取得赔款的人。

投保人又称要保人（applicant/the insured），是指向保险人申请保险，同保险人订立保险合同并按照保险合同负有支付保险费义务的人。在国际贸易中，投保人既可以是进口商也可以是出口商。FOB和CFR成交条件下，进口商自行投保，进口商既是投保人也是被保险人。CIF成交条件下，出口商负责投保，出口商是投保人，单据制作时可以直接以进口商为被保险人，也可以先以出口商自己为被保险人然后再将保险单转让给进口商，这样，进口商成为被保险人。

2. 保险对象、保险利益、保险风险、保险事故

保险对象又称保险标的，在国际货物运输保险中指国际货物运输中的货物。

保险利益，是指投保人对保险标的具有法律上承认的利益。"法律上承认的利益"实际上是指经济利益，投保人因保险标的发生保险事故而受到损失。《中华人民共和国保险

法》规定，投保人必须对保险标的具有保险利益，否则保险合同无效。显而易见，进出口商对国际运输中的货物享有这种经济利益。因此，都可以成为投保人。

保险风险是指尚未发生、能使保险对象遭受损害的危险或事故，如自然灾害、意外事故或事件等。保险人责任范围的界限与保险风险类别息息相关。

保险事故是指保险合同中载明的危险发生后所造成的损害或伤害后果。保险人对属于保险合同承保范围内发生的保险事故负有赔偿经济损失的责任。

3. 保险金额、保险费、保险期限

保险金额又称保额，是指保险人在保险事故发生时应向被保险人支付赔偿的最高金额。国际货物运输保险中的保险金额在一定程度上反映了国际运输中货物的价值。

保险费是指被保险人或投保人向保险人缴纳的费用，是对保险人将来可能支付赔偿的预付报酬。保险费等于保险金额乘以保险费率。保险费率与商品本身和运输方式有关，因险别不同而不同。

保险期限又称保险期间，是保险人承担保险责任的起始到终止的时间，是保单提供的保障期限。

4. 不计免赔率、相对免赔率和绝对免赔率

不计免赔率（irrespective of percentage, IOP）是指在发生了承保范围内的保险事故时，保险人计算赔偿金额时，不论货物的损失程度，均予赔偿；相对免赔率和绝对免赔率则规定了一定的免赔率。相对免赔率（franchise）是指保险人对免赔率以内的损失不赔，但是当损失超过免赔率时，则对全部损失都予以赔偿。绝对免赔率（deductible）是指保险人只赔偿超过免赔率的部分，对免赔率以内的损失绝对不赔。

（二）海上运输货物保险

海上运输货物保险的承保范围：货物在海洋运输过程中可能遭受的风险和损失多种多样，为明确责任，保险公司对海运货物保险的承保风险、可弥补的损失及可补偿的费用范围做了明确的规定。

1. 风险

一般而言，海运货物保险可保障的风险分为海上风险和外来风险两大类。

海上风险又称海难（perils of sea），是指船舶或货物在海上运输过程中遇到的自然灾害和意外事故。自然灾害（natural calamity）是指自然界的破坏力量造成的灾害。但在海运保险业务中，其并不是泛指一切自然力量造成的灾害，而是仅指恶劣气候、雷电、海啸、地震、火山爆发、流冰、洪水以及其他人力不可抗拒的灾害，不包括风或雾等一般自然力所造成的灾害。意外事故（accidents）一般是指偶然的、非意料之中的原因造成的事故，如运输工具搁浅、触礁、沉没、碰撞、失火、爆炸及失踪等具有明显海洋特征的重大意外事故。

外来风险（extraneous risks）是指由于海上风险以外的其他外来原因引起的风险，但不包括货物的自然损耗和本质缺陷。外来风险可分为一般外来风险和特殊外来风险两种。一般外来风险是指被保险货物运输途中由于偷窃、提货不着、钩损、渗漏、淡水雨淋、生锈、混杂、玷污、破碎、受潮受热、串味、短量、破损破碎等外来原因引起的风险。特殊外来风险是指由于军事、政治、国家政策法律以及行政措施等造成的风险与损失，包括战争、罢工、进口国拒收等风险。

2. 损失

海上运输货物在运输途中遭遇海上风险和外来风险而造成的各种损失叫作海上损失。按照损失的程度不同，海上损失分为全部损失和部分损失两种。

全部损失（total loss）是指整批或不可分割的一批被保险货物在运输途中全部遭受损失，分为实际全损和推定全损两种。实际全损（actual total loss）是指被保险货物完全灭失，已丧失商业价值或失去原有用途，或船舶失踪，达到一定时期仍无音信，即货物完全损失已经发生。推定全损（constructive total loss）是指被保险货物的损失虽然未达到完全灭失的状态，但是可以预见其实际全损已经不可避免，或者为了避免全部损失，需要支付的抢救、修理费用加上运送货物到原定目的地费用之和将超过货物的保险价值或超过货物到达目的地时的价值，这种情况下，推定为全损。

部分损失是指被保险货物没有达到全部损失程度的损失。按造成损失原因的不同，部分损失可分为共同海损和单独海损。

共同海损（general average）是指载货船舶在海运途中遇到危险时，船长为解除危险、维护船舶和所有货物的共同安全或使得航程得以继续完成，而采取的有意识的、合理的行为所产生的某些特殊牺牲或支出的特殊费用。这部分损失由各获救方根据获救价值比例予以共同承担、共同分摊。

单独海损（particular average）是指除共同海损以外的部分损失，即被保险货物在遭遇海上风险后，其损失未达到全损程度，而且该损失只由受损方单独承担。

3. 费用

保险货物遭遇保险责任范围内的事故时，可能为减少货物实际损失而采取抢救行为，从而产生一定的费用。这种费用，保险公司也予以赔偿。它分为施救费用和救助费用。

施救费用（sue & labour expenses）是指被保险货物在遭受保险责任范围内的灾害事故时，被保险人或其代理人为防止或减少损失而采取抢救措施所支出的费用。救助费用（salvage charges）是指被保险货物在遭遇保险责任范围内的灾害事故时，由保险人和被保险人以外的第三者对受损货物采取抢救措施，并获得成功而向其支付的费用。

不同的保险公司对国际货物运输可能遭遇的风险、损失和费用的划分不尽相同。因此，针对这些风险、损失和费用提供的保险类别也不完全一样。在我国进出口贸易中，进出口商常用的国际货物运输保险条款主要有中国人民保险集团股份有限公司（中国人民财产保险股份有限公司的前身）制定的《中国保险条款》和英国伦敦保险人协会制定的《伦敦协会货物保险条款》。下面简要介绍这两款保险条款的保障范围及保险类别，以便学习者更好地理解保险单据的相关内容。

（三）《伦敦协会货物保险条款》

英国伦敦保险人协会制定的《伦敦协会货物保险条款》（*Institute Cargo Clause*，ICC）在国际上有着广泛的影响力，许多国家在制定本国海上货物保险条款时都会参考，有的国家部分采用该条款，有的国家直接采用该条款。《伦敦协会货物保险条款》最早制定于1912年，目前使用的版本是1982年1月修订，1983年4月1日起正式启用的条款。该条款一共有6种保险险别：ICC (A)，ICC (B)，ICC (C)，Institute War Clauses-Cargo（战争险），Institute Strikes Clauses-Cargo（罢工险），Malicious Damage Clauses（恶意损害险）。前三种为基本险或主险，后三种为附加险。除恶意损害险不能单独投保之外，其他五种险别都可以单独投保。从承保范围看，ICC (C) 险承保范围最小，只承保重大意外事故，而不承保自然灾害及非重大意外事故；ICC (B) 险承保范围较ICC (C) 险大；ICC (A) 险承保范围最大，承保"除外责任"之外的一切风险。

值得一提的是，在1982年版本的《伦敦协会货物保险条款》的基础上，联合货物保险委员会推出了2009年1月1日版本的新条款。新条款的除外条款变化相对较大，对条款中容易产生争议的用词做出了更为明确的规定，文字结构也更为简洁、严密。采用2009年1月1日版本的《伦敦协会货物保险条款》投保的当事人需要留意保险条款中的变化。

（四）《中国保险条款》

在我国，进出口货物运输最常用的保险条款是《中国保险条款》（*China Insurance Clauses*, C.I.C.），该条款由中国人民保险集团股份有限公司制定，中国人民银行及中国保险监督委员会审批颁布。《中国保险条款》按运输方式来分，有海洋、陆上、航空和邮包运输保险条款四大类。对某些特殊商品，还配备有海运冷藏货物，陆运冷藏货物，海运散装桐油及活牲畜、家禽的海陆空运输保险条款。具体如下：

海洋运输货物保险条款 Ocean Marine Cargo Clauses

海洋运输冷藏货物保险条款 Ocean Marine Insurance Clauses (Frozen Products)

海洋运输散装桐油保险条款 Ocean Marine Insurance Clauses (Woodoil in Bulk)

陆上运输货物保险条款 Overland Transportation Insurance Clauses (Train, Trucks)

陆上运输冷藏货物保险条款 Overland Transportation Insurance Clauses (Frozen Products)

航空运输货物保险条款 Air Transportation Cargo Insurance Clauses

邮包保险条款 Parcel Post Insurance Clauses

活牲畜、家禽的海上、陆上、航空保险条款 Livestock & Poultry Insurance Clauses (By Sea, Land or Air)

下面简要介绍我国陆、空、海三种运输方式下的保险分类及承保范围。

1. 陆上运输货物保险

陆上运输货物保险分为陆运险和陆运一切险两种。陆运险负责赔偿：①被保险货物在运输途中遭受暴风、雷电、洪水、地震等自然灾害或由于运输工具遭受碰撞、倾覆、出轨或在驳运过程中因驳运工具遭受搁浅、触礁、沉没、碰撞，或由于遭受隧道坍塌、崖崩或失火、爆炸等意外事故所造成的全部或部分损失。②被保险人对遭受承保责任内危险的货物采取抢救、防止或减少货损的措施而支付的合理费用，但以不超过该批被救货物的保险金额为限。陆运一切险承保范围除包括上述陆运险的责任外，还负责被保险货物在运输途中由于外来原因导致的全部或部分损失。

2. 航空运输货物保险

我国航空运输货物保险包括航空运输险和航空运输一切险两种。航空运输险负责赔偿：①被保险货物在运输途中遭受雷电、火灾或爆炸或由于飞机遭受恶劣气候或其他危难事故而被抛弃，或由于飞机遭受碰撞、倾覆、坠落或失踪等意外事故所造成的全部或部分损失。②被保险人对遭受承保责任内危险的货物采取抢救、防止或减少货损的措施而支付的合理费用，但以不超过该批被救货物的保险金额为限。航空运输一切险则除包括上述航空运输险的责任外，还负责被保险货物由于外来原因导致的全部或部分损失。

3. 邮包保险

邮包保险包括邮包险和邮包一切险。邮包保险责任兼顾海、陆、空三种运输工具的运输情况。邮包险承保：①被保险邮包在运输途中由于遭受恶劣气候、雷电、流冰、海啸、地震、洪水等自然灾害，或由于运输工具搁浅、触礁、沉没、碰撞、出轨、坠落、失踪，或由于失火和爆炸等意外事故所造成的全部或部分损失。②被保险人对遭受承保责任内危险的邮包采取抢救、防止或减少货损的措施而支付的合理费用。邮包一切险是指除包括上述邮包险的责任外，保险人还对被保险货物在邮运途中由于外来原因，包括偷窃、短少、破碎、渗漏等原因造成的全部或部分损失，也负赔偿责任。

4. 海上运输货物保险

海上运输货物保险包括平安险 (Free from Particular Average, F.P.A.)、水渍险 (With Average, W.A.) 及一切险 (All Risks)。

平安险赔偿范围：

①货物在运输途中由于恶劣气候、雷电、海啸、地震、洪水等自然灾害造成整批货物的全部损失或推定全损。当被保险人要求赔付推定全损时，须将受损货物及其权利委付给保险人。被保险货物用驳船运往或运离海轮的，每一驳船所装的货物可视作一个整批。

推定全损是指被保险货物的实际全损已经不可避免，或者恢复、修复受损货物以及运送货物到原定目的地的费用超过该目的地的货物价值。

②由于运输工具遭受搁浅、触礁、沉没、互撞、与流冰或其他物体碰撞以及失火、爆炸等意外事故造成货物的全部或部分损失。

③在运输工具已经发生搁浅、触礁、沉没、焚毁等意外事故的情况下，货物在此前后又在海上遭受恶劣气候、雷电、海啸等自然灾害所造成的部分损失。

④在装卸或转运时由于一件或数件整件货物落海造成的全部或部分损失。

⑤被保险人对遭受承保责任内危险的货物采取抢救、防止或减少货损的措施而支付的合理费用，但以不超过该批被救货物的保险金额为限。

⑥运输工具遭遇海难后，在避难港由于卸货所引起的损失以及在中途港、避难港由于卸货、存仓以及运送货物所产生的特别费用。

⑦共同海损的牺牲、分摊和救助费用。

⑧运输契约订有"船舶互撞责任"条款，根据该条款规定应由货方偿还船方的损失。

水渍险除包括上述平安险的各项责任外，还负责被保险货物由于恶劣气候、雷电、海啸、地震、洪水等自然灾害所造成的部分损失。

一切险除包括上述平安险和水渍险的各项责任外，还负责被保险货物在运输途中由于外来原因所致的全部或部分损失。

由此可见，就承保范围大小而言，一切险大于水渍险，水渍险大于平安险。同ICC保险条款的险别相比，尽管具体的承保风险条款存在差异，但整体上看来，平安险与ICC (C) 险相似，水渍险与ICC (B) 险相似，一切险与ICC (A) 险相似。

我国海洋运输保险除平安险、水渍险和一切险三种基本险之外，还有一般附加险和特殊附加险。三种基本险可以单独投保，一般附加险和特殊附加险不能单独投保，只能在基本险的基础上加投。一般附加险可以在平安险和水渍险的基础上加投，特殊附加险可以在三种基本险的基础上加投。因为一切险包含水渍险和11种一般附加险，故投保一切险无须再额外加投一般附加险。此外，中国人民保险集团股份有限公司也允许投保人投保《协会货物运输保险条款》下的险别，并约定遵守英国法律。

11种一般附加险包括：偷窃、提货不着险（Theft, Pilferage and Non-delivery Risk, T.P.N.D.），淡水雨淋险（Fresh Water and Rain Damage Risk, F.W.R.D.），渗漏险（Leakage Risk），短量险（Shortage Risk），混杂、沾污险（Intermixture and Contamination Risk），碰损、破碎险（Clash and Breakage Risk），串味险（Taint of Odour Risk），受潮受热险（Sweat and Heating Risk），钩损险（Hook Damage Risk），包装破裂险（Breakage of Packing Risk），锈损险（Rust Risk）。

特殊附加险包括进口关税险（Import Duty Risk)，舱面险（On Deck Risk），交货不到险（Failure to Deliver Risk），出口货物到香港（包括九龙在内）或澳门地区存仓火险责任扩展条款（Fire Risk Extension Clause for Storage of Cargo at Destination HongKong, Including Kowloon, or Macao，F.R.E.C.），黄曲霉素险（Aflatoxin Risk），拒收险（Rejection Risk）。

二、保险单据简介

（一）保险单据的定义及作用

根据《中华人民共和国保险法》，保险单又称保单，是投保人与保险人订立的书面保险合同的一种。它是由保险人签发给投保人，完整记载了合同当事人的权利和义务，是被保险人在保险标的发生保险责任范围内的损失时向保险人提出索赔的依据和凭证。它是保险人的承保证明，也是保险货物遭受损失时被保险人索赔和保险公司理赔的主要依据。国际贸易中，信用证项下，保险单也是在CIF贸易术语下交单议付的主要单据之一。

（二）保险单据种类

1. 保险单（insurance policy）

保险单又称大保单，是一种正规的保险合同，是完整、独立的保险文件。其正面印制了投保人、被保险人、保险人的基本信息，与保险标的相关的信息，如保险标的的名称、件数、包装；保险费率和保险费用；运输工具和运输路线；承保险别；保险查勘代理人；赔款偿付地点；签发日期；等等。背面印有格式化的保险条款，规定了保险人与被保险人的权利和义务、保险责任范围、除外责任、索赔、理赔和时效条款等内容。

2. 保险凭证（insurance certificate）

保险凭证又称小保单，是一种简化的保险合同。与大保单相比，小保单背面空白，没有大保单背面的保险条款，其正面内容与大保单一样，并声明以同类保险单所载条款为准。其法律效力与俗称大保单的保险单没有差别。大保单较小保单使用更为广泛；小保单适用于在货物运输保险订有预约合同的条件下，需要对每一笔货运签发单独的凭证。

3. 联合凭证（combined certificate）

联合凭证俗称承保证明，是我国保险公司特别使用的一种更为简化的保险单据。它是将发票与保险单相结合的形式简化的保险凭证。保险公司在出口企业提交的发票上注明保险编号、承保险别、保险金额、运输船只、开船日期等，并加盖保险公司印章。这种单据不能转让，多用于对港澳地区部分华商和少数新加坡、马来西亚地区的出口业务。

4. 预约保单（open policy）

预约保单又称开口保险单，是保险人与被保险人双方签订的较长期限的一揽子保险合同。合同规定了保险货物的范围、保险险别、保险责任、费率等，保单范围内的货物一经装运，保险公司自动承保。这种保单适合大宗、分批次或长期货物运输的保险，既可以避免繁杂的投保手续，防止漏报，又可以减少投保人的资金占有，因为这种保单的保费一般采取定期事后结算。预约保单下，及时发送装运通知给保险公司十分重要。保险公司通常在装运通知后按预约保单条款自动予以承保。

5. 保险声明（insurance declaration）

保险声明是预约保单项下的一种保险单据。在投保人确定预约保单项下的货物装船后，投保人将该批货物的名称、价值、数量、运输工具等信息以保险声明书的形式通知保险人，保险公司不再向投保人出具保险证明，保险有效。根据UCP600的规定，银行接受保险单预约项下的保险证明书或声明书。

6. 保险批单（endorsement）

保险批单是在出具保单后，保险期限结束前，应投保人的要求，保险人对原保单内容进行补充或更改而另行出具的凭证。它是保险单的修改书，一般不能单独使用，必须与原保险单粘在一起，并加盖骑缝章。

批单的内容包括：更改被保险人名称、更改货名、更改货物包装或数量、更改船名、加注转船船名或内陆目的地、更改开航日期、更改装运港或目的港、更改赔款偿付地点、更改出单日期等。如果更改的内容涉及保险金额的增加和保险责任范围的扩大等重大修改，保险公司必须在证实货物未发生出险事故的情况下方可同意办理。

除此之外，还有一种暂保单，它是保险经纪人接受投保人的委托后，向投保人签发的，代投保人办理保险的约定。它不是正式的保单，不能凭此向保险公司索赔。UCP600第二十八条明确规定不接受暂保单。

（三）办理保险的程序

1. 填写投保单

投保单又称投保书或要保书，是投保人向保险人申请订立保险合同的书面要约。投保人办理保险的第一步即为填写投保单。投保人选定保险公司后，填写该保险公司统一格式的投保单，并提交保险公司要求的发票和提单确认件等随附单据。投保人在投保时，根据合同或信用证条款按照约定的保险险别投保。至于投保何种保险险别，投保人须结合商品本身、运输工具条件及运输路线进行综合考量，确保货物能有一定的保障，也不过度增加成本。不同的险别，基本费率相差数倍（如表6-1所示）。

表6-1 中国人民财产保险股份有限公司海上出口货运保险普通货物费率

洲别	目的地	平安险	水渍险	一切险
亚洲	中国港、澳、台地区，日本、韩国	0.08	0.12	0.25
	约旦、黎巴嫩、巴林、阿拉伯联合酋长国、菲律宾			1.00
	尼泊尔、阿富汗、也门	0.15	0.20	1.50
	泰国、新加坡等其他国家			0.60
欧洲、大洋洲、美国、加拿大		0.15	0.20	0.50
中美洲、南美洲		0.15	0.25	1.50
阿尔巴尼亚、罗马尼亚、南斯拉夫、波兰、保加利亚、匈牙利、捷克、斯洛伐克、独联体国家		0.15	0.25	1.50
非洲	埃塞俄比亚、坦桑尼亚、赞比亚、毛里求斯、布隆迪、象牙海岸、贝宁、刚果、安哥达、佛得角群岛、卢旺达	0.20	0.30	2.50
	加拿利群岛、毛里塔尼亚、冈比亚、塞内加尔、尼日利亚、利比里亚、几内亚、乌干达			3.50
	其他			1.00

近年来，为了加快电子商务的发展，全面实现方便快捷的网上保险业务，中国人民财产保险股份有限公司推出货运险电子商务系统（e-Cargo），投保人可以通过互联网进行国内、进出口货物运输险的投保、投保单修改、投保单查询、业务量的统计等功能，方便客户足不出户即可在线投保，极大地提高了投保效率。货运险电子商务系统为中文界面，投保单内容与纸质内容一致，投保人只要正确解读买卖合同和信用证，就能在货运险电子商务系统快速办理投保业务。

2. 缴纳保险费

保险公司决定承保后，根据投保人填写的投保单上选择的保险险别及相关交易信息，计算投保人应该缴纳的保险费。保险费又称保费，是保险金额与保险费率的乘积。一般情况下，投保人先缴纳保险费，后取得保单。如果是预约保单，可以定期事后结算，程序略有不同。

3. 领取保险单

保险公司收到投保人缴纳的保险费后，根据投保人填写的投保单开立正式保单。投保人领取保险单。

4. 转让

国际货运保险单经过背书后可以转让。一般情况下，保单的背书与提单的背书一致。虽然一般财产保险合同的转让必须征得保险公司的同意，并办理保单过户手续，但是在国际货运保险业务中，按照惯例，如果被保险人享有的货物权利发生转移，则承保该项利益的保险单可以同时进行转让。因此，当提单经过背书后，货权发生转移，保险单也应当经过同样的背书，将保险货物所有权转移到受让人手中。转让前后均无须通知保险人，不必征得保险人同意，也无须办理保单过户手续。

三、投保单内容

各保险公司制定的投保单格式不尽相同，但内容大体一致。一般而言，国际货物运输保险投保单包括以下三个方面的内容：

（1）货物信息：①货物名称 description of goods；②货物包装及件数 packing and quantity；③标记 marks & Nos.；④发票号 invoice No.；⑤信用证号 L/C No.；⑥合同号码 contract No.；⑦发票金额 invoice amount；⑧货物种类 goods。

（2）运输信息：①启运日期 date of commencement；②运输工具（船名/航次/航班）conveyance；③起运地、转运地、目的地 from… via… to…；④提单号/运单号 B/L No./waybill No.；⑤集装箱种类及交接方式 container；⑥船舶信息，如船籍和船龄 registry and age of ship。

（3）保险信息：①投保人 applicant；②被保险人 insured；③保险金额 amount insured；④投保加成率 plus；⑤投保险别 risks insured/conditions；⑥备注 remarks；⑦赔款偿付地点 claim payable at；⑧保险人 insurance company。

四、保险单内容

保险单内容与投保单内容大同小异。保险单作为正式的保险凭证，其措辞较投保单更为正式。不同保险公司的保险单内容和格式不完全一样，但大体一致，都包括以下四个方面的内容：

（1）货物信息：①货物名称 description of goods；②货物包装及件数 packing and quantity；③标记 marks & Nos.；④发票号 invoice No.；⑤信用证号 L/C No.；⑥合同号码 contract No.；⑦发票金额 invoice amount。

（2）运输信息：①启运日期 date of commencement；②运输工具（船名/航次/航班）conveyance；③起运地、转运地、目的地 from… via… to…；④提单号/运单号 B/L No./waybill No.。

（3）保险信息：①保单号 insurance No.；②被保险人 insured；③保险金额 amount insured；④投保险别 risks insured/conditions；⑤备注 remarks；⑥赔款偿付地点 claim payable at；⑦保险公司在目的地的查勘代理人 insurance company's agent；⑧保险正本份数 number of originals；⑨出单日期 issuing date；⑩保险公司签署 insurance company's signature。

（4）保险条款：保险单背面通常印有详细的保险条款，规定了保险合同当事人的责任和义务。这些规定都是格式化的条款，详细内容可参考中国人民财产保险股份有限公司海洋货物运输保险条款和战争险条款。

 # 第二节　保险单据制单要点

一、投保单制单要点

保险公司开立保险单的依据是投保人填写的投保单。因此，投保单的内容决定着保单的内容。虽然投保单本身并非正式保险合同文本，但一经保险人接受后，便成为保险合同的一部分。如果投保单填写的内容有误或故意隐瞒、欺诈，都将影响保险合同的效力。因此，进出口企业在缮制投保单时务必十分谨慎小心。这里以中国人民财产保险股份有限公司的投保单为例，介绍货物运输保险投保单的制单要点。

1. 被保险人（insured）

除非信用证另有规定，一般而言，投保人填写货物运输保险投保单时，都会首先将自己列为被保险人。即使是在CIF贸易术语下，出口商也可以首先将出口企业列为被保险人，再通过背书将保单转让给进口商。

如果信用证规定保险单"Insurance policy made out to order"，该栏填写"to order"，投保人在背面空白背书即可。如果信用证规定保险单"Insurance policy made out to order of ×××Bank"或"Insurance policy made out in favour of ×××Bank"，该栏可以填写投保人（出口商）公司名称，然后照抄信用证规定文句，在出口商公司名称后显示"held to order of ×××Bank"或"in favour of ×××Bank"。如果信用证要求单据直接以进口商为抬头人，出口商直接在该栏填写进口商名称，无须背书。

2. 发票号（invoice No.）

如实填写被保险货物的发票号码。

3. 合同号（contract No.）

如实填写被保险货物的合同号码。

4. 信用证号（L/C No.）

如实填写被保险货物的信用证号码。

5. 发票金额（invoice amount）

填写被保险货物发票上载明的货物总金额，是保险公司凭以计算保险金额的基础和依据。

6. 保险加成率（plus）

保险加成是指在投保货物的CIF或CIP价值上按照一定的比率追加的投保价值。这部分价值可以理解为对被保险人前期资金投入以及预期利润的价值补偿。这里的比率即为保险加成率。按照惯例，国际贸易中货物运输保险的保险加成率一般为10%。如果进口商有特殊要求，也可以与保险公司约定不同的保险加成率。当保险加成率过高时，保险公司也可能会拒保或不予受理。原因在于过高的保险加成率可能会违背保险的基本原则之一，即被保险人得到的保险赔偿不得超过实际损失。为防止个别进口商串通当地检验部门故意骗保，保险公司一般不接受过高的保险加成率。

7. 标记（marks & Nos.）

这里的标记指的是运输标志，如果有，就如实填写。如果是散装或无唛头，可以填写"N/M"。如果唛头太多，可以直接注明"as per invoice No. ×××"。

8. 包装及数量（packing and quantity）

该栏填写商品的最大包装总件数，与其他单据如提单或装箱单上的包装件数保持一致。

9. 保险货物项目（description of goods）

该栏按照发票品名填写，如果品名繁多，可以使用统称，与提单上的货名保持一致。

10. 保险金额（amount insured）

保险金额是指保险人承担赔偿或给付保险金责任的最高限额，是保险公司计算保费的基础和依据。一般情况下，保险金额按照发票CIF价加成10%~20%计算，如发票价为FOB或CFR，应将运费、保费相应加上去，再另行加成。如果不是按照CIF贸易术语成交，实务中直接按发票金额乘以110%，小数点后的数字进位成整数(不能用四舍五入法)。如发票金额为USD18,525.00，乘以1.1后结果为20,377.5，则在此栏填写"USD20,378.00"。只要小数点后的数字非零，结果都往个位进一位。

信用证项下，投保金额必须符合信用证规定和UCP600规定。关于保险金额，UCP600第二十八条规定，保险单据必须表明投保金额，并用与信用证相同的货币表示；信用证对于投保金额为货物价值、发票金额或类似金额的某一比例的要求，将被视为对最低保额的要求。如果信用证对投保金额未作规定，投保金额须至少为货物的CIF价格或CIP价格的110%。如果从单据中不能确定CIF价格或者CIP价格，投保金额必须基于要求承付或议付的金额，或者基于发票上显示的货物总值来计算，两者之中取金额较高者。

11. 启运日期（date of commencement）

由于保单的日期通常不晚于提单日期，所以，在投保时，投保人可能不知道或尚不能确定准确的启运日期，为避免单证不符，可以填写"as per B/L date"。如果知道具体的日期，则如实填写。

12. 运输工具（conveyance）

海运方式下，该栏填写船名和航次。在转船的情况下，该栏目列明第一程船名和第二程船名，中间用"/"隔开。航空运输填写"by air"加航班号码。铁路运输填写"by railway"加车次。邮包运输填写"by parcel post"。

13. 运输路线（from… via… to…）

该栏填写货物实际装运的装运港、中转港和目的港名称。如果没有中转港，via一栏可以不用填写。如果海运至目的港，保险承保到内陆城市，应在目的港后注明该内陆城市。UCP600规定，保险单据须标明承保的风险区间至少涵盖从信用证规定的货物监管地或发运地开始到卸货地或最终目的地为止。信用证项下，投保人投保时严格按照信用证中规定的发运地到最终目的地填写，以做到单证相符。

14. 提单号码（B/L No.）

如果投保时已经从运输公司获悉提单号码，这里如实填写。如果投保时尚未出具提单，可以填写"as per B/L"。

15. 赔款偿付地点（claim payable at）

一般进口商和开证行都会要求赔款偿付地点在目的地。如果进口商或信用证有具体的要求，严格按照要求办理。一般情况下，该栏都填写"at destination"或在目的港，且按照合同或信用证规定的赔付币别注明赔付的货币种类。

16. 投保险别（risks covered/conditions）

按照合同和信用证规定的保险险别投保。关于投保险别，UCP600第二十八条规定，信用证应规定所需投保的险别及附加险（若有）。如果信用证使用诸如"通常风险"或"惯常风险"等含义不确定的用语，则无论是否有漏保之风险，保险单据将照样被接受。并且，当信用证规定投保"一切险"时，如保险单据载有任何"一切险"批注或条款，无论是否有"一切险"标题，均将被接受，即使其声明任何风险除外。

以上规定表明，如果在C.I.C.保险条款下，合同或信用证规定投保"一切险"，而保单上显示投保水渍险（W.A.）加11种附加险，这种保单也是符合要求的，银行是可以接受的。

17. 货物种类（goods）

按照投保的货物实际情况，如实填报货物的种类。在对应的货物种类前打"√"或者"×"。

18. 集装箱种类（container）

如果采用集装箱运输，选择对应的集装箱种类及其装箱方式。

19. 转运工具（by transit）

如果实际运输中有转运，在对应的转运工具类型前做标记，打"√"或者"×"。

20. 船舶资料（particular of ship）

填写船舶的国籍和船龄。保险公司对船龄超过15年的老船通常会加收保险费。出口商在租船订舱时要留意船龄，以免造成成本的增加。

21. 投保时间（date of application）

投保时间应该早于提单时间，以确保保单的时间不晚于提单时间。

22. 投保人签名（applicant's signature）

投保人签名，并留下详细的联系电话和地址。其主要目的有二，一是确定该份申请的有效性，二是便于同保险公司保持顺畅的沟通。

23. 费率及保险费（rate & premium）

投保单（如表6-2所示）的最下方供保险公司的工作人员使用。他们需要根据以上信息填写该批货物的适用费率并计算出保险费，作为向投保人收缴保费的依据。

表6-2　投保单空白样单

PICC 中国人民财产保险股份有限公司　　分公司
PICC Property and Casualty Company Limited　　Branch

地址　　　　　　　　　　　邮政编码
Address:　　　　　　　　　　Post Code:

电话Tel:　　　　　　　　　　传真Fax:

货物运输保险投保单
Application Form for Cargo Transportation Insurance

被保险人
Insured: _____

发票号 (INVOICE NO.):
合同号 (CONTRACT NO.):
信用证号 (L/C NO.):
发票金额 (INVOICE AMOUNT): _____　投保加成 (PLUS): _____

兹有下列物品向中国人民财产保险股份有限公司　　分公司投保 (Insurance is required on the following commodities):

标　记 MARKS & NOS.	包装及数量 QUANTITY	保险货物项目 DESCRIPTION OF GOODS	保险金额 AMOUNT INSURED

启运日期
DATE OF COMMENCEMENT: _____

装载运输工具
PER CONVEYANCE: _____

自　　　　　　　　　　　　经　　　　　　　　　　　　至
FROM _____　VIA _____　TO _____

提单号
B/L No. _____

赔款偿付地点
Claim Payable at _____

投保险别（please indicate the conditions and/or special coverages):

_____

请如实告知下列情况：（如"是"在[ ]中打"√"，"不是"打"×"）If any, please mark "√" or "×":

1. 货物种类： 袋装[ ]　　散装[ ]　冷藏[ ]　液体[ ]　活动物[ ]　机器/汽车[ ]　危险品等级[ ]
   Goods:　　Bag/Jumbo　Bulk　Reefer　Liquid　Live Animal　Machine/Auto　Dangerous Class

2. 集装箱种类：普通[ ]　　开顶[ ]　框架[ ]　平板[ ]　冷藏[ ]　集装箱整箱装[ ]　集装箱拼箱[ ]　非集装箱[ ]
   Container:　Ordinary　Open　Frame　Flat　Refrigerator　FCL　　LCL　　NCL

3. 转运工具： 海轮[ ]　飞机[ ]　驳船[ ]　火车[ ]　汽车[ ]
   By Transit:　Ship　Plane　Barge　Train　Truck

4. 船舶资料：　　　　船籍[ ]　船龄[ ]
   Particular of Ship:　Registry　Age

备注：被保险人确认本保险合同条款和内容已经完全了解。　　　　投保人（签名盖章）Applicant's Signature
The assured confirms herewith the terms and conditions
of these insurance contract fully understood.　　　　　　　　_____

　　　　　　　　　　　　　　　　　　　　　　　　　　　　电话 (Tel): _____

投保日期：(Date): _____　　　　　　　　　地址 (Address): _____

本公司自用（For Office Use Only）

费率　　　　　　保险费　　　　　　　　备注：
Rate _____　Premium _____　　　Remarks:

经办人　　　　　核保人　　　　　　　　负责人
By _____　Checker _____　　In Charge _____

二、保险单制单要点

如前所述，不同的保险公司出具的保险单格式与内容布局虽然不完全一样，但核心内容基本大同小异。这里以中国人民财产保险股份有限公司的保险单为例介绍保险单的制单要点。鉴于保险单的制作以投保单为依据，而前面已经介绍过投保单的制单要点，在介绍保险单的制单要点时，与投保单重复的地方仅作简单介绍，以免重复。

1. 发票号、合同号、信用证号（invoice No., contract No., L/C No.）

按照投保人填写的投保单上的信息，分别填写该批货物的发票号、合同号和信用证号。

2. 被保险人（insured）

被保险人这一栏严格按照投保人在投保单上的写法填写。一般情形下，作为出口商的投保人都将出口企业先列为被保险人，再通过背书进行转让。即使在CIF贸易术语下，买方要求以其为被保险人，如果保险单直接将进口商列为被保险人，在货物出险时，进口商直接向保险公司索赔。这种做法对出口商存在一定的风险。如果出口商货款尚未收齐，则面临着货物和赔款两空的风险。因此，通过背书进行转让的方式对出口商而言是比较稳妥的做法。如果是FOB和CFR贸易术语，买方自行投保，被保险人应该为买方。

3. 标记（marks & Nos.）

标记这里填写运输标志。可以如实打上唛头，也可以填写"as per invoice No. ×××"。没有唛头就填"N/M"。

4. 包装及数量（packing and quantity）

按照投保人填写的投保单上记载的最大包装件数填写。如果是散装，填写"in bulk"，再填写重量。

5. 保险货物名称（description of goods）

按照投保单上填写的货物名称填写。如果有多种货物名称需要逐一列明，按照投保单一一照列。

6. 保险金额（amount insured）

按照投保单上的保险金额填写。一般情况下，它应该是发票的票面金额乘以110%后，小数点后的数字进位成整数之后得到的结果。填写时注意货币的种类。如有多种货物，这一栏与货物名称栏保持一致。

7. 总保险金额（total amount insured）

该栏填写总保险金额的大写。其写法以SAY开头，后接货币种类，再加上文字形式的数字拼写，最后以ONLY结束。如SAY US DOLLARS FORTY THOUSAND TWO HUNDRED AND EIGHTY ONLY。

8. 保费（premium）

保险人在保费这一栏通常填写"as arranged"。若信用证明确要求保单上载明"保费已付"，该栏可以填入"paid"。

9. 启运日期（date of commencement）

按照投保单填写启运日期，也可以填写"as per B/L"。

10. 装载运输工具（per conveyance）

按照投保单上填写的装载运输工具填写该栏。海运方式下，填写船名和航次。

11. 运输路线（from... via... to...）

按照投保单上的运输路线填写。直达时，可以在"from"后填写装运港，"to"后面填写目的港，"via"后不填。

12. 承保险别（conditions）

该栏填写投保人所投的保险类别，并列明保险条款名称。如COVERING ALL RISKS AS PER AIR TRANSPORTATION CARGO CLAUES (1/1/1981) OF THE PEOPLE'S INSURANCE COMPANY OF CHINA (ABBREVIATED AS C.I.C. ALL RISKS) (INCL. SRCC & WAREHOUSE TO WAREHOUSE CLAUSE).

投保人根据信用证条款需要在保单上加注其他内容时，加注内容可以显示在此栏。

13. 保险查勘代理人（insurance company's agent）

保险单上应当列明保险公司位于目的地的保险查勘代理人公司名称、地址及联系方式，以便货物出险时被保险人能够及时理赔。

14. 保单份数和正本字样（number of originals）

如信用证无特殊要求，保险公司出具的一套完整的保险单包括一份正本和一份副本保险单。正本单据上一般都载有正本"Original"字样。关于保险单据的份数，ISBP745规定，当信用证要求保险单据出具一份以上的正本或者保险单据显示其已经出示了一份以上正本时，所有正本都应当提交并显示已经签署。

15. 赔款偿付地点（claim payable at）

赔款偿付地点按照投保人填写的投保单填写，并加注赔付的货币种类。赔款偿付地点应该在目的地，赔付的货币种类与合同或信用证规定的货币种类保持一致。UCP600规定，保险单据必须表明投保金额并以与信用证相同的货币表示。

16. 出单时间（issuing date）

此栏填制保险单的签发日期。UCP600规定，保险单据日期不得晚于发运日期，除非保险单表明保险责任不迟于发运日生效。对出口商而言，保险单据的出单日期应该不晚于提单日，否则会被银行认为单证不符从而遭到拒付。

17. 保险人签署（signature）

保险公司签字盖章以示保险单正式生效。UCP600第二十八条规定，保险单据，例如保险单或预约保险项下的保险证明书或者声明书，必须由保险公司或承保人或其代理人或代表出具并签署。代理人或代表的签字必须标注是代表保险公司或承保人签字，如表6-3所示。

表6-3　保险单空白样单

PICC 中国人民财产保险股份有限公司
PICC Property and Casualty Company Limited

总公司设于北京	一九四九年创立
Head Office Beijing	Established in 1949

货物运输保险单
CARGO TRANSPORTATION INSURANCE POLICY

发票号（INVOICE NO.）

合同号（CONTRACT NO.）

信用证号（L/C NO.）

被保险人：

Insured:_____

保单号次
POLICY NO.

中国人民财产保险股份有限公司（以下简称本公司）根据被保险人的要求，由被保险人向本公司缴付约定的保险费，按照本保险单承保险别和背面所载条款与下列条款承保下述货物运输保险，特立本保险单。

THIS POLICY OF INSURANCE WITNESSES THAT PICC PROPERTY AND CASUALTY COMPANY LIMITED (HEREAFTER CALLED "THE COMPANY") AT THE REQUEST OF THE INSURED AND IN CONSIDERATION OF THE AGREED PREMIUM PAID TO THE COMPANY BY THE INSURED UNDERTAKES TO INSURE THE UNDERMENTIONED GOODS IN TRANSPORTATION SUBJECT TO THE CONDITIONS OF THIS POLICY AS PER THE CLAUSES PRINTED OVERLEAF AND OTEHR SPECIAL CLAUSES ATTACHED HEREON.

标　记 MARKS & NOS.	包装及数量 QUANTITY	保险货物项目 DESCRIPTION OF GOODS	保险金额 AMOUNT INSURED

总保险金额：

TOTAL AMOUNT INSURED: _____

保 费	起运日期	装载运输工具
PREMIUM _____	DATE OF COMMENCEMENT _____	PER CONVEYANCE _____
自	经	至
FROM _____	VIA _____	TO _____

承保险别：

CONDITIONS:

所保货物，如发生保险单项下可能引起索赔的损失或损坏，应立即通知本公司下述代理人查勘。如有索赔，应向本公司提交保单正本（本保单共有__份正本）及有关文件。如一份正本已用于索赔，其余正本自动失效。

IN THE EVENT OF LOSS OR DAMAGE WHICH MAY RESULT IN A CLAIM UNDER THIS POLICY, IMMEDIATE NOTICE MUST BE GIVEN TO THE COMPANY'S AGENT AS MENTIONED HEREUNDER. CLAIMS, IF ANY, ONE OF THE ORIGINAL POLICY WHICH HAS BEEN ISSUED IN _____ ORIGINAL(S) TOGETHER WITH THE RELEVANT DOCUMENTS SHALL BE SURRENDERED TO THE COMPANY. IF ONE OF THE ORIGINAL POLICY HAS BEEN ACCOMPLISHED, THE OTHERS TO BE VOID.

中国人民财产保险股份有限公司武汉市分公司
PICC PROPERTY ADN CASUALTY COMPANY LIMITED
WUHAN BRANCH

赔款偿付地点

CLAIM PAYABLE AT _____

出单日期

ISSUING DATE_____

保险人签署

AUTHORIZED SIGNATURE _____

第七章　原产地证书

 第一节　原产地证书基础知识

一、原产地证书的定义及作用

原产地证书是出口商应进口商的要求，自行签发或向特定的机构申请后由其签发的，证明出口商品的产地或制造地的一种证明文件。原产地证书在国际贸易中被誉为"纸黄金"，是出口产品获得进口国关税减免的重要凭证。

原产地证书的作用体现在：

（1）证明出口商品符合相应的出口国原产地规则，证明商品确系出口国制造。在一定程度上能起到证明商品内在品质、提高商品竞争力的作用。

（2）对出口商而言，是货物通关和商品结汇的重要单据。

（3）对进口国海关而言，是凭以实施差别税率、进口限制、进口配额和征收差别关税的依据。

（4）对进口商而言，是办理清关手续、享受优惠税率的重要证明文件。

二、原产地证书的种类

原产地证书，一般简称产地证，根据其签发机构不同和使用范围不同，我国国际贸易中使用的原产地证书可以分为以下四大类：

（一）一般原产地证书

一般原产地证书（certificate of origin, C/O)，也称非优惠原产地证书，其全称为中华人民共和国出口货物原产地证明书，是指适用于实施最惠国待遇、反倾销和反补贴、保障措施、原产地标记管理、国别数量限制、关税配额等非优惠性贸易措施以及进行政府采购、贸易统计等活动中为确定出口货物原产于中华人民共和国境内所签发的书面证明文件。它证明中国出口货物符合《中华人民共和国货物原产地规则》，原产地确实是中华人民共和国。它通常用于不使用海关发票或领事发票的国家或地区，以及没有承诺给予我国的出口产品以普遍优惠关税待遇的国家，是我国出口业务中使用最多的产地证。进口商通常可以凭一般原产地证书享受WTO最惠国关税待遇。

在我国，一般原产地证书可由中国国际商会（China Chamber of International Commerce）、中国国际贸易促进委员会（简称"贸促会"，China Council for the Promotion of International Trade, CCPIT）和海关总署及其直属海关（根据2018年国务院机构改革方案，国家市场监督管理总局的出入境检验检疫管理职责和队伍划入海关总署）出具，其格式、内容和项目一样，只是签发单位名称和签章不同。出口商一般按照就近原则，向这三家机构在当地或出口口岸分支机构申领一般原产地证书。国际贸易中，出口商按照进口商的要求选择签发单位。如果合同或信用证规定要求由商检机构出具，出口商向当地的海关申领；如果进口商规定由商会或贸促会出具或没有特别要求，出口商可以向商会或贸促会申领。

根据海关总署公告2018年第106号（关于中国原产地证书和金伯利进程证书签发有关事宜的公告），各直属海关于2018年8月20日正式启用新版原产地证书和签证印章。海关总署签发的各类原产地证书共22种，具体包括非优惠原产地证书1种、普惠制原产地证书1种、优惠贸易协定原产地证书14种、欧盟农产品等专用原产地证书6种，以及金伯利进程证书。海关签发新版原产地证书种类清单（22种）如表7-1所示。

表7-1　海关签发新版原产地证书种类清单（22种）（2018年8月20日起）

序　号	证 书 类 型
1	中国-东盟自贸协定原产地证书
2	中国-智利自贸协定原产地证书
3	中国-巴基斯坦自贸协定原产地证书
4	中国-新西兰自贸协定原产地证书
5	中国-新加坡自贸协定原产地证书
6	中国-秘鲁自贸协定原产地证书
7	中国-哥斯达黎加自贸协定原产地证书
8	中国-瑞士自贸协定原产地证书
9	中国-冰岛自贸协定原产地证书
10	中国-韩国自贸协定原产地证书
11	中国-澳大利亚自贸协定原产地证书
12	中国-格鲁吉亚自贸协定原产地证书
13	海峡两岸经济合作框架原产地证书
14	亚太贸易协定原产地证书
15	普惠制原产地证书
16	输欧盟托考伊葡萄酒原产地名称证书
17	输欧盟奶酪制品证书
18	输欧盟烟草真实性证书
19	输欧盟农产品原产地名称证书
20	非优惠原产地证书
21	加工装配证书
22	转口证明书

海关签发证书印章共分3种：普惠制Form A印章（用于普惠制原产地证书和欧盟农产品等专用原产地名称证书）、ECFA专用印章以及适用于金伯利进程证书及其他各类原产地证书的ORIGIN签证印章。印章机构名称为42个直属海关名称，将原印章中原直属检验

检疫局中英文名称调整为对应直属海关中英文名称（新版印章样式如表7-2所示）。中国国际贸易促进委员会及其地方分会签发的各类原产地证书没有变化，依然有效。

需要注意的是，关检合一后，除不可抗力因素造成企业未能及时办理原产地证书时，企业可以申请"后发"证书，一般情况下，由于在申报时需要填写原产地证书号码，各地海关不再受理自贸协定项下的原产地证书"后发"的申请。一般原产地证书和普惠制原产地证书的"后发"申请由海关视情况处理，不受影响。企业应按照规定在装运前或装运时办理原产地证书的申请。海关签发新版原产地证书签证印章样式如表7-2所示。

表7-2　海关签发新版原产地证书签证印章样式

简称：**FORM A** 章	简称：**ECFA** 章	简称：原产地 ORIGIN 印章
范围：直属海关	范围：直属海关	范围：直属海关
材质：光敏	材质：光敏	材质：光敏
编号：章壳 AG 开头加编号	编号：章壳 AE 开头加编号	编号：章壳 AF 开头加编号

（二）普惠制原产地证书

普惠制原产地证书（Generalized System of Preferences Certificate of Origin Form A, GSP Form A），全称是普遍优惠制原产地证明书，是普遍优惠制受惠国的授权机构依据给惠国指定的原产地规则，针对受惠商品所出具的证明货物原产地的特定格式的证明文件。

普遍优惠制是发达国家承诺对从发展中国家或地区输入的商品，特别是制成品和半成品，给予普遍优惠关税待遇的制度。受惠国商品享受普遍优惠关税待遇必须符合给惠国原产地规则。

1. 原产地标准

原产地标准是给惠国用来衡量进口商品是否为受惠国生产或制造的标准或尺度。普惠制原产地标准有完全原产产品标准（完全获得标准）和实质性改变标准两种。前者是指全部使用受惠国的原材料或零部件，完全由受惠国生产、制造的产品；后者是指全部或部分使用进口（包括原产地不明）原料或零部件生产、制造的原产产品。这些原料或零部件在受惠国经过充分加工和制作，其性质和特征达到了"实质性改变"的标准。对于如何判定进口成分是否达到"实质性改变"的标准,不同的给惠国采用的加工标准和百分比标准各不相同。原产地证书上用不同的字母来代替产品达到了不同的原产地标准(其详见普惠制原产地证明书填写要点)。

2. 直接运输要求

为确保普惠制待遇由受惠国自己生产或制造的产品享受而不是被来自第三国的产品享受,受惠商品必须直接从受惠国运送到给惠国目的地,允许商品转运,但要求商品在转运地不能经过任何的加工。

3. 书面证明要求

进口商申请享受普遍优惠制待遇必须提供由受惠国权威机构签发的普惠制原产地证书、运输证明或其他证明文件。

《中华人民共和国普遍优惠制原产地证明书签发管理办法》规定,我国的普惠制原产地证明书的签发和对出口产品申请原产地证明书的单位的监督检查工作由国家市场监督管理总局设在各地的进出口商品检验机构(简称"商检机构")负责。由于关检合一,海关为我国普惠制产地证书的唯一签发机构。目前,全世界共有40个给惠国,分别为:欧盟二十七国(法国、英国、爱尔兰、德国、丹麦、意大利、比利时、荷兰、卢森堡、希腊、西班牙、葡萄牙、奥地利、瑞典、芬兰、匈牙利、波兰、捷克、斯洛伐克、斯洛文尼亚、爱沙尼亚、立陶宛、拉脱维亚、马耳他、塞浦路斯、罗马尼亚和保加利亚)、瑞士、挪威、日本、新西兰、澳大利亚、美国、加拿大、俄罗斯、白俄罗斯、乌克兰、哈萨克斯坦、土耳其、列支敦士登。自1978年普惠制实施以来,全球除美国之外先后有39个国家曾给予中国普惠制关税优惠。然而,近年来,随着中国经济的飞速发展和人民生活水平的不断提高,根据世界银行标准,中国不再属于低收入或中等偏低收入经济体。为此,欧盟等多个普惠制给惠国在近几年陆续宣布取消给予中国普惠制待遇。自2021年12月1日起,中国输往欧盟成员国、英国、加拿大、土耳其、乌克兰和列支敦士登等32个国家的出口商品,不再享受这些国家的普惠制关税优惠待遇,中国海关也不再对这些商品签发普惠制原产地证书。此外,海关已分别自2019年4月1日和2021年10月12日不再对日本和欧亚经济联盟签发普惠制原产地证书。目前全球仅有挪威、新西兰、澳大利亚3国给予中国出口商品普惠制待遇。但澳大利亚和新西兰可根据客户要求不提供FORM A产地证,挪威给惠国仍要求提供FORM A产地证。

(三)区域经济集团互惠原产地证书

区域经济集团互惠原产地证书是协定成员国之间就特定产品享受互惠减免进口关税待遇的官方凭证。凭该原产地证书享受的优惠关税待遇(有的协定成员国就特定产品进口关税降至零)对协定成员国进出口商具有很大的吸引力,对促进区域经济的贸易增长起到重要作用。迄今为止,中国已与东盟、智利、巴基斯坦、新西兰、新加坡、秘鲁、哥斯达黎加、澳大利亚签署并实施自贸协定。内地与香港、澳门地区分别签署并实施了更紧密经贸关系安排（CEPA），大陆与台湾地区签署并实施了海峡两岸经济合作框架协议（ECFA）。

该类原产地证书由出口商自行填制并申报，由国家市场监督管理总局及其分支机构审核、证明以及签发，具有法律效力。区域经济集团互惠原产地证书主要介绍以下16种：

1. 《亚太贸易协定》原产地证书（FORM B产地证）

《亚太贸易协定》是亚太地区唯一连接东亚和南亚的区域贸易安排，其前身是签订于1975年的《曼谷协定》。2005年11月，成员国共同签署了《曼谷协定》的修改文本，并将其更名为《亚太贸易协定》。根据《亚太贸易协定》第三轮关税减让谈判结果，从2006年9月1日起，《亚太贸易协定》启动第三轮降税。此次关税减让享受优惠和特惠税率的产品包括农产品、药品、化工产品、纺织品、金属制品、机电产品和汽车及其零件等。其减让的商品范围和优惠幅度相比以往都有大幅扩大。2007年10月，中国、孟加拉国、印度、韩国、老挝、斯里兰卡等《亚太贸易协定》成员国通过了《〈亚太贸易协定〉原产地证书签发与核查操作程序》，并自2008年1月1日起实施。

2. 中国-东盟自由贸易区优惠原产地证书（FORM E产地证）

根据《中国与东南亚国家联盟全面经济合作框架协议》，中国、文莱、柬埔寨、印度尼西亚、老挝、马来西亚、缅甸、菲律宾、新加坡、泰国、越南等东盟主要成员国逐步取消大部分产品的关税，中国与东盟双方均能互享关税优惠待遇。自2005年7月20日起，为使我国出口到东盟的《货物贸易协定》项下的产品享受东盟给予的关税优惠待遇，国家市场监督管理总局设在各地的出入境检验检疫机构开始签发《中国-东盟自由贸易区优惠原产地证书》（FORM E）。

一套FORM E产地证由一份正本和三份副本组成。正本为米黄色，副本为浅绿色。证书的正本和第二副本由出口商提供给进口商供其在进口国通关时使用。第一副本由证书签证机构留底，第三副本由出口商自己留存。产品通关后，进口国海关在第二副本第四栏上批注并在合理的期限内将第二副本返还出口国签证机构。

3. 《中国-哥斯达黎加自由贸易协定》优惠原产地证书（FORM L）

2011年8月1日《中国-哥斯达黎加自贸协定》正式实施。贸促委和质检总局均可签发《中国-哥斯达黎加自由贸易协定》下的优惠原产地证书。哥斯达黎加的进口商凭借该证书可享受相应的关税减免待遇。《中国-哥斯达黎加自由贸易协定》覆盖领域全面、开放水平较高。在货物贸易领域，中哥双方将对各自90%以上的产品分阶段实施零关税。

4. 《中国-新西兰自由贸易协定》优惠原产地证书（FORM N）

2008年10月1日起生效的《中华人民共和国政府和新西兰政府自由贸易协定》规定，在货物贸易方面，新西兰承诺在2016年1月1日前取消全部自华进口产品关税，其中63.6%的产品从《中国-新西兰自由贸易协定》生效时起即实现零关税。中方承诺将在2019年1月

1日前取消97.2%自新西兰进口产品关税，其中24.3%的产品从《中国-新西兰自由贸易协定》生效时起即实现零关税。对于没有立即实现零关税的产品，将在承诺的时间内逐步降低关税，直至降为零关税。两国进出口商凭FORM N优惠原产地证书可以享受相应的关税减免待遇。贸促会和质检总局及其下设进出口检验检疫局可以签发FORM N原产地证书。

5. 《中国-智利自由贸易协定》优惠原产地证书（FORM F）

2005年11月18日签署的《中华人民共和国政府与智利共和国政府自由贸易协定》于2006年10月1日开始实施。根据该协定，为使我国出口到智利的产品享受智利给予的关税优惠待遇，自2006年10月1日起，质检总局下设的各地出入境检验检疫机构开始签发《中国-智利自由贸易区优惠原产地证书》(FORM F)，该日起对原产于我国的5891个6位税目产品关税降为零。

6. 中国-秘鲁自贸区优惠原产地证书（FORM R）

2010年3月1日，《中华人民共和国政府和秘鲁共和国政府自由贸易协定》正式生效。按照国家市场监督管理总局要求，各地出入境检验检疫局于2010年3月1日起正式签发《中国-秘鲁自贸区优惠原产地证书》。产品涉及机电、化工、医药、轮胎和轻工等多个行业，企业凭证书可获得3%至100%不等幅度的关税优惠。

7. 中国与巴基斯坦自由贸易区优惠原产地明书（FORM P）

《中华人民共和国政府与巴基斯坦伊斯兰共和国政府自由贸易协定》于2007年7月1日起实施。双方自该日起启动《中国-巴基斯坦自由贸易协定》降税进程，降税范围在《中华人民共和国政府与巴基斯坦伊斯兰共和国政府关于自由贸易协定早期收获协议》的基础上进一步扩大。先期实施降税的三千多个税目产品，分别实施零关税和优惠关税。原产于中国的486个8位零关税税目产品的关税将在2年内分3次逐步下降，2008年1月1日全部降为零。各地出入境检验检疫机构和贸促会均可签发《中国与巴基斯坦自由贸易区优惠原产地证书》。

8. 《中国-新加坡自由贸易协定》优惠原产地证书

于2008年10月签署的《中华人民共和国政府和新加坡共和国政府自由贸易协定》自2009年1月1日起实施。我国出口商向新加坡出口的货物，只要符合《中新自贸协定原产地规则》，就能凭各地的出入境检验检疫机构或贸促会签发的《中新自由贸易区优惠原产地证明书》享受优惠税率。我国进口商也可以凭新加坡签发的原产地证书享受优惠税率。

9. 《中国-格鲁吉亚自由贸易协定》原产地证书

《中国-格鲁吉亚自由贸易协定》是我国在亚洲地区完成的首个自贸协定谈判，也是我国迄今为止谈判时间最短的自贸协定，2018年1月1日起正式生效。自即日起，格鲁吉亚对中国96.5%的产品立即实施零关税，覆盖格鲁吉亚自中国进口总额的99.6%。中国将对格鲁吉亚93.9%的产品实施零关税，覆盖中国自格鲁吉亚进口总额的93.8%。我国出口商可以向当地的出入境检验检疫局申请签发《中国-格鲁吉亚自由贸易原产地证书》。

10.《中国-马尔代夫自由贸易协定》原产地证书

2017年12月7日，中国与马尔代夫两国政府签署《中华人民共和国政府和马尔代夫共和国政府自由贸易协定》。《中国-马尔代夫自由贸易协定》是我国商签的第16个自贸协定，也是马尔代夫对外签署的首个双边自贸协定。《中国-马尔代夫自由贸易协定》涵盖货物贸易、服务贸易、投资、经济技术合作等内容。在货物贸易方面，双方同意最终实现零关税的产品税目数和进口额占比均接近96%，我国对马尔代夫出口的绝大部分工业品及花卉、蔬菜等农产品将从中获益。马方绝大部分鱼水产品等优势出口产品也将享受零关税待遇。在服务贸易方面，双方将在各自世贸组织承诺的基础上，相互进一步开放服务部门。在投资方面，双方承诺相互给予对方投资者及其投资以准入后国民待遇和最惠国待遇，鼓励双向投资并为其提供便利和有效保护。与此同时，双方还在原产地规则、海关程序与贸易便利化、贸易救济、技术性贸易壁垒和卫生与植物卫生措施等众多领域达成广泛共识。

《中华人民共和国政府和马尔代夫共和国政府自由贸易协定》于2018年8月1日起正式生效。我国出口商可以凭出入境检验检疫局签发的《中国-马尔代夫自由贸易协定原产地证明书》享受优惠关税。

11. 中国-澳大利亚自由贸易区原产地证书（FORM AU）

《中华人民共和国政府和澳大利亚政府自由贸易协定》于2015年12月20日起实施。自2015年12月20日起，依照中澳自由贸易协定和国家法律有关规定，申请人可以向各地出入境检验检疫机构、中国国际贸易促进委员会及其各地方分会申请签发《中国-澳大利亚自由贸易协定原产地证书》。出口至澳大利亚的货物可同时申办普惠制原产地证书和《中国-澳大利亚自由贸易协定原产地证书》。出口企业可以比较这两种情形下的优惠关税税率，选择与己方有利的关税种类，以决定使用普惠制原产地证书还是《中国-澳大利亚自由贸易协定原产地证书》。

12. 中国-韩国自由贸易区原产地证书

2015年6月1日签署的《中华人民共和国政府与大韩民国政府自由贸易协定》于2015年12月20日正式生效并第一次降税，2016年1月1日第二次降税。出口至韩国的商品可以凭《中国-韩国自由贸易区原产地证书》享受优惠关税。

13. 中国-瑞士自由贸易区原产地证书

2013年7月签署的《中国-瑞士自由贸易协定》于2014年7月1日正式生效。《中国-瑞士自由贸易协定》是我国与欧洲大陆国家和全球经济前20强国家达成的第一个双边自贸协定，不仅货物贸易零关税比例高，还在钟表等领域为双方合作建立了良好的机制，并涉及环境、知识产权等许多新规则。从中瑞自贸协定看，瑞方将对中方99.7%的出口在协定生效之日起立即实施零关税，中方将对瑞方84.2%的出口最终实施零关税。工业品方面，瑞方承诺自协定生效之日起全部实施零关税，其中降税幅度较大的产品有纺织品、服装、鞋帽、汽车零部件和金属制品等，这些都是我国的主要出口利益产品。农产品方面，瑞方承诺对中方76.3%的出口立即实施零关税，对16.0%的出口实施部分降税，并对216项加工农产品取消工业成分的关税，涉及我国对瑞农产品出口金额的7.2%。出口至瑞士的商品可以凭《中国-瑞士自由贸易区原产地证书》享受优惠关税。

14.《中国-冰岛自由贸易协定》原产地证书

签署于2013年4月15日的《中国-冰岛自由贸易协定》于2014年7月1日正式生效。该协定是我国与欧洲国家签署的第一个自由贸易协定，涵盖货物贸易、服务贸易、投资等诸多领域。根据中冰自贸协定，冰岛承诺自协定生效之日起，对我国所有工业品和水产品实施零关税，涉及我国对冰岛出口金额的99.8%；对动物内脏、乳制品、蔬菜等30个税目的农产品部分降税；承诺对鹿肉、鸽肉等10个农产品实施税率为65%的关税封顶，这是我国在自贸协定中首次实现要求发达国家对农产品关税进行封顶。同时，中方将在自贸协定生效之日起对从冰方进口的7830项产品实施零关税，涉及我国自冰岛进口总额的81.6%，中方最终关税降为零的产品贸易量自由化比率约为96.2%，产品税目自由化比率为95.9%。按照协定安排，出口至冰岛的商品可以凭《中国-冰岛自由贸易区原产地证书》享受优惠关税。

15. 香港、澳门地区《关于建立更紧密经贸关系的安排》原产地证书

2003年，内地与香港、澳门特区政府分别签署了内地与香港、澳门地区《关于建立更紧密经贸关系的安排》（CLOSER ECONOMIC PARTNERSHIP ARRANGEMENT, CEPA）。随后，内地与香港、澳门地区又签订了一系列补充协议，不断加深和升级双方经贸合作。如2018年12月，内地与香港、澳门地区又分别签署了《内地与香港关于建立更紧密经贸关系的安排》和《内地与澳门关于建立更紧密经贸关系的安排》框架下的《货物贸易协议》。《货物贸易协议》是CEPA升级的重要组成部分，2019年1月1日起正式实施。根据协议，香港和澳门地区对原产内地的所有进口货物实施零关税，内地对原产香港和澳门地区的进口货物全面实施零关税。

香港地区原产地证书发证机构为香港特别行政区政府工业贸易署及《非政府签发产地来源证保障条例》（香港法例第324章）所指的"认可机构"。澳门地区原产地证书发证机构为澳门特别行政区经济局。内地原产地证书发证机构为质检总局和其下设的出入境检验检疫局、贸促会及中国商会。自2004年1月1日起，我国内地进口商可以凭香港和澳门地区《关于建立更紧密经贸关系的安排》原产地证书享受CEPA项下进口货物优惠关税待遇。

16.《海峡两岸经济合作框架协议》项下的优惠原产地证书

《海峡两岸经济合作框架协议》（Economic Cooperation Framework Agreement, ECFA）是自2009年开始，大陆与台湾地区经过多次商谈达成的一项重要协议，于2010年9月12日生效。其中早期收获清单于2011年1月1日起付诸实施，届时列入清单的约800项产品将逐步降低关税，三年内全部降为零，包括大陆对台湾地区开放的产品五百多项，台湾地区批准大陆的产品5大类267项，含石化类、机械类、纺织类、运输类产品。2011年1月1

日起，大陆企业如果持有《海峡两岸经济合作框架协议》的优惠原产地证书，出口到台湾地区的货物将获得关税减免的优惠。

目前，除上述已签协议的自贸区之外，正在谈判的自贸区还有中日韩，中国-斯里兰卡，中国-以色列，中国-挪威，中国-摩尔多瓦，中国-巴拿马，中国-巴勒斯坦等自贸区。还有一些如中国-加拿大，中国-尼泊尔，中国-孟加拉国等自贸区尚在讨论和筹建中。可以预见，除上述优惠原产地证书之外，随着我国政府部门不断与更多国家和地区进行谈判，今后会有越来越多的自贸区原产地证书可供出口企业申领，以便享受优惠关税。

此外，值得一提的是2022年1月1日正式生效的RCEP协定。RCEP，英文全称Regional Comprehensive Economic Partnership（区域全面经济伙伴关系），即由东盟十国发起，邀请中国、日本、韩国、澳大利亚、新西兰、印度共同参加（"10+6"），通过削减关税及非关税壁垒，建立16国统一市场的自由贸易协定。它是由东盟国家首次提出，并以东盟为主导的区域经济一体化合作，是成员国间相互开放市场、实施区域经济一体化的组织形式。截至目前，RCEP有15个成员国（印度退出），在GDP、人口和贸易总额三方面均约占全球总量的30%，是全球人口最多、经贸规模最大、最具发展潜力的自由贸易区。

RCEP是一个全面、现代、高质量、互惠的自贸协定。在货物贸易方面，它采用区域原产地累积规则，支持区域产业链和供应链的发展。协定生效后，区域内90%以上的货物贸易将最终实现零关税。且RCEP和区域内已有的其他自贸区之间是相互补充、相互促进的关系。RCEP涵盖了区域内其他自贸区未纳入降税的产品，后者也可能涵盖RCEP中未纳入降税的产品。企业可以视关税优惠情形，自主选择有利优惠关税。

在通关方面，采用新技术推动海关便利化，促进新型跨境物流发展。例如，根据协定，各缔约方应当采取或设立允许货物从海关通关的时间不得超过保证遵守海关法律和法规所需的时间，并且尽可能在货物抵达后和提交所有海关通关所需信息后48小时内放行的程序。在单证方面，倡议无纸化贸易管理，努力提升对以电子方式提交的贸易管理文件的接受度。

（四）专用原产地证书

专用原产地证书是国际组织或某些国家根据政策和贸易措施的特殊需要，针对某一特殊行业的特定产品出具的原产地证书。这些产品应符合特定的原产地规则。如凡是出口到美国的纺织品，出口商必须向进口商提供对美国出口纺织品声明书（Declaration of Country Origin），作为进口商清关的单据之一。该声明书有A、B、C三种格式。

格式A：单一国家产品声明书（Single Country Declaration），声明商品产地只有一个国家。一般适用于本国原材料并由本国生产的产品。

格式B：多国产品声明书（Multiple Country Declaration），声明商品产地有两个或两个以上。一般用于来料加工、来件装配的产品，由多国生产。

格式C：非多种纤维纺织品声明书，又称否定声明书（Negative Declaration）。凡纺织品原料的主要价值或主要重量属于丝或麻类或者其中的羊毛含量不超过17%的纺织品，可以填写该格式。

退出历史舞台的《欧盟纺织品原产地证书》也属于此类专用原产地证书。根据欧盟2011年颁布的第955号法规，自2011年10月24日起，取消对我国输欧盟所有纺织品类别专用原产地证的核查。我国企业出口纺织品到欧盟不再需要出具《输欧盟纺织品产地证》《输欧盟手工制品产地证》《输欧盟丝麻制品产地证》。我国商务部也不再签发对欧盟纺织品原产地证书。

在众多专用原产地证书中，另一种专用原产地证书的典型代表是《金伯利进程国际证书》。该类证书是专门针对毛坯钻石（未经加工或者经简单切割或者部分抛光）进出口业务出具的原产地证书。毛坯钻石在许多国家都属于限制进出口货物，仅限在39个金伯利进程成员之间进行贸易，对未附有金伯利进程成员签发的证明书的毛坯钻石进口以及面向非金伯利进程成员的毛坯钻石出口都是禁止的。2014年我国成为金伯利进程的主席国。我国质检总局及各地的出入境检验检疫局可以签发《金伯利进程国际证书》。出口企业可以通过中国检验检疫电子业务网在线申领。

综上所述，国际贸易中使用到的原产地证书种类繁多，因进口国或出口国要求不同而不同。但是，综观这些原产地证书的内容和布局，不难发现，绝大多数原产地证书在内容和项目设置上与一般原产地证书和普惠制原产地证书的内容和栏目大体上保持一致，除单据名称因自贸区国别不同而不同之外，在内容和布局上，大部分自贸区优惠原产地证书与普惠制原产地证书一样。鉴于此，本书重点介绍一般原产地证书和普惠制原产地证书的缮制，这样，学习者在学会了这两种证书的填写之后，通过举一反三，就会填写其他优惠原产地证书或专用原产地证书了。

三、一般原产地证书申领程序及内容

（一）一般原产地证书申领程序

1. 申请

未注册的出口企业首先根据注册程序向当地检验检疫机构、贸促会或国际商会申请注册登记，已在这些单位注册登记的申请单位，应在中国国际贸易促进委员会原产地证书申报系统中提交原产地证书申请或通过中国检验检疫电子业务网在线申请。样单一为厦门市贸促会一般原产地证明书/加工装配证明书申请书空白表格。中国检验检疫电子业务网在线申请后自动生成的一般原产地证明书申请书见样单二。

样单一

一般原产地证明书/加工装配证明书申请书

申请单位注册号：		证书号：CCPIT		全部国产填上 P	
发票日期：		发票号：		含进口成分填 W	

申请人郑重声明：

申请人郑重申明：本人被正式授权代表本企业办理和签署本申请书。本申请书及《中华人民共和国出口货物原产地证明书/加工装配证明书》所列内容正确无误，如发现弄虚作假，冒充证书所列货物，擅改证书，本人愿按《中华人民共和国进出口货物原产地条例》的有关规定接受处罚并承担法律责任，现将有关情况申报如下：

商品名称 （中英文）		HS 编码（不少 于六位数）	
该批货物实际生产企业			
含进口成分主要制造加工工序			
商品 FOB 总值（以美元计）		最终目的国/地区	
拟出运日期		转口国（地区）	
包装数量或重量			
贸易方式（请选择□打勾）	A. 一般贸易 □ B.灵活贸易 □ C.其他贸易 □		
证书种类（请选择□打勾）	A. 一般原产地证 □ B.加工装配证明书 □		
同时申请认证单 证名称与份数			

现提交中国出口货物商业发票副本一份，《中华人民共和国出口货物原产地证明书/加工装配证明书》一正三副及其他附件　　　份，请予审核签证。

申请单位签章（公章）：

申领员签名：

电话或手机：

日　　期：　　　年　　月　　日

备注	

说明：1.灵活贸易包括来料加工、补偿贸易、进料加工贸易。

2.其他贸易指一般贸易和灵活贸易以外的贸易，如展卖、易货、租赁等贸易方式。

3.本表适用于 CO 网上签证遇特殊情况，办理手工制单申请或申办加工装配证明书时填写，同期办理相配套的单证认证只需一并填写，不须另填《涉外商业单证认证申请书》。

4.申请单位注册号指本单位在厦门市贸促会的注册号。

5.本表请用水笔或钢笔或打字机填写，本表须填报 1 式 1 份。

样单二

中华人民共和国出入境检验检疫
原产地证明书申请书

（该申请书在系统中申请后自动生成）

申请单位（盖章）：（公司名称）注册号码：（43*********的11位　证书号码：（所申请证书的编号为1位
郑重声明：　　　　　　　　　　　　产地证备案号）　　　　　　大写英文字母+15位数字）

本人是被正式授权代表申请单位申请办理原产地证明书和签署本申请书的。

本人所提供原产地证明书及所附单据内容正确无误，如发现弄虚作假，冒充证书所列货物，擅改证书，自愿按照有关规定接受处罚并负法律责任。现将有关情况申报如下：

证书种类	（证书名称）			发票号码	（该批货物对应的出口商业发票号码）			
最终目的国/地区	（货物最终到达的国家/地区，不能填中间商的所在国家/地区）		中转国/地区	（货物运输时途经的中转国家/地区）	出运日期	（货物出运的日期）		
贸易方式①	（贸易方式）			商品FOB总值（美元）		（商品FOB总值）		
序号	HS编码	货物名称	进口成分②	生产企业/联系人/电话	数/重量		单位	FOB值（美元）
1	（依照《海关统计商品目录》填写6位数以上编码，如填写8位/10位编码时应为进口国编码）	（本批出口产品的详细名称，切勿填写HS编码自带的笼统品名）	（产品进口成分占产品出厂价或产品离岸价的百分比——根据各类不同证书的原产地标准判定依据选填；无进口成分填0%）	（出口商品的实际生产企业信息——企业名称全称、联系人与联系电话）	（本批出口产品的数/重量）		（本批出口产品的数/重量单位）	（各项商品的FOB美元值）
2								
3								
4								
5								
6								
7								
8								
随附单证	（提交的随附资料名称）							
备注： （申请人需说明或解释的情况）				申报员（签名）：　（领证人手签笔迹） 电话：（联系电话） 日期：20××年　××月××日				

中华人民共和国国家市场监督管理总局制 [2006.10]

注：① 贸易方式包括：一般贸易、进料加工贸易、来料加工贸易、外商投资、易货贸易、补偿贸易、边境贸易、展卖贸易、零售贸易、无偿援助、其他贸易方式等。

② "进口成分"指产品含进口成分的情况，如不含进口成分，则填0%；若含进口成分，则填进口成分占产品出厂价的百分比。

2. 审核

签证机构依据中华人民共和国原产地规则、法规和有关规定，通过中国国际贸易促进委员会原产地证申报系统贸促会端或中国检验检疫电子业务网，对申请单位提交的原产地证书相关数据进行审核，审核通过方可予以签发。经审核，含有进口成分的货物未达到原产地标准的，应申请加工装配证明书或转口证明书。后发证书，需提供提单，如有必要，还需提供合同和信用证等其他相关单据。

3. 签发

审核通过后，申请单位持商业发票、装箱单、第 11 栏（见图 7-1）盖章签字的空白原产地证书以及签证机构要求的其他文件前往签证机构领取纸质证书。签证机构对申请人提交的文件审核无误后，即在原产地证第 12 栏（见图 7-1）加盖由贸促会统一刻制的"中国国际贸易促进委员会单据证明专用章"，或当地的出入境检验检疫局章，并由授权签证员签字。

一般原产地证书采用全国统一的证书格式，签证机构只签发原产地证书正本一份、副本三份，其中一正二副交申请企业，另一副本、商业发票等有关文件由签证机构存档。证书格式正本为带长城图案浅蓝色水波纹底纹。第一、第二副本为白色，第三副本为黄色。证书用英文填制。

4. 原产地证书的更改、补充及重新签发

申请单位要求更改或补充已签发原产地证书的内容，必须申明更改理由并提供依据，经签证机构审查符合要求后，重新办理申请手续，收回原发原产地证，换发新证。

如果已签发的原产地证书遗失或毁损，从签发之日起半年内，申请单位必须向签证机构说明理由并提供确实的依据，经签证机构审查同意后重新办理申请手续。签证机构在新签证书第五栏内加注英文"Certificate No. ×××　Dated ××× is cancelled"。证书第11栏和第12栏的日期应为重发证书的实际申请日期和签发日期。

为提高签证工作效率，更好推动贸促会原产地签证电子化进程，贸促会于2018年6月12日在全国正式启动贸促会原产地证书自主打印，支持企业足不出户完成原产地证书的自主打印，大幅度降低企业原产地证书申办的综合成本。目前适用于企业自主打印的贸促会原产地证书为已启动ECO签证模式的证书（不包含《中国-东盟自贸协定项下原产地证书》），具体有以下种类：《非优惠原产地证书》《海峡两岸经济合作框架协议项下原产地证书》（ECFA证书）《中韩自贸协定项下原产地证书》《中澳自贸协定项下原产地证书》《中国-格鲁吉亚自贸协定项下原产地证书》《亚太贸易协定项下原产地证书》。后续还将扩展到中国-瑞士、中国-冰岛、中国-新西兰、中国-新加坡等自贸协定项下原产地证书。

各地海关的出入境检验检疫局也可以通过中国检验检疫电子业务网签发下列证书：《普惠制原产地证书》《一般原产地证书》《亚太贸易协定原产地证书》《中国-东盟自贸协定原产地证书》《中国-智利自贸协定原产地证书》《中国-巴基斯坦自贸协定原产地证书》《中国-新西兰自贸协定原产地证书》《中国-新加坡自贸协定原产地证书》《中国-秘鲁自贸协定原产地证书》《海峡两岸经济合作框架协议原产地证书》《中国-哥斯达黎加自贸协定原产地证书》《中国-冰岛自贸协定原产地证书》《中国-瑞士自贸协定原产地证书》《中国-澳大利亚自贸协定原产地证书》《中国-韩国自贸协定原产地证书》《中国-格鲁吉亚自贸协定原产地证书》《输欧盟蘑菇罐头原产地证明书》《烟草真实性证书》《加工装配证书》《转口证明书》《价格承诺原产地证书》。

商检机构自收到企业签证申请之日起 0.5 个工作日内即可审核办理（调查核实所需时间另计）。

（二）一般原产地证书内容

除表明单据名称CERTIFICATE OF ORIGIN OF THE PEOPLE'S REPUBLIC OF CHINA、证书编号、正本ORIGINAL字样之外，一般原产地证书包括如下项目内容：

（1）exporter（出口商）；

（2）consignee（进口商）；

（3）means of transport and route（运输方式）；

（4）country/region of destination（目的国）；

（5）for certifying authority use only（认证说明栏）；

（6）marks and numbers（唛头）；

（7）number and kind of packages; description of goods（包装件数、货物描述）。

（8）H.S. code（税则号）；

（9）quantity（数量）；

（10）number and date of invoices（发票号码和日期）；

（11）declaration by the exporter（出口商声明）；

（12）certification（签证机关签章）。

一般原产地证书如图7-1所示。

一般原产地证书

ORIGINAL

1. Exporter	Certificate No. **CCPIT 130011143**
2. Consignee	CERTIFICATE OF ORIGIN OF THE PEOPLE'S REPUBLIC OF CHINA
3. Means of transport and route	5. For certifying authority use only
4. Country / Region of destination	

6. Marks and numbers	7. Number and kind of packages; description of goods	8. H.S.Code	9. Quantity	10. Number and date of invoices

11. Declaration by the exporter
The undersigned hereby declares that the above details and statements are correct, that all the goods were produced in China and that they comply with the Rules of Origin of the People's Republic of China.

12. Certification
It is hereby certified that the declaration by the exporter is correct.

Place and date, signature and stamp of authorized signatory

Place and date, signature and stamp of certifying authority

图 7-1　非优惠原产地证书

四、普惠制原产地证书申领程序及内容

（一）普惠制原产地证书申领程序

普惠制原产地证书的签发，限于给惠国已公布法令并正式通知我国实行普惠制待遇的国家所给予关税优惠的商品，这些商品必须符合给惠国原产地规则及直运规则。申请单位向海关申请签发普惠制原产地证书，应严格按照各给惠国普惠制实施方案及《中华人民共和国普遍优惠制原产地证明书签证管理办法》的规定，做到申请和填报的内容真实、准确。经中国香港转口至给惠国的产品，在获得商检机构签发的普惠制原产地证书后，凡给惠国要求签署"未再加工证明"的，申请人须持上述证书及有关单证，向中国（香港）检验有限公司申请办理。出口企业向各地海关申领普惠制原产地证书程序有以下几个步骤：

1. 注册和申请

凡申请办理普惠制原产地证书的单位，必须预先在当地商检机构办理注册登记手续。办理注册登记时，申请单位必须提交审批机关的批件、营业执照、协议书以及其他有关文件。商检机构经过审核和调查，对符合注册登记条件的予以注册登记。申请单位的印章和证书手签人员必须在注册的同时进行登记。手签人员如有变动，应及时向商检机构申报。

已经登记注册的申请单位可以直接向当地商检机构申请。申请签证时，必须向当地商检机构提交"普惠制原产地证书申请书（如图 7-2 所示）"1 份、填制正确清楚的普惠制原产地证书 1 套、正式的出口商品的商业发票副本 1 份以及必要的其他证件。申请单位使用的发票须盖章或手签，发票不得手写，并应注明包装、数量、毛重或另附装箱单或重量单。含有进口成分的产品，还必须交"含进口成分受惠商品成本明细单（如图 7-3 所示）"。对以来料加工、进料加工方式生产的出口商品，还应提交有关的进料凭证。必要时，申请单位还应提交信用证、合同、提单及报关单等单据。

申请单位应于货物装运前五天向商检机构提出申请，申请单位若需要申请后发证书，必须向商检机构提交报关单、提单或运单。

普惠制原产地证书申请书

申请单位（盖章）　　　　　　　　　　　　　　　　证书号：

注册号：

申请人郑重声明：

　　本人是被正式授权代表出口单位办理和签署本申请书的。

　　本申请书及普惠制原产地证格式 A 所列内容正确无误，如发现弄虚作假，冒充格式 A 所列货物，擅改证书，自愿接受签证机关的处罚及负法律责任。现将有关情况申报如下：

生产单位		生产单位联系人电话	
商品名称（中英文）		HS 税则号（以六位数码计）	
商品（FOB）总值（以美元计）		发 票 号	
最终销售国		证书种类划"√"	加 急 证 书 ‖ 普 通 证 书
货 物 拟 出 运 日 期			

贸 易 方 式 和 企 业 性 质（请在适用处划"√"）

正常贸易 C	来料加工 L	补偿贸易 B	中外合资 H	中外合作 Z	外商独资 D	零　售 Y	展　卖 M

包装数量或毛重或其他数量	

原产地标准：

　　本项商品系在中国生产，完全符合该给惠国给惠方案规定，其原产地情况符合以下第_____条，

　　（1）"P"（完全国产，未使用任何进口原材料）；

　　（2）"W" 其H.S.税则号为_____（含进口成分或来料加工）；

　　（3）"F"（对加拿大出口产品，其进口成分不超过产品出厂价值的40%）。

　　本批产品系：1.直接运输从_____到_____；

　　　　　　　　2.转口运输从_____中转国（地区）_____到_____.

申请人说明　　　　　　　　　　　　　　　　　　　领证人（签名）

　　　　　　　　　　　　　　　　　　　　　　　　电　话：

　　　　　　　　　　　　　　　　　　　　　　　　日　期：　年 月 日

　　现提交中国出口商业发票副本一份，普惠制原产地证明书格式 A（FORM A）一正二副，以及其他附件____份，请予审核签证。

注：凡含有进口成分的商品，必须按要求提交《含进口成分受惠商品成本明细单》。

图 7-2　普惠制原产地证书申请书

产品成本明细单

申请单位公章：　　　　　　　　　填写日期：　　　年　月　日

申请单位		联系人		联系电话	
生产企业		联系人		联系电话	
产品名称（中英文）			规格/型号		
H.S. 编码（10位）		产品计算单位		货币单位	

原辅料、零部件名称	H.S. 编码（10位）（仅非原产原料填写此栏）	原产地	原料计算单位	原料单价	单位产品用料	原料价值（单价 × 单位用料）	
						原产	非原产
				合　计			
产品出厂价		非原产原料价值占产品出厂价的百分比					
产品 FOB 值		非原产原料价值占 FOB 值的百分比					
加工工序							

图 7-3　产品成本明细单

2. 制证

普惠制原产地证书由申请单位填制。FORM A 证书一般用英文填写，应进口商要求，也可以用法文填写。通过中国检验检疫电子业务网申请时，在线填写普惠制原产地证申报信息，填写完成后，打印出普惠制原产地证申请书、普惠制原产地证书及系统生成的商业发票，等待局端审核通过。质检总局要求，证书各栏目均用打字机填制，证面必须保持清洁，不得涂改和污损。

3. 审核签证

商检机构在接受办理普惠制原产地证书的申请后，审核含有进口成分的受惠商品成本明细单，并对含进口成分的商品进行实地调查。商检机构会审查证书与申请书和发票是否一致，单证资料是否齐全，填写是否完整，文字是否清晰，印章、签字有无错漏等。如商检机构发现不符合规定则不接受申请。符合要求的证书，商检机构被授权的官员在证书正本上签名并加盖商检机构的签证章。商检机构接受正式申请后，证书一般两个工作日签出，特殊情况下可以签发急件。每套证书只签发一份正本，商检机构不在副本上签字盖章。

（二）普惠制原产地证书内容

（1）goods consigned from (exporter's name, address, country) 出口商名称、地址、国别；

（2）goods consigned to (consignee's name, address, country) 收货人名称、地址、国别；

（3）means of transport and route (as far as known) 运输方式及路线（就所知而言）；

（4）for official use 供官方使用；

（5）item number 商品顺序号；

（6）marks and numbers 唛头及包装号；

（7）number and kind of packages; description of goods 包装件数及种类、货物描述；

（8）origin criterion (see notes overleaf) 原产地标准；

（9）gross weight or other quantity 毛重或其他数量；

（10）number and date of invoice 发票号码及日期；

（11）certification 签证当局的证明；

（12）declaration by the exporter 出口商申明。

普惠制原产地证书如图 7-4 所示。

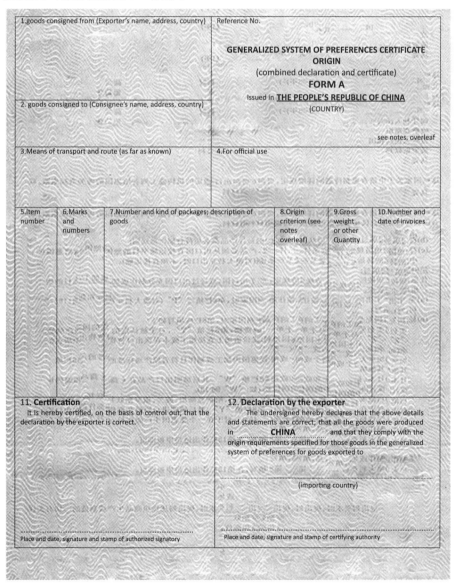

图 7-4　普惠制原产地证书

第二节　原产地证书制单要点

一、一般原产地证书制单要点

1. exporter（出口商）

出口商公司名称应与备案完全一致，尽量不要有缩写或扩写。企业地址必须填写，至少应含城市和国家。特殊情况处理：①转口贸易：出口商名称、详细地址、国家 +VIA+ 转口商名称、详细地址、国家；②代理出口：代理出口商名称、详细地址、国家 +ON BEHALF OF+ 委托人名称、详细地址、国家（均为大陆企业，需提供代理人和委托人之间签订的出口代理协议和委托人的营业执照复印件）。

2. importer（进口商）

此栏仅可填写一个公司名称及地址（见图 7-1），正常情况下均为境外，必须含有具体国家，且与第 4 栏 Country/Region of destination 的国家一致；国家与第 4 栏不一致的，公司名称前应加"VIA"；如果贸易需要，例如信用证要求所有单证收货方一栏留空，此情况下该栏应填写"TO WHOM IT MAY CONCERN""TO ORDER""TO ORDER OF SHIPPER""TO ORDER OF SHIPPER OF ISSUING BANK"或者"******"，但是不得留空。

3. means of transport and route（运输方式）

该栏要求填写的运输方式必须包含起运港、起运国、目的港、目的国四个地点及运输方式，格式为：FROM ×××（起运港），TO ×××（目的港），×××（目的国）BY SEA/LAND/AIR，运输方式不得出现 EMS 或 Others 形式。

若通过第三地转运，运输方式不变的，格式为：FROM ×××（起运港），CHINA VIA ×××（转运港），×××（转运国）TO ×××（目的港），×××（目的国）BY SEA/LAND/AIR，如 FROM QINGDAO, CHINA VIA BANDAR ABBAS, IRAN TO SULAYMANIYAH BY SEA。

若通过第三地转运，运输方式产生变化的，格式为：FROM ×××（起运港），CHINA TO ×××（转运港），×××（转运国）BY SEA/LAND/AIR，THEN TO ×××（目的港），×××（目的国）BY SEA/LAND/AIR，如 FROM QINGDAO, CHINA TO DJIBOUTI PORT, DJIBOUTI BY SEA, THEN TO ADDIS ABABA, ETHIOPIA BY LAND。

4. country/region of destination（目的国）

该栏只能填写一个国家名称，且与第 2 栏、第 3 栏的国家一致。

5. for certifying authority use only（认证说明栏）

该栏目留空由签证机构使用。签证机关在签发后发证书、补发证书或加注其他声明，如贸促会是中国商会、××× 号证书作废等。

6. marks and numbers（唛头）

如果有唛头，如实填写唛头，与其他单据保持一致。不能简单填写"as per B/L"。如果没有唛头，则填写"N/M"或"NO MARK"。

7. number and kind of packages; description of goods（包装件数、货物描述）

该栏目填写英文及阿拉伯数字对照的具体件数，如ONE (1) SET OF PLYWOOD。如果没有包装，制单人可以根据实际情况填写"in bulk（散装）""nude cargo（裸装货）""hanging garments（挂装）"等。

货物描述应有具体商品名称，不得仅用统称，如不得仅用 DINNER SET，而应用 CUPS/BOWLS 等。货物描述中不得出现具体运输方式，货物描述中出现税则号（HS 编码）的，应与第八栏税则号一一对应、完全一致。贸促会规定货物描述中不得出现货物价格、商品金额、其他国家制造的字样、歧视性条款、优惠原产地证相关声明、境外行业标准。如果合同或信用证要求在产地证上加注其他内容，可以在该栏加注。该栏内容填写完整后，再加结束符号（**********）以防篡改。

8. H.S. code（税则号）

填写 H.S. code, 具体位数为 4 位、6 位、8 位、10 位皆可，但均应为大于四的双数位。如果同一份证书包含几种商品，相应的 H.S. 税则号必须全部填写。该栏不得留空。

9. quantity（数量）

该栏填写货物的计量单位数量，如 2,000 pieces，3,500 dozens，3,600 sets 等。如果商品是按重量计量的，一般填写净重，以 KGS（千克）为单位。

10. number and date of invoice（发票号码和日期）

如实填写该批货物的发票号码和日期。发票号中间不得以"+"连接，不要有空格，末尾不得出现标点。正常情况下，发票日期应在三个月内，且不得晚于第三栏运输日期。为避免误解，月份用英文缩写表示。

11. declaration by the exporter（出口商声明）

该栏目填写出口商申请地点、日期及申领员签字，出口企业盖上中英文印章；申请地点填写城市和国别即可；日期填写时，月份用英文缩写表示；申领员手签。

12. certification（签证机关签章）

该栏目填写签证机关所在地点、签证日期、签证人员签字以及签证机关的盖章。签证机关所在地址也只需显示城市及国别，无须详细地址。月份用英文缩写，不早于左边的申领日期。

二、普惠制原产地证书制单要点

普惠制原产地证书由申请单位填制，填写内容应当与发票和装箱单内容一致，确保填写内容的正确。同时申领单位和申领员都应该遵守《中华人民共和国普遍优惠制原产地证明书签证管理办法》，并按照《中华人民共和国普遍优惠制原产地证明书签证管理办法实施细则》（以下简称《实施细则》）中的填制说明填写。根据《实施细则》，普惠制原产地证书右上角标题栏填写签证当局所编的证书号，该号码不得重复。在证头横线上方填写"the People's Republic of China"，表示单据在"中华人民共和国签发"。国名必须填写英文全称，不得简化，不允许只用"China"替代。根据《实施细则》关于普惠制原产地证明书填制说明，共12个栏目，填写方法依据如下介绍：

1. goods consigned from (exporter's name, address, country) 出口商名称、地址、国别

此栏带有强制性，应填明中国境内的详细地址，包括街道名、门牌号码等，不可打中间商信息。

2. goods consigned to (consignee's name, address, country) 收货人名称、地址、国别

该栏填写给惠国最终收货人名称，即信用证上规定的提单通知人或特别声明的收货人。如最终收货人明确，可填发票抬头人，不能填中转商名称。在实务中，一般填写发票抬头人，即进口商。特殊情况下，如欧洲经济共同体国家的进口商要求将此栏留空，签证机构也可以接受。

3. means of transport and route (as far as known) 运输方式及路线（就所知而言）

该栏填写始发港、目的港及运输方式（by sea/land/air），如 FROM SHANGHAI TO HAMBURG BY SEA。如需转运，应加上转运港，如 VIA HONGKONG。

需要注意的是，按照普惠制原产地标准，出口商的货物运输应该遵守直运规则，如果出现转运和其他特殊情况，出口商应该办理在中转港口"未再加工证明"，才能享受优惠关税。据报道，2017年，河北石家庄检验检疫局共受理调查并答复办理来自国外海关原产地证退证查询30起，其中27起来自印度尼西亚海关。有18起是对货物运输路线提出质疑，认为其违反了直接运输这一规则；有7起是货物未详细列明全部品名、规格及型号；有2起是原产地标准及第三方发票填制问题。依据直运规则，只要货船经停非中国-东盟自贸区成员国，货物出口企业都要向进口国海关提供相应证明材料，但一些出口企业忽视了这一环节，未及时申办"未再加工证明"，从而导致证书被退回。

货物被退证查询，一般要暂缓给予关税减免并交纳保证金后才能正常通关，并且只有中方检验检疫机构按照国际行政合作制度开展核查、复函后，才能恢复优惠关税待遇，这期间企业将面临一系列的损失。而如果不能通过核查，企业不仅不能享受进口国的关税优惠待遇，还有可能面临进口国海关的严厉处罚。因此，出口企业在认真填写相关内容的同时也需要充分了解普惠制原产地证书的使用条件，避免退证事件的发生。

4. for official use 供官方使用

申请单位申请时将此栏留空。正常情况下，此栏空白。特殊情形下，商检机构根据签证需要，在此栏加注备注文句。例如，在后发证书上，签证机关通常在该栏加盖"ISSUED RETROSPECTIVELY"红色印章。如果原发证书遗失，签发"复本"时，签证机关在此栏

声明"THIS CERTIFICATE IS IN REPLACEMENT OF CERTIFICATE OF ORIGIN NO.***
DATED *** WHICH IS CANCELLED"，并加盖"DUPLICATE"红色印章。

5. item number 商品顺序号

如果该批货物有不同品种，可以按照不同品种、发票号等分列"1、2、3"等顺序号。如果是单项商品，此栏可以填写"1"，也可以不填。

6. marks and numbers 唛头及包装号

没有唛头时，填写"N/M"。有唛头时，需要与发票上的唛头保持一致，填写完整的运输标志。唛头过多，此栏位置不够时，可以填在第7、8、9、10栏的空白处。如还不够，可另加附页，加上该证号，一起交给签证官员手签，加盖签证章。

7. number and kind of packages; description of goods 包装件数及种类、货物描述

该栏填写商品外包装件数及种类，并在包装件数的阿拉伯数字后用括号加上大写的英文数字，如350（THREE HUNDRED AND FIFTY）CARTONS OF WORKING GLOVES。货物描述应该填写具体的商品名称，其详细程度以能在HS的四位数字中准确归类为准。不能填写笼统的"MACHINE""METER""GARMENT"等。如果信用证没有要求，可以不填写商品的商标、货号等信息。该栏信息填写完整后，在末行加上表示结束的符号，以防他人篡改。国外信用证要求填写的信用证号码、开证行等信息可以加在此栏结束符号下方的空白处。

8. origin criterion (see notes overleaf) 原产地标准

该栏的内容是国外海关审证的核心项目。对含有进口成分的商品，因情况复杂，极易弄错而造成退证。出口商应该结合原产地标准谨慎填写对应的字母，避免退证的情况发生。根据《实施细则》，原产地标准一般有如下规定：

（1）"P"：商品输往所有给惠国家时，完全原产，无进口成分。

（2）"W"：输往波兰的商品含有进口成分，但进口成分价值未超过离岸价的50%，填写"W"，并标上四位数字的HS税则号。商品输往日本、挪威、瑞士、土耳其、欧盟时都填写"W"，并在字母下面标上产品的四位数字HS税则号。其原产地标准为产品列入给惠国"加工清单"并符合其加工条件或产品未列入"加工清单"，但产品使用的进口原料或零部件经过充分加工。产品使用的进出口原料或零部件经过加工后，产品HS税则号不同于原材料或零部件的HS税则号。

（3）"F"：输往加拿大的商品含有进口成分，但进口成分占产品出厂价的40%以下。发往加拿大的商品，只填写"F"即可，无须加注税则号。

（4）"Y"：输往俄罗斯、乌克兰、哈萨克斯坦、捷克、斯洛伐克的商品含有进口成分，但进口成分价值未超过离岸价的50%。填写时需加上非原产成分价值占产品离岸价的百分比，如"Y48%"。

（5）发往澳大利亚、新西兰的商品，此栏可以留空。其原产地标准为在中国原产成分的价值不少于该产品工厂成本价的50%。

9. gross weight or other quantity 毛重或其他数量

此栏填写商品的正常计量单位，如"只""件""台""打"，英文中常用PIECES，SETS，DOZENS 等计量单位。可以通过商品单价后的计量单位来判断这里的填写内容。以重量计算的商品填写总毛重即可。只有净重的商品，填写净重，但需要加注N.W. (NET WEIGHT)，表明为净重。

10. number and date of invoice 发票号码及日期

如实填写该批货物的商业发票号码和日期。此栏不得留空。为避免造成月份和日期的误解，月份一律用英文缩写表示。

11. certification 签证当局的证明

该栏目填写签证机构所在城市、国别以及签证日期。签证日期不得早于第12栏出口商申报日期，也不得早于发票日期。签证官员手签并盖上签证机构印章。普惠制原产地证书FORM A 第11、12栏与一般产地证的第11、12栏栏目设置刚好相反，制单人须谨慎填写。

12. declaration by the exporter 出口商申明

生产国的横线上应填写"CHINA"。进口国的国别与最终收货人或目的港的国别一致。货物运往欧盟国家时，进口国不明确时，可以填写"EU"。

申领员在此栏手签，加盖单位中英文印章。此栏日期不得早于发票日期。证书不得涂改，不得加盖校对章。

第八章　进出口货物报关单和检验检疫证书

 第一节　关检合一简介

2018年6月海关总署相继发布了第60号公告及第61号公告，修订了《中华人民共和国海关进出口货物报关单填制规范》，修改了《进出口货物报关单和进出境货物备案清单格式》，并于2018年8月1日实施。自该日起，原通过榕基、九城、QP等完成的货物报关、报检申报，融合为统一报关申报（关检融合统一申报）。申报企业只能通过国际贸易"单一窗口"（简称"单一窗口"，网址：http://www.singlewindow.cn/）或"互联网+海关"完成货物（包含关务、检务）申报（网址：http://online.customs.gov.cn/）。

关检融合方案整合进出口货物查验和海关商检流程，进出口货物通关实现"三个一"，即"一次申报、一次查验、一次放行"。进出口企业通过"单一窗口"或"互联网+海关"实现"一次报检"。海关工作人员与负责查验业务的检验检疫工作人员形成统一的查验作业队伍及流程，关检双方的布控查验系统同步运行，避免重复查验，实现"一次查验"。查验合格，收发货人凭海关放行指令提离货物，海关向监管场所发送放行指令，实现"一次放行"。此次整合申报项目是关检业务融合标志性的改革举措，对于进出口企业来说，改变了企业原有报关流程和作业模式，实现报关、报检"一张大表"货物申报，企业通关的人力费用都将减少，通关效率显著提升。

海关总署第60号及第61号公告修改对进口、出口货物报关单和进境、出境货物备案清单布局结构进行了优化，版式由竖版改为横版，纸质单证全部采用普通打印方式，取消套打，不再印制空白格式单证。2018年8月1日后，只有一个报关单编号，没有报检号。企业需要具备报关、报检资质才能申报新报关单。

一、报关企业资质

自2018年4月20日起报关、报检企业资质备案合并，统一申报单填写企业社会信用代码，系统会根据企业备案信息自动返填关联的报关、报检企业备案号。为进出口货物的收发货人、受委托的报关企业办理申报手续的人员，应当是在海关备案的报关人员。

关检合一以后，入境申报企业必须具备双资质（同时具备报关和报检资质）才能进行"一次申报"。出境申报企业暂不需要双资质，原来仅报检而不报关的企业，可以通过出口申报前监管生成电子底账数据后，再委托其他企业报关。

出口申报前监管即为此前的出口报检。企业报关前先单独申请一次出口申报前监管，通过后将相关数据在报关申报时返填到出口报检界面中，再补齐其他报关信息后申报。

根据海关总署市场监督管理总局2019年1月9日第14号公告"关于《报关单位注册登记证书》（进出口货物收发货人）纳入'多证合一'改革的公告"，申请人办理工商注册登记时，需要同步办理《报关单位注册登记证书》（进出口货物收发货人）的，应按照要求勾选进出口货物收发货人的备案登记，并补充填写相关备案信息。市场监管部门按照"多证合一"流程完成登记，并在总局层面完成与海关总署的数据交换。海关确认接收到企业工商注册信息和商务备案信息后即完成企业备案，企业无须再到海关办理备案登记手续。完成注册登记的报关单位可同时获得报关、报检资质。

企业可以通过中国国际贸易"单一窗口"标准版的"企业资质"子系统或"互联网+海关"的"企业管理"子系统查询海关进出口货物收发货人的备案登记结果。

自2019年2月1日起，海关不再核发《报关单位注册登记证书》。进出口货物收发货人需要获取书面备案登记信息的，可以通过"单一窗口"在线打印备案登记回执，并到所在地海关加盖海关印章。

"多证合一"改革实施后，企业未选择"多证合一"方式提交申请的，仍可通过"单一窗口"或"互联网+海关"提交进出口货物收发货人备案登记申请。

二、报检、报关流程

（一）报检

根据我国《出入境检验检疫流程管理规定》（国质检通〔2017〕437号），国家市场监督管理总局（简称"质检总局"）负责全国检验检疫流程管理工作。质检总局设在各地的直属出入境检验检疫局（简称"直属局"）负责辖区内检验检疫流程管理和组织实施。2018年4月20日起，原中国出入境检验检疫部门正式并入中国海关，统一以海关名义对外开展工作。

合并后入境将由原来9个环节合并为5个环节。入境时海关原有申报、现场调研、查验、处置4个环节，检验检疫原有卫生检疫、申报、现场调研、查验、处置5个环节，共计9个环节，合并4个相同环节，最终保留卫生检疫、申报、现场调研、查验、处置5个环节（如图8-1所示）。出境将原来8个环节合并为5个环节。出境时海关原有申报、现场调研、查验、处置4个环节，检验检疫原有卫生检疫、现场调研、查验、处置4个环节，共计8个环节，合并3个相同环节，最终保留卫生检疫、申报、现场调研、查验、处置5个环节（如图8-2所示）。

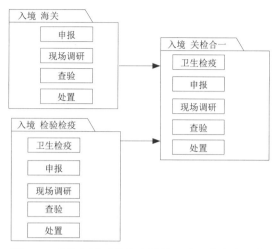

图 8-1 货物入境时报关和报检活动环节变化示意图

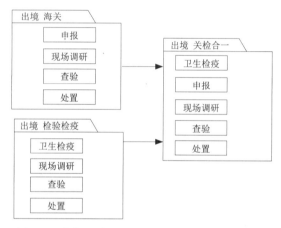

图 8-2 货物出境时报关和报检活动环节变化示意图

检验检疫流程管理遵循"一次受理报检、一次检验检疫、一次抽（采）样、一次检疫处理、一次签证放行"的原则。

1. 报检的含义

进出口商品报检是指进出口商品的收发货人或其代理人，根据我国《商检法》等有关法律、法规，对法定检验的进出口商品或根据贸易实际需要，在检验检疫机构规定或按照合同规定的时限和地点，向检验检疫机构办理申请检验、配合检验、付费并取得检验检疫证书的过程。进出口商品的检验有法定检验和委托检验两种。

这一节侧重于法定检验，即根据国家法律、法规必须报检后，海关才予以放行的检验。尽管关检合一后，企业进出口时报检和报关可以一次申报，但实际业务中，仍有企业存在单独报检情况，因此这里仍分别介绍报检和报关的基础知识。

2. 报检范围

除进出口企业根据贸易实际需要自愿提出的报检之外，按照我国《商检法》，企业必须报检的范围为：

（1）国家法律法规定必须由出入境检验检疫机构检验检疫的；

（2）输入国家或地区规定必须凭检验检疫机构出具的证书方准入境的；

（3）有关国际条约规定须经检验检疫的；

（4）申请签发原产地证明书及普惠制原产地证明书的。

3．报检时限

入境货物，应在入境前或入境时向入境口岸、指定的或到达站的检验检疫机构办理报检手续；入境的运输工具及人员应在入境前或入境时申报。

入境货物需对外索赔出证的，应在索赔有效期前不少于 20 天内向到货口岸或货物到达地的检验检疫机构报检。

输入微生物、人体组织、生物制品、血液及其制品或种畜、禽及其精液、胚胎、受精卵的，应当在入境前 30 天报检。

输入其他动物的，应当在入境前 15 天报检。

输入植物、种子、种苗及其他繁殖材料的，应当在入境前 7 天报检。

出境货物最迟应于报关或装运前 7 天报检，对于个别检验检疫周期较长的货物，应留有相应的检验检疫时间。

出境的运输工具和人员应在出境前向口岸检验检疫机构报检或申报。

需隔离检疫的出境动物在出境前 60 天预报，隔离前 7 天报检。

4．报检时随附单据

一般而言，入境报检时，应填写入境货物报检单并提供合同、发票、提单等有关单证。

出境报检时，应填写出境货物报检单并提供对外贸易合同（售货确认书或函电）、信用证、发票、装箱单等必要的单证。特殊情形下报检时，需提供其他单据，详细规定可参阅《出入境检验检疫报检规定》（2018 年修正本）。

报检人对检验检疫证单有特殊要求的，应在报检单上注明并交付相关文件。

5．报检流程

出入境企业可以自理报检，也可以委托其他报检单位代为报检。代理报检的，须向检验检疫机构提供委托书，委托书由委托人按检验检疫机构规定的格式填写。

企业办理报检程序如下：

（1）申报。登录中国海关电子业务相关网站（http://www.eciq.cn/）进行网上报检业务申报。海关工作人员根据有关规定审核报检资料，符合规范要求的予以受理，不符合要求的一次性告知企业补正报检资料。企业可以自主选择在口岸或者目的地办理检验检疫手续。

（2）提供相关资料。进出境集装箱检验检疫需提供的资料包括合同、发票、装箱单、报检委托书。

（3）实施检验检疫。海关根据有关工作规范、企业信用类别、产品风险等级，判别是否需要实施现场查验。对无须现场查验的，审核报检资料后出具相关证明文件；对需要进行现场查验的，查验合格的出具相关证明文件；经查验后需经过卫生除害处理、其他无害化处理的，处理后符合检验检疫要求的集装箱，按照规定签发处理证书、合格证明；经查验后必须作销毁或退运处理的，签发相应的检验检疫证书，按照规定移交环保部门处理或直接监督销毁。

（4）领取结果。按照海关总署的通知，企业提交材料齐全、符合要求的，海关机构在4个工作日内完成检验检疫手续。海关实施检验检疫监管后建立电子底账，向企业反馈电子底账数据号，符合要求的按规定签发检验检疫证书。申请人可以在接到海关电话、信函、传真或者电子邮件等通知后自行领取检验检疫结果，也可以由海关直接送达或者邮寄送达。

（二）报关

1. 报关的定义

报关是指进出口货物的收发货人、受委托的报关企业，依照我国《海关法》以及有关法律、行政法规和规章的要求，在规定的期限、地点，采用电子数据报关单和纸质报关单形式，向海关报告实际进出口货物的情况，并且接受海关审核的行为。

2. 报关的形式

进出口货物的收发货人，可以自行向海关申报，也可以委托报关企业向海关申报。向海关办理申报手续的进出口货物的收发货人、受委托的报关企业应当预先在海关依法办理登记注册。

进出口货物的收发货人、受委托的报关企业应当以电子数据报关单形式向海关申报，与随附单证一并递交的纸质报关单的内容应当与电子数据报关单一致；特殊情况下经海关同意，允许先采用纸质报关单形式申报，电子数据事后补报，补报的电子数据应当与纸质报关单内容一致。在向未使用海关信息化管理系统作业的海关申报时，可以采用纸质报关单申报形式。

3. 报关的时限

进口货物的收货人、受委托的报关企业应当自运输工具申报进境之日起14日内向海关申报。

进口转关运输货物的收货人、受委托的报关企业应当自运输工具申报进境之日起14日内，向进境地海关办理转关运输手续，有关货物应当自运抵指运地之日起14日内向指运地海关申报。

出口货物发货人、受委托的报关企业应当在货物运抵海关监管区后，装货的24小时之前向海关申报。

超过规定时限未向海关申报的，海关将按照《中华人民共和国海关征收进口货物滞报金办法》征收滞报金。

4. 报关时随附单据

进出口货物报关单应当随附的单据包括：合同、发票、装箱清单、载货清单（舱单）、提（运）单、代理报关授权委托协议、进出口许可证件、海关总署规定的其他进出口单证。

海关留存进出口许可证件的正本，其余单证可以留存副本或者复印件。

货物实际进出口前，海关已对该货物做出预归类决定的，进出口货物的收发货人、受委托的报关企业在货物实际进出口申报时应当向海关提交《预归类决定书》。

海关总署规定，自 2018 年 10 月 15 日起，在全国范围内对属于自动进口许可管理的货物和属于进口许可证管理的货物（除消耗臭氧层物质以外）实行进口许可证件申领和通关作业无纸化。

进口单位申请进口上述货物的，可自行选择有纸作业或者无纸作业方式。选择无纸作业方式的进口单位，应按规定向商务部或者商务部委托的机构申领《中华人民共和国自动进口许可证》（简称"自动进口许可证"）电子证书或《中华人民共和国进口许可证》（简称"进口许可证"）电子证书，并以通关作业无纸化方式向海关办理报关验放手续。以通关作业无纸化方式向海关办理报关验放手续的进口单位，可免于提交自动进口许可证或进口许可证纸质证书。因管理需要或者其他情形需验核自动进口许可证或进口许可证纸质证书的，进口单位应当补充提交纸质证书，或者以有纸作业方式向海关办理报关验放手续。

海关以进口许可证件联网核查的方式验核自动进口许可证或进口许可证电子证书，不再进行纸面签注。自动进口许可证或进口许可证发证机构按照海关反馈的进口许可证使用状态、清关数据等进行延期、变更、核销等操作。

为进一步促进跨境贸易便利化，我国海关在精简单证、推进无纸化方面，截止到 2019 年 3 月，又进一步取消对 118 个海关商品编号项下货物实施的自动进口许可措施；出口申报环节企业无须向海关提交纸质出口海关委托书、合同、发票、装箱清单，进口申报环节企业无须向海关提交装箱清单；部分海运口岸海关监管作业场所实现联网放行，不再要求企业必须凭正本提单、运单办理通关手续。部分港口已经建立查验提箱"绿色通道""查验后集港绿色通道"，各堆场 7×24 小时办理查验箱提箱业务，天津北疆港区实施 6 小时、天津东疆港区实施 4 小时内待查验货物提箱进场。海关加强税务系统与"单一窗口"系统对接，于 2019 年年底前实现出口退（免）税应用功能全覆盖。可以预见，随着我国海关进一步推进跨境贸易便利化工程，我国进出口企业通关效率将大幅度提高，进出口贸易将更加便利，贸易营商环境将更加优化。

5.通关流程

（1）申报。进出口企业准备报关资料，如合同、发票、装箱单、提单、许可证等，并登录"单一窗口"或"互联网＋海关"网站在报关单预录入系统上按照报关单填写要求录入报关单数据。实施出口检验检疫的货物，企业应在报关前向产地或组货地海关提出申请。

（2）审核、查验。在现场申报时，如果出现布控查验的，则需要转到相应的装卸口岸进行查验。海关会根据查验货物的实际情况，下达不同的查验指令，比如全卸、半卸、抽样、过机等不同的查验方式。待需查验货物按海关要求整理好后，陪同海关等进行查验。

在有纸通关情形下，报关单电子数据审结后，货主或其代理人向现场海关办理交单审核手续。海关现场接单岗位审核单证，核对电子数据无误后，办理接单手续，在报关单上签注意见和姓名。

（3）放行。海关查验合格后，收发货人凭海关放行指令提离货物，海关向监管场所发送放行指令。

在有纸通关情形下，企业应当自接现场海关"现场交单"或"放行交单"通知之日起10日内，持打印出的纸质报关单，备齐规定的随附单证并签名盖章，到货物所在地海关递交书面单证并办理相关海关手续。现场海关收到进出口货物收发货人或代理人的有效、齐全的单证后，当场办结进出口接单审核手续。中华人民共和国海关进口货物报关单如表8-1所示。

表 8-1　中华人民共和国海关进口货物报关单

境内发货人	出境关别		出口日期		申报日期		备案号	
境外收货人	运输方式		运输工具名称及航次号		提运单号			
生产销售单位	监管方式		征免性质		许可证号			
合同协议号	贸易国（地区）		运抵国（地区）		指运港			
包装种类	件数	毛重	净重	成交方式	运费	保费		杂费
随附单证								
标记唛码及备注								
项号　商品编号　商品名称及规格型号　　数量及单位　单价／总价／币别　原产国（地区）　最终目的地（地区）　境内货源地　征免								
特殊关系确认：　　价格影响确认：　　支付特许权适用费确认：　　　自报自缴：								
申报人员　申报人员证号　电话		兹申明对以上内容承担如实申报、依法纳税之法律责任					海关批注及签章	
申报单位		申报单位（签章）						

第二节　检验检疫证书基础知识

一、检验检疫证书的定义和作用

检验检疫证书是由政府机构或公证机构对进出口商品检验检疫或鉴定后，根据不同的检验结果或鉴定项目出具并且签署的书面声明，证明货物已检验达标并评述检验结果的书面单证。广义的出入境检验检疫证书包括常见的质量检验证书、卫生证书、健康证书、熏蒸证书、产地证书、入境货物检验检疫证明等。鉴于原产地证书在国际贸易中的重要作用，本书在第七章专门介绍了原产地证书的相关知识。

在国际贸易中，检验检疫证书主要有以下作用：

（1）作为证明货物在装卸、运输中的实际状况，明确责任归属的依据；

（2）作为出口商所交货物的品质、重量、数量、包装等是否符合合同规定的依据；

（3）作为出口商交单议付的单据之一；

（4）作为进口商对货物品质、数量、重量、包装等提出异议，拒收货物或要求赔偿的凭证；

（5）作为进出口国家海关验放货物的有效证件。

二、检验检疫机构

在我国，检验检疫机构一般指官方机构，是由国家或地方政府设立的、依法对进出口商品进行强制性检验检疫和监督管理的机构，如已并入海关部门的各地出入境检验检疫部门。

除官方机构之外，也有一些半官方机构和非官方机构从事商品检验与公证鉴定工作。半官方机构是指由国家批准设立的公证检验机构，如中国商品检验总公司；非官方机构是指民间的检验机构，主要是由私人或同业公会、协会开设，具有专业检验鉴定技术能力的公证行。国际上有名的公证行，如英国劳埃氏公证行，就是一家非官方检验机构。

三、检验检疫证书的种类

我国海关出具的常见检验检疫证书有以下几种：

1. 中华人民共和国出入境检验检疫品质检验证书

品质检验证书主要用于证明进出口商品的质量、规格、等级、成分、性能等产品质量的实际情况。

2. 中华人民共和国出入境检验检疫重量检验证书

重量检验证书主要用于证明进出口商品的数量、重量，如毛重、净重、皮重等情况。

3. 中华人民共和国出入境检验检疫卫生证书

卫生证书是证明可供食用的出口动物产品、食品等经过卫生检验或检疫合格的书面证明，适用于肠衣、罐头、食品、蛋品、乳制品等商品。

4. 中华人民共和国出入境检验检疫植物检疫证书

植物检疫证书用于证明出口的植物、植物产品已经按照规定程序进行检查和/或检验，被认为不带有输入国或地区规定的检疫性有害生物，不带有其他的有害生物，符合输入国或地区现行的植物检疫要求。

5. 中华人民共和国出入境检验检疫兽医（卫生）证书

兽医（卫生）证书用于证明出口动物产品或食品经过检疫合格，适用于冻畜肉、冻禽、禽畜罐头、冻兔、皮张、毛类、绒类、猪鬃、肠衣等出口商品。

6. 中华人民共和国出入境检验检疫熏蒸证书

熏蒸证书用于证明出口粮谷、油籽、豆类、皮张等商品以及包装用木材与植物性填充物等已经过熏蒸灭虫。

7. 中华人民共和国出入境检验检疫热处理证书

热处理证书证明出口的商品经过热处理，适用于出口的木制品，如木质家具、木质贴面材料、树皮等。热处理是一种不同于熏蒸的灭虫处理方法。

由我国海关出具的检验检疫证书格式一致，正本上载有"ORIGINAL"正本字样，表头上印有海关官徽及单据名称。目前我国海关能出具的检验检疫证书种类多达20种，除以上常用证书外，还有放射证书、辐射证书、辐射分析证书、分析证书、烹饪证书、健康证书、合格证书、陶瓷证书等。

关检合一之后，按照海关总署公告2018年（第90号）（关于检验检疫单证电子化的公告）（2018–08–01起实施），为进一步促进对外贸易便利、提升口岸通关效率，申请人向海关办理检验检疫手续，可按照以下要求提供单证电子化信息，无须在申报时提交纸质单证：

（1）国内外相关主管部门或机构出具的单证，实现联网核查或互联网查询的，只需录入单证编号。尚未实现联网核查且不能互联网查询的，需上传单证扫描件。

（2）海关出具的资质证明及其他单证，只需录入相关资质证明或单证编号。

（3）法律、法规、规章规定应当向海关提交的其他证明、声明类材料，只需依法申明持有相关材料。

申请人应保证电子化单证信息的真实性和有效性，上传单证扫描件格式应符合海关要求，并按规定保存相关纸质单证。海关监管过程中按照风险布控、签注作业等要求需要验核纸质单证的，申请人应当补充提交相关纸质单证。

第三节　报关单制单要点

一、进出口货物报关单制单要点

2019年1月22日海关总署发布了2019年第18号公告"关于修订《中华人民共和国海关进出口货物报关单填制规范》的公告",修订后的《中华人民共和国海关进出口货物报关单填制规范》自2019年2月1日起执行,海关总署2018年第60号公告同时废止。根据海关总署2019年第18号公告,进出口货物报关单填制规范如下:

1. 预录入编号

预录入编号指预录入报关单的编号,一份报关单对应一个预录入编号,由系统自动生成。

报关单预录入编号为18位,其中第1~4位为接受申报海关的代码(海关规定的《关区代码表》中相应海关代码),第5~8位为录入时的公历年份,第9位为进出口标志("1"为进口,"0"为出口;集中申报清单"I"为进口,"E"为出口),后9位为顺序编号。

2. 海关编号

海关编号指海关接受申报时给予报关单的编号,一份报关单对应一个海关编号,由系统自动生成。

报关单海关编号为18位,其中第1~4位为接受申报海关的代码(海关规定的《关区代码表》中相应海关代码),第5~8位为海关接受申报的公历年份,第9位为进出口标志("1"为进口,"0"为出口;集中申报清单"I"为进口,"E"为出口),后9位为顺序编号。

3. 境内收发货人

填报在海关备案的对外签订并执行进出口贸易合同的中国境内法人、其他组织名称及编码。编码填报18位法人和其他组织统一社会信用代码,没有统一社会信用代码的,填报其在海关的备案编码。特殊情况下的填报要求如下:

(1)进出口货物合同的签订者和执行者非同一企业的,填报执行合同的企业;

(2)外商投资企业委托进出口企业进口投资设备、物品的,填报外商投资企业,并在标记唛码及备注栏注明"委托某进出口企业进口",同时注明被委托企业的18位法人和其他组织统一社会信用代码;

(3)有代理报关资格的报关企业代理其他进出口企业办理进出口报关手续时,填报委托的进出口企业;

(4)海关特殊监管区域收发货人填报该货物的实际经营单位或海关特殊监管区域内经营企业;

(5)免税品经营单位经营出口退税国产商品的,填报免税品经营单位名称。

4. 进出境关别

根据货物实际进出境的口岸海关，填报海关规定的《关区代码表》中相应口岸海关的名称及代码。

特殊情况填报要求如下：

进口转关运输货物填报货物进境地海关名称及代码，出口转关运输货物填报货物出境地海关名称及代码。按转关运输方式监管的跨关区深加工结转货物，出口报关单填报转出地海关名称及代码，进口报关单填报转入地海关名称及代码。

在不同海关特殊监管区域或保税监管场所之间调拨、转让的货物，填报对方海关特殊监管区域或保税监管场所所在地海关名称及代码。

其他无实际进出境的货物，填报接受申报的海关名称及代码。

5. 进出口日期

进口日期填报运载进口货物的运输工具申报进境的日期。出口日期指运载出口货物的运输工具办结出境手续的日期，在申报时免予填报。无实际进出境的货物，填报海关接受申报的日期。

进出口日期为8位数字，顺序为年（4位）、月（2位）、日（2位）。

6. 申报日期

申报日期指海关接受进出口货物收发货人、受委托的报关企业申报数据的日期。以电子数据报关单方式申报的，申报日期为海关计算机系统接受申报数据时记录的日期。以纸质报关单方式申报的，申报日期为海关接受纸质报关单并对报关单进行登记处理的日期。本栏目在申报时免予填报。

申报日期为8位数字，顺序为年（4位）、月（2位）、日（2位）。

7. 备案号

填报进出口货物收发货人、消费使用单位、生产销售单位在海关办理加工贸易合同备案或征、减、免税审核确认等手续时，海关核发的《加工贸易手册》、海关特殊监管区域和保税监管场所保税账册、《征免税证明》或其他备案审批文件的编号。

一份报关单只允许填报一个备案号。具体填报要求如下：

（1）加工贸易项下货物，除少量低值辅料按规定不使用《加工贸易手册》及以后续补税监管方式办理内销征税的外，填报《加工贸易手册》编号。

使用异地直接报关分册和异地深加工结转出口分册在异地口岸报关的，填报分册号；本地直接报关分册和本地深加工结转分册限制在本地报关，填报总册号。

加工贸易成品凭《征免税证明》转为减免税进口货物的，进口报关单填报《征免税证明》编号，出口报关单填报《加工贸易手册》编号。

对加工贸易设备、使用账册管理的海关特殊监管区域内减免税设备之间的结转，转入和转出企业分别填制进口报关单、出口报关单，在报关单"备案号"栏目中填报《加工贸易手册》编号。

（2）涉及征、减、免税审核确认的报关单，填报《征免税证明》编号。

（3）减免税货物退运出口，填报《中华人民共和国海关进口减免税货物准予退运证明》的编号；减免税货物补税进口，填报《减免税货物补税通知书》的编号；减免税货物进口或结转进口（转入），填报《征免税证明》的编号；相应的结转出口（转出），填报《中华人民共和国海关进口减免税货物结转联系函》的编号。

（4）免税品经营单位经营出口退税国产商品的，免予填报。

8. 境外收发货人

境外收货人通常指签订并执行出口贸易合同中的买方或合同指定的收货人，境外发货人通常指签订并执行进口贸易合同中的卖方。

填报境外收发货人的名称及编码。名称一般填报英文名称，检验检疫要求填报其他外文名称的，在英文名称后填报，以半角括号分隔。对于AEO互认国家（地区）企业的，编码填报AEO编码，填报样式为"国别（地区）代码+海关企业编码"，例如，新加坡AEO企业SG123456789012（新加坡国别代码+12位企业编码）。非互认国家（地区）AEO企业等其他情形，编码免予填报。

特殊情况下无境外收发货人的，名称及编码填报"NO"。

9. 运输方式

运输方式包括实际运输方式和海关规定的特殊运输方式，前者指货物实际进出境的运输方式，按进出境所使用的运输工具分类；后者指货物无实际进出境的运输方式，按货物在境内的流向分类。

根据货物实际进出境的运输方式或货物在境内流向的类别，按照海关规定的《运输方式代码表》选择填报相应的运输方式。

1）特殊情况填报要求。

（1）非邮件方式进出境的快递货物，按实际运输方式填报。

（2）进口转关运输货物，按载运货物抵达进境地的运输工具填报；出口转关运输货物，按载运货物驶离出境地的运输工具填报。

（3）不复运出（入）境而留在境内（外）销售的进出境展览品、留赠转卖物品等，填报"其他运输"（代码9）。

（4）进出境旅客随身携带的货物，填报"旅客携带"（代码L）。

（5）以固定设施（包括输油、输水管道和输电网等）运输货物的，填报"固定设施运输"（代码G）。

2）无实际进出境货物在境内流转时填报要求。

（1）境内非保税区运入保税区货物和保税区退区货物，填报"非保税区"（代码0）。

（2）保税区运往境内非保税区货物，填报"保税区"（代码7）。

（3）境内存入出口监管仓库和出口监管仓库退仓货物，填报"监管仓库"（代码1）。

（4）保税仓库转内销货物或转加工贸易货物，填报"保税仓库"（代码8）。

（5）从境内保税物流中心外运入中心或从中心运往境内中心外的货物，填报"物流中心"（代码W）。

（6）从境内保税物流园区外运入园区或从园区内运往境内园区外的货物，填报"物流园区"（代码X）。

（7）保税港区、综合保税区与境内（区外）（非海关特殊监管区域、保税监管场所）之间进出的货物，填报"保税港区/综合保税区"（代码Y）。

（8）出口加工区、珠澳跨境工业区（珠海园区）、中哈霍尔果斯边境合作中心（中方配套区）与境内（区外）（非海关特殊监管区域、保税监管场所）之间进出的货物，填报"出口加工区"（代码Z）。

（9）境内运入深港西部通道港方口岸区的货物以及境内进出中哈霍尔果斯边境合作中心中方区域的货物，填报"边境特殊海关作业区"（代码H）。

（10）经横琴新区和平潭综合实验区（简称"综合试验区"）二线指定申报通道运往境内区外或从境内经二线指定申报通道进入综合试验区的货物，以及综合试验区内按选择性征收关税申报的货物，填报"综合试验区"（代码T）。

（11）海关特殊监管区域内的流转、调拨货物，海关特殊监管区域、保税监管场所之间的流转货物，海关特殊监管区域与境内区外之间进出的货物，海关特殊监管区域外的加工贸易余料结转、深加工结转、内销货物，以及其他境内流转货物，填报"其他运输"（代码9）。

10.运输工具名称及航次号

填报载运货物进出境的运输工具名称或编号及航次号。填报内容应与运输部门向海关申报的舱单（载货清单）所列相应内容一致。

1）运输工具名称具体填报要求。

（1）直接在进出境地或采用全国通关一体化通关模式办理报关手续的报关单填报，要求如下：

①水路运输：填报船舶编号（来往港澳小型船舶为监管簿编号）或者船舶英文名称。

②公路运输：启用公路舱单前，填报该跨境运输车辆的国内行驶车牌号，深圳提前报关模式的报关单填报国内行驶车牌号+"/"+"提前报关"。启用公路舱单后，免予填报。

③铁路运输：填报车厢编号或交接单号。

④航空运输：填报航班号。

⑤邮件运输：填报邮政包裹单号。

⑥其他运输：填报具体运输方式名称，如管道、驮畜等。

（2）转关运输货物的报关单填报要求如下：

①进口

A．水路运输：直转、提前报关填报"@"+16位转关申报单预录入号（或13位载货清单号）；中转填报进境英文船名。

B．铁路运输：直转、提前报关填报"@"+16位转关申报单预录入号；中转填报车厢编号。

C．航空运输：直转、提前报关填报"@"+16位转关申报单预录入号（或13位载货清单号）；中转填报"@"。

D．公路及其他运输：填报"@"+16位转关申报单预录入号（或13位载货清单号）。

E．以上各种运输方式使用广东地区载货清单转关的提前报关货物填报"@"+13位载货清单号。

②出口

A．水路运输：非中转填报"@"+16位转关申报单预录入号（或13位载货清单号），如多张报关单需要通过一张转关单转关的，运输工具名称字段填报"@"。

中转货物，境内水路运输填报驳船船名；境内铁路运输填报车名（主管海关4位关区代码+"TRAIN"）；境内公路运输填报车名（主管海关4位关区代码+"TRUCK"）。

B．铁路运输：填报"@"+16位转关申报单预录入号（或13位载货清单号），如多张报关单需要通过一张转关单转关的，填报"@"。

C．航空运输：填报"@"+16位转关申报单预录入号（或13位载货清单号），如多张报关单需要通过一张转关单转关的，填报"@"。

D．其他运输方式：填报"@"+16位转关申报单预录入号（或13位载货清单号）。

（3）采用"集中申报"通关方式办理报关手续的，报关单填报"集中申报"。

（4）免税品经营单位经营出口退税国产商品的，免予填报。

（5）无实际进出境的货物，免予填报。

2）航次号具体填报要求。

（1）直接在进出境地或采用全国通关一体化通关模式办理报关手续的报关单。

①水路运输：填报船舶的航次号。

②公路运输：启用公路舱单前，填报运输车辆的8位进出境日期〔顺序为年（4位）、月（2位）、日（2位），下同〕。启用公路舱单后，填报货物运输批次号。

③铁路运输：填报列车的进出境日期。

④航空运输：免予填报。

⑤邮件运输：填报运输工具的进出境日期。

⑥其他运输方式：免予填报。

（2）转关运输货物的报关单。

①进口

A．水路运输：中转转关方式填报"@"+进境干线船舶航次。直转、提前报关免予填报。

B．公路运输：免予填报。

C．铁路运输："@"+8位进境日期。

D．航空运输：免予填报。

E．其他运输方式：免予填报。

②出口

A．水路运输：非中转货物免予填报。中转货物：境内水路运输填报驳船航次号；境内铁路、公路运输填报6位启运日期〔顺序为年（2位）、月（2位）、日（2位）〕。

B．铁路拼车拼箱捆绑出口：免予填报。

C．航空运输：免予填报。

D．其他运输方式：免予填报。

（3）免税品经营单位经营出口退税国产商品的，免予填报。

（4）无实际进出境的货物，免予填报。

11. 提运单号

填报进出口货物提单或运单的编号。一份报关单只允许填报一个提单或运单号，一票货物对应多个提单或运单时，应分单填报。

具体填报要求如下：

1）直接在进出境地或采用全国通关一体化通关模式办理报关手续。

（1）水路运输：填报进出口提单号。如有分提单的，填报进出口提单号+"*"+分提单号。

（2）公路运输：启用公路舱单前，免予填报；启用公路舱单后，填报进出口总运单号。

（3）铁路运输：填报运单号。

（4）航空运输：填报总运单号+"_"+分运单号；无分运单的填报总运单号。

（5）邮件运输：填报邮运包裹单号。

2）转关运输货物的报关单。

（1）进口。

①水路运输：直转、中转填报提单号。提前报关免予填报。

②铁路运输：直转、中转填报铁路运单号。提前报关免予填报。

③航空运输：直转、中转货物填报总运单号+"_"+分运单号。提前报关免予填报。

④其他运输方式：免予填报。

⑤以上运输方式进境货物，在广东省内用公路运输转关的，填报车牌号。

（2）出口。

①水路运输：中转货物填报提单号；非中转货物免予填报；广东省内汽车运输提前报关的转关货物，填报承运车辆的车牌号。

②其他运输方式：免予填报。广东省内汽车运输提前报关的转关货物，填报承运车辆的车牌号。

3）采用集中申报通关方式办理报关手续的，报关单填报归并的集中申报清单的进出口起止日期〔按年（4位）月（2位）日（2位）、年（4位）月（2位）日（2位）〕。

4）无实际进出境的货物，免予填报。

12. 货物存放地点

填报货物进境后存放的场所或地点，包括海关监管作业场所、分拨仓库、定点加工厂、隔离检疫场、企业自有仓库等。

13. 消费使用单位、生产销售单位

（1）消费使用单位填报已知的进口货物在境内的最终消费、使用单位的名称，包括：①自行进口货物的单位；②委托进出口企业进口货物的单位。

（2）生产销售单位填报出口货物在境内的生产或销售单位的名称，包括：①自行出口货物的单位；②委托进出口企业出口货物的单位；③免税品经营单位经营出口退税国产商品的，填报该免税品经营单位统一管理的免税店。

（3）减免税货物报关单的消费使用单位/生产销售单位应与《中华人民共和国海关进出口货物征免税证明》（简称《征免税证明》）的减免税申请人一致；保税监管场所与境外之间的进出境货物，消费使用单位/生产销售单位填报保税监管场所的名称〔保税物流中心（B型）填报中心内企业名称〕。

（4）海关特殊监管区域的消费使用单位/生产销售单位填报区域内经营企业（"加工单位"或"仓库"）。

（5）编码填报要求：①填报18位法人和其他组织统一社会信用代码；②无18位统一社会信用代码的，填报"NO"。

（6）进口货物在境内的最终消费或使用以及出口货物在境内的生产或销售的对象为自然人的，填报身份证号、护照号、台胞证号等有效证件号码及姓名。

14. 监管方式

监管方式是以国际贸易中进出口货物的交易方式为基础，结合海关对进出口货物的征税、统计及监管条件综合设定的海关对进出口货物的管理方式。其代码由4位数字构成，前两位是按照海关监管要求和计算机管理需要划分的分类代码，后两位是参照国际标准编制的贸易方式代码。

根据实际对外贸易情况按海关规定的《监管方式代码表》选择填报相应的监管方式简称及代码。一份报关单只允许填报一种监管方式。

特殊情况下加工贸易货物监管方式的填报要求如下：

（1）进口少量低值辅料（5 000美元以下，78种以内的低值辅料）按规定不使用《加工贸易手册》的，填报"低值辅料"；使用《加工贸易手册》的，按《加工贸易手册》上的监管方式填报。

（2）加工贸易料件转内销货物以及按料件办理进口手续的转内销制成品、残次品、未完成品，填制进口报关单，填报"来料料件内销"或"进料料件内销"；加工贸易成品凭《征免税证明》转为减免税进口货物的，分别填制出口报关单、进口报关单，出口报关单填报"来料成品减免"或"进料成品减免"，进口报关单按照实际监管方式填报。

（3）加工贸易出口成品因故退运进口及复运出口的，填报"来料成品退换"或"进料成品退换"；加工贸易进口料件因换料退运出口及复运进口的，填报"来料料件退换"或"进料料件退换"；加工贸易过程中产生的剩余料件、边角料退运出口，以及进口料件因品质、规格等原因退运出口且不再更换同类货物进口的，分别填报"来料料件复出""来料边角料复出""进料料件复出""进料边角料复出"。

（4）加工贸易边角料内销和副产品内销，填制进口报关单，填报"来料边角料内销"或"进料边角料内销"。

（5）企业销毁处置加工贸易货物未获得收入，销毁处置货物为料件、残次品的，填报"料件销毁"；销毁处置货物为边角料、副产品的，填报"边角料销毁"。

企业销毁处置加工贸易货物获得收入的，填报为"进料边角料内销"或"来料边角料内销"。

（6）免税品经营单位经营出口退税国产商品的，填报"其他"。

15. 征免性质

根据实际情况按海关规定的《征免性质代码表》选择填报相应的征免性质简称及代码，持有海关核发的《征免税证明》的，按照《征免税证明》中批注的征免性质填报。一份报关单只允许填报一种征免性质。

加工贸易货物报关单按照海关核发的《加工贸易手册》中批注的征免性质简称及代码填报。

特殊情况填报要求如下：

（1）加工贸易转内销货物，按实际情况（如一般征税、科教用品、其他法定等）填报。

（2）料件退运出口、成品退运进口货物填报"其他法定"。

（3）加工贸易结转货物，免予填报。

（4）免税品经营单位经营出口退税国产商品的，填报"其他法定"。

16. 许可证号

填报进（出）口许可证、两用物项和技术进（出）口许可证、两用物项和技术出口许可证（定向）、纺织品临时出口许可证、出口许可证（加工贸易）、出口许可证（边境小额贸易）的编号。

免税品经营单位经营出口退税国产商品的，免予填报。

一份报关单只允许填报一个许可证号。

17. 启运港

填报进口货物在运抵我国关境前的第一个境外装运港。

根据实际情况，按海关规定的《港口代码表》填报相应的港口名称及代码，未在《港口代码表》中列明的，填报相应的国家名称及代码。货物从海关特殊监管区域或保税监管场所运至境内区外的，填报《港口代码表》中相应海关特殊监管区域或保税监管场所的名称及代码；未在《港口代码表》中列明的，填报"未列出的特殊监管区"及代码。

其他无实际进境的货物，填报"中国境内"及代码。

18. 合同协议号

填报进出口货物合同（包括协议或订单）编号。未发生商业性交易的免予填报。

免税品经营单位经营出口退税国产商品的，免予填报。

19. 贸易国（地区）

发生商业性交易的进口填报购自国（地区），出口填报售予国（地区）。未发生商业性交易的填报货物所有权拥有者所属的国家（地区）。

按海关规定的《国别（地区）代码表》选择填报相应的贸易国（地区）中文名称及代码。

20. 启运国（地区）/运抵国（地区）

启运国（地区）填报进口货物启始发出直接运抵我国或者在运输中转国（地区）未发生任何商业性交易的情况下运抵我国的国家（地区）。

运抵国（地区）填报出口货物离开我国关境直接运抵或者在运输中转国（地区）未发生任何商业性交易的情况下最后运抵的国家（地区）。

不经过第三国（地区）转运的直接运输进出口货物，以进口货物的装货港所在国（地区）为启运国（地区），以出口货物的指运港所在国（地区）为运抵国（地区）。

经过第三国（地区）转运的进出口货物，如在中转国（地区）发生商业性交易，则以中转国（地区）作为启运/运抵国（地区）。

按海关规定的《国别（地区）代码表》选择填报相应的启运国（地区）或运抵国（地区）中文名称及代码。

无实际进出境的货物，填报"中国"及代码。

21. 经停港/指运港

经停港填报进口货物在运抵我国关境前的最后一个境外装运港。

指运港填报出口货物运往境外的最终目的港；最终目的港不可预知的，按尽可能预知的目的港填报。

根据实际情况，按海关规定的《港口代码表》选择填报相应的港口名称及代码。经停港/指运港在《港口代码表》中无港口名称及代码的，可选择填报相应的国家名称及代码。

无实际进出境的货物，填报"中国境内"及代码。

22. 入境口岸/离境口岸

入境口岸填报进境货物从跨境运输工具卸离的第一个境内口岸的中文名称及代码；采取多式联运跨境运输的，填报多式联运货物最终卸离的境内口岸的中文名称及代码；过境货物填报货物进入境内的第一个口岸的中文名称及代码；从海关特殊监管区域或保税监管场所进境的，填报海关特殊监管区域或保税监管场所的中文名称及代码。其他无实际进境的货物，填报货物所在地的城市名称及代码。

离境口岸填报装运出境货物的跨境运输工具离境的第一个境内口岸的中文名称及代码；采取多式联运跨境运输的，填报多式联运货物最初离境的境内口岸的中文名称及代码；过境货物填报货物离境的第一个境内口岸的中文名称及代码；从海关特殊监管区域或保税监管场所离境的，填报海关特殊监管区域或保税监管场所的中文名称及代码。其他无实际出境的货物，填报货物所在地的城市名称及代码。

入境口岸/离境口岸类型包括港口、码头、机场、机场货运通道、边境口岸、火车站、车辆装卸点、车检场、陆路港、坐落在口岸的海关特殊监管区域等。按海关规定的《国内口岸编码表》选择填报相应的境内口岸的中文名称及代码。

23. 包装种类

填报进出口货物的所有包装材料，包括运输包装和其他包装，按海关规定的《包装种类代码表》选择填报相应包装种类的名称及代码。运输包装指提运单所列货物件数单位对应的包装，其他包装包括货物的各类包装以及植物性铺垫材料等。

24. 件数

填报进出口货物运输包装的件数（按运输包装计）。

特殊情况填报要求如下：

（1）舱单件数为集装箱的，填报集装箱个数。

（2）舱单件数为托盘的，填报托盘数。

（3）不得填报为零，不得为空；裸装散装货物填报为"1"。

25. 毛重（千克）

填报进出口货物及其包装材料的重量之和，计量单位为千克，不足一千克的填报为"1"。

26. 净重（千克）

填报进出口货物的毛重减去外包装材料后的重量，即货物本身的实际重量，计量单位为千克，不足一千克的填报为"1"。

27. 成交方式

根据进出口货物实际成交价格条款，按海关规定的《成交方式代码表》选择填报相应的成交方式代码。

无实际进出境的货物，进口填报CIF，出口填报FOB。

28. 运费

填报进口货物运抵我国境内输入地点起卸前的运输费用，出口货物运至我国境内输出地点装载后的运输费用。

运费可按运费单价、总价或运费率三种方式之一填报，注明运费标记（运费标记"1"表示运费率，"2"表示每吨货物的运费单价，"3"表示运费总价），并按海关规定的《货币代码表》选择填报相应的币种代码。

免税品经营单位经营出口退税国产商品的，免予填报。

29. 保费

填报进口货物运抵我国境内输入地点起卸前的保险费用，出口货物运至我国境内输出地点装载后的保险费用。

保费可按保险费总价或保险费率两种方式之一填报，注明保险费标记（保险费标记"1"表示保险费率，"3"表示保险费总价），并按海关规定的《货币代码表》选择填报相应的币种代码。

免税品经营单位经营出口退税国产商品的，免予填报。

30. 杂费

填报成交价格以外的，按照《中华人民共和国进出口关税条例》相关规定应计入完税价格或应从完税价格中扣除的费用。

杂费可按杂费总价或杂费率两种方式之一填报，注明杂费标记（杂费标记"1"表示杂费率，"3"表示杂费总价），并按海关规定的《货币代码表》选择填报相应的币种代码。

应计入完税价格的杂费填报为正值或正率，应从完税价格中扣除的杂费填报为负值或负率。

免税品经营单位经营出口退税国产商品的，免予填报。

31. 随附单证及编号

根据海关规定的《监管证件代码表》和《随附单据代码表》选择填报除本规范第十六条规定的许可证件以外的其他进出口许可证件或监管证件、随附单据代码及编号。

本栏目分为随附单证代码和随附单证编号两栏，其中代码栏按海关规定的《监管证件代码表》和《随附单据代码表》选择填报相应证件代码，随附单证编号栏填报证件编号。

（1）加工贸易内销征税报关单（使用金关二期加工贸易管理系统的除外），随附单证代码栏填报"c"，随附单证编号栏填报海关审核通过的内销征税联系单号。

（2）一般贸易进出口货物，只能使用原产地证书申请享受协定税率或者特惠税率（以下统称优惠税率）的（无原产地声明模式），"随附单证代码"栏填报原产地证书代码"Y"，在"随附单证编号"栏填报"优惠贸易协定代码"和"原产地证书编号"。可以使用原产地证书或者原产地声明申请享受优惠税率的（有原产地声明模式），"随附单证代码"栏填写"Y"，"随附单证编号"栏填报"优惠贸易协定代码""C"（凭原产地证书申报）或"D"（凭原产地声明申报），以及"原产地证书编号（或者原产地声明序列号）"。一份报关单对应一份原产地证书或原产地声明。

各优惠贸易协定代码如下：
"01"为"亚太贸易协定"；
"02"为"中国-东盟自贸协定"；
"03"为"内地与香港地区紧密经贸关系安排"（香港CEPA）；
"04"为"内地与澳门地区紧密经贸关系安排"（澳门CEPA）；
"06"为"台湾地区农产品零关税措施"；
"07"为"中国-巴基斯坦自贸协定"；
"08"为"中国-智利自贸协定"；
"10"为"中国-新西兰自贸协定"；
"11"为"中国-新加坡自贸协定"；
"12"为"中国-秘鲁自贸协定"；
"13"为"最不发达国家特别优惠关税待遇"；
"14"为"海峡两岸经济合作框架协议（ECFA）"；
"15"为"中国-哥斯达黎加自贸协定"；
"16"为"中国-冰岛自贸协定"；
"17"为"中国-瑞士自贸协定"；
"18"为"中国-澳大利亚自贸协定"；
"19"为"中国-韩国自贸协定"；
"20"为"中国-格鲁吉亚自贸协定"。

海关特殊监管区域和保税监管场所内销货物申请适用优惠税率的，有关货物进出海关特殊监管区域和保税监管场所以及内销时，已通过原产地电子信息交换系统实现电子联网的优惠贸易协定项下货物报关单，按照上述一般贸易要求填报；未实现电子联网的优惠贸易协定项下货物报关单，"随附单证代码"栏填报"Y"，"随附单证编号"栏填报"优惠贸易协定代码"和"原产地证据文件备案号"。"原产地证据文件备案号"为进出口货物的收发货物人或者其代理人录入原产地证据文件电子信息后，系统自动生成的号码。

向香港或者澳门特别行政区出口用于生产香港CEPA或者澳门CEPA项下货物的原材料时，按照上述一般贸易填报要求填制报关单，香港或澳门地区生产厂商在香港工贸署或者澳门经济局登记备案的有关备案号填报在"关联备案"栏。

单证对应关系表中填报报关单上的申报商品项与原产地证书（原产地声明）上的商品项之间的对应关系。报关单上的商品序号与原产地证书（原产地声明）上的项目编号应一一对应，不要求顺序对应。同一批次进口货物可以在同一报关单中申报，不享受优惠税率的货物序号不填报在单证对应关系表中。

（3）各优惠贸易协定项下，免提交原产地证据文件的小金额进口货物"随附单证代码"栏填报"Y"，"随附单证编号"栏填报"优惠贸易协定代码XJE00000"，单证对应关系表享惠报关单项号按实际填报，对应单证项号与享惠报关单项号相同。

32. 标记唛码及备注

填报要求如下：

（1）标记唛码中除图形以外的文字、数字；无标记唛码的填报"N/M"。

（2）受外商投资企业委托代理其进口投资设备、物品的进出口企业名称。

（3）与本报关单有关联关系的，同时在业务管理规范方面又要求填报的备案号，填报在电子数据报关单中"关联备案"栏。

保税间流转货物、加工贸易结转货物及凭《征免税证明》转内销货物，其对应的备案号填报在"关联备案"栏。

减免税货物结转进口（转入），"关联备案"栏填报本次减免税货物结转所申请的《中华人民共和国海关进口减免税货物结转联系函》的编号。

减免税货物结转出口（转出），"关联备案"栏填报与其相对应的进口（转入）报关单"备案号"栏中《征免税证明》的编号。

（4）与本报关单有关联关系的，同时在业务管理规范方面又要求填报的报关单号，填报在电子数据报关单中"关联报关单"栏。

保税间流转、加工贸易结转类的报关单，应先办理进口报关，并将进口报关单号填入出口报关单的"关联报关单"栏。

办理进口货物直接退运手续的，除另有规定外，应先填制出口报关单，再填制进口报关单，并将出口报关单号填报在进口报关单的"关联报关单"栏。

减免税货物结转出口（转出），应先办理进口报关，并将进口（转入）报关单号填入出口（转出）报关单的"关联报关单"栏。

（5）办理进口货物直接退运手续的，填报"<ZT"+"海关审核联系单号或者《海关责令进口货物直接退运通知书》编号"+">"。办理固体废物直接退运手续的，填报"固体废物，直接退运表××号/责令直接退运通知书××号"。

（6）保税监管场所进出货物，在"保税/监管场所"栏填报本保税监管场所编码〔保税物流中心（B型）填报本中心的国内地区代码〕，其中涉及货物在保税监管场所间流转的，在本栏填报对方保税监管场所代码。

（7）涉及加工贸易货物销毁处置的，填报海关加工贸易货物销毁处置申报表编号。

（8）当监管方式为"暂时进出货物"（代码2600）和"展览品"（代码2700）时，填报要求如下：

①根据《中华人民共和国海关暂时进出境货物管理办法》（海关总署令第233号，简称《管理办法》）第三条第一款所列项目，填报暂时进出境货物类别，如暂进六，暂出九。

②根据《管理办法》第十条规定，填报复运出境或者复运进境日期，期限应在货物进出境之日起6个月内，如20180815前复运进境，20181020前复运出境。

③根据《管理办法》第七条规定，向海关申请对有关货物是否属于暂时进出境货物进行审核确认的，填报《中华人民共和国××海关暂时进出境货物审核确认书》编号，如<ZS海关审核确认书编号>，其中英文为大写字母；无此项目的，无须填报。

上述内容依次填报，项目间用"/"分隔，前后均不加空格。

④收发货人或其代理人申报货物复运进境或者复运出境的：货物办理过延期的，根据《管理办法》填报《货物暂时进/出境延期办理单》的海关回执编号，如<ZS海关回执编号>，其中英文为大写字母；无此项目的，无须填报。

（9）跨境电子商务进出口货物，填报"跨境电子商务"。

（10）加工贸易副产品内销，填报"加工贸易副产品内销"。

（11）服务外包货物进口，填报"国际服务外包进口货物"。

（12）公式定价进口货物填报公式定价备案号，格式为："公式定价"+备案编号+"@"。对于同一报关单下有多项商品的，如某项或某几项商品为公式定价备案的，则备注栏内填报为："公式定价"+备案编号+"#"+商品序号+"@"。

（13）进出口与《预裁定决定书》列明情形相同的货物时，按照《预裁定决定书》填报，格式为："预裁定+《预裁定决定书》编号"，例如，某份《预裁定决定书》编号为R-2-0100-2018-0001，则填报为"预裁定R-2-0100-2018-0001"。

（14）含归类行政裁定报关单，填报归类行政裁定编号，格式为："c"+四位数字编号，如c0001。

（15）已经在进入特殊监管区时完成检验的货物，在出区入境申报时，填报"预检验"字样，同时在"关联报检单"栏填报实施预检验的报关单号。

（16）进口直接退运的货物，填报"直接退运"字样。

（17）企业提供ATA单证册的货物，填报"ATA单证册"字样。

（18）不含动物源性低风险生物制品，填报"不含动物源性"字样。

（19）货物自境外进入境内特殊监管区或者保税仓库的，填报"保税入库"或者"境外入区"字样。

（20）海关特殊监管区域与境内区外之间采用分送集报方式进出的货物，填报"分送集报"字样。

（21）军事装备出入境的，填报"军品"或"军事装备"字样。

（22）申报商品的HS为3821000000、3002300000的，填报要求为：属于培养基的，填报"培养基"字样；属于化学试剂的，填报"化学试剂"字样；不含动物源性成分的，填报"不含动物源性"字样。

（23）属于修理物品的，填报"修理物品"字样。

（24）属于下列情况的，填报"压力容器""成套设备""食品添加剂""成品退换""旧机电产品"等字样。

（25）申报HS为2903890020（入境六溴环十二烷），用途为"其他（99）"的，填报具体用途。

（26）集装箱体信息填报集装箱号（在集装箱箱体上标示的全球唯一编号）、集装箱规格、集装箱商品项号关系（单个集装箱对应的商品项号，用半角逗号分隔）、集装箱货重（集装箱箱体自重+装载货物重量，千克）。

（27）申报HS为3006300000、3504009000、3507909010、3507909090、3822001000、3822009000，不属于"特殊物品"的，填报"非特殊物品"字样。"特殊物品"定义见《出入境特殊物品卫生检疫管理规定》（国家市场监督管理总局令第160号公布，根据国家市场监督管理总局令第184号，海关总署令第238号、第240号、第243号修改）。

（28）进出口列入目录的进出口商品及法律、行政法规规定须经出入境检验检疫机构检验的其他进出口商品实施检验的，填报"应检商品"字样。

（29）申报时其他必须说明的事项。

33. 项号

分两行填报。第一行填报报关单中的商品顺序编号；第二行填报备案序号，专用于加工贸易及保税、减免税等已备案、审批的货物，填报该项货物在《加工贸易手册》或《征免税证明》等备案、审批单证中的顺序编号。有关优惠贸易协定项下报关单填制要求按照海关总署相关规定执行。其中第二行特殊情况填报要求如下：

（1）深加工结转货物，分别按照《加工贸易手册》中进口料件的项号和出口成品项号填报。

（2）料件结转货物（包括料件、制成品和未完成品折料），出口报关单按照转出《加工贸易手册》中进口料件的项号填报；进口报关单按照转进《加工贸易手册》中进口料件的项号填报。

（3）料件复出货物（包括料件、边角料），出口报关单按照《加工贸易手册》中进口料件的项号填报，如边角料对应一个以上料件项号时，填报主要料件项号；料件退换货物（包括料件，不包括未完成品），进出口报关单按照《加工贸易手册》中进口料件的项号填报。

（4）成品退换货物，退运进境报关单和复运出境报关单按照《加工贸易手册》原出口成品的项号填报。

（5）加工贸易料件转内销货物（以及按料件办理进口手续的转内销制成品、残次品、未完成品）填制进口报关单，填报《加工贸易手册》中进口料件的项号；加工贸易边角料、副产品内销，填报《加工贸易手册》中对应的进口料件的项号，如边角料或副产品对应一个以上料件的项号时，填报主要料件的项号。

（6）加工贸易成品凭《征免税证明》转为减免税货物进口的，应先办理进口报关手续。进口报关单填报《征免税证明》中的项号，出口报关单填报《加工贸易手册》原出口成品的项号，进口报关单、出口报关单货物数量应一致。

（7）加工贸易货物销毁，填报《加工贸易手册》中相应的进口料件的项号。

（8）加工贸易副产品退运出口、结转出口，填报《加工贸易手册》中新增成品的出口项号。

（9）经海关批准实行加工贸易联网监管的企业，按海关联网监管要求，企业需申报报关清单的，应在向海关申报进出口（包括形式进出口）报关单前，向海关申报清单。一份报关清单对应一份报关单，报关单上的商品由报关清单归并而得。加工贸易电子账册报关单中项号、品名、规格等栏目的填制规范比照《加工贸易手册》。

34. 商品编号

填报由 10 位数字组成的商品编号，前 8 位为《中华人民共和国进出口税则》和《中华人民共和国海关统计商品目录》确定的编码；第 9、10 位为监管附加编号。

35. 商品名称及规格型号

分两行填报。第一行填报进出口货物规范的中文商品名称，第二行填报规格型号。其具体填报要求如下：

（1）商品名称及规格型号应据实填报，并与进出口货物收发货人或受委托的报关企业所提交的合同、发票等相关单证相符。

（2）商品名称应当规范，规格型号应当足够详细，以能满足海关归类、审价及许可证件管理要求为准，可参照《中华人民共和国海关进出口商品规范申报目录》中对商品名称、规格型号的要求进行填报。

（3）已备案的加工贸易及保税货物，填报的内容必须与备案登记中同项号下货物的商品名称一致。

（4）对需要海关签发《货物进口证明书》的车辆，商品名称栏填报"车辆品牌＋排气量（注明 cc）＋车型（如越野车、小轿车等）"。进口汽车底盘不填报排气量。车辆品牌按照《进口机动车辆制造厂名称和车辆品牌中英文对照表》中"签注名称"一栏的要求填报。规格型号栏可填报"汽油型"等。

（5）由同一运输工具同时运抵同一口岸并且属于同一收货人、使用同一提单的多种进口货物，按照商品归类规则应当归入同一商品编号的，应当将有关商品一并归入该商品编号。商品名称填报一并归类后的商品名称，规格型号填报一并归类后的商品规格型号。

（6）加工贸易边角料和副产品内销、边角料复出口，填报其报验状态的名称和规格型号。

（7）进口货物收货人以一般贸易方式申报进口属于《需要详细列名申报的汽车零部件清单》（海关总署2006年第64号公告）范围内的汽车生产件的，按以下要求填报：

①商品名称填报进口汽车零部件的详细中文商品名称和品牌，中文商品名称与品牌之间用"/"相隔，必要时加注英文商业名称；进口的成套散件或者毛坯件应在品牌后加注"成套散件""毛坯"等字样，并与品牌之间用"/"相隔。

②规格型号填报汽车零部件的完整编号。在零部件编号前应当加注"S"字样，并与零部件编号之间用"/"相隔，零部件编号之后应当依次加注该零部件适用的汽车品牌和车型；汽车零部件属于可以适用于多种汽车车型的通用零部件的，零部件编号后应当加注"TY"字样，并用"/"与零部件编号相隔；与进口汽车零部件规格型号相关的其他需要申报的要素，或者海关规定的其他需要申报的要素，如"功率""排气量"等，应当在车型或"TY"之后填报，并用"/"与之相隔；汽车零部件报验状态是成套散件的，应当在标记唛码及备注栏内填报该成套散件装配后的最终完整品的零部件编号。

（8）进口货物收货人以一般贸易方式申报进口属于《需要详细列名申报的汽车零部件清单》（海关总署2006年第64号公告）范围内的汽车维修件的，填报规格型号时，应当在零部件编号前加注"W"，并与零部件编号之间用"/"相隔；进口维修件的品牌与该零部件适用的整车厂牌不一致的，应当在零部件编号前加注"WF"，并与零部件编号之间用"/"相隔。其余申报要求同上条执行。

（9）品牌类型。品牌类型为必填项目。可选择"无品牌"（代码0）、"境内自主品牌"（代码1）、"境内收购品牌"（代码2）、"境外品牌（贴牌生产）"（代码3）、"境外品牌（其他）"（代码4）如实填报。其中，"境内自主品牌"是指由境内企业自主开发、拥有自主知识产权的品牌；"境内收购品牌"是指境内企业收购的原境外品牌；"境外品牌（贴牌生产）"是指境内企业代工贴牌生产中使用的境外品牌；"境外品牌（其他）"是指除代工贴牌生产以外使用的境外品牌。上述品牌类型中，除"境外品牌（贴牌生产）"仅用于出口外，其他类型均可用于进口和出口。

（10）出口享惠情况。出口享惠情况为出口报关单必填项目。可选择"出口货物在最终目的国（地区）不享受优惠关税""出口货物在最终目的国（地区）享受优惠关税""出口货物不能确定在最终目的国（地区）享受优惠关税"如实填报。进口货物报关单不填报该申报项。

（11）申报进口已获 3C 认证的机动车辆时，填报以下信息：

①提运单日期。填报该项货物的提运单签发日期。

②质量保质期。填报机动车的质量保证期。

③发动机号或电机号。填报机动车的发动机号或电机号，应与机动车上打刻的发动机号或电机号相符。纯电动汽车、插电式混合动力汽车、燃料电池汽车为电机号，其他机动车为发动机号。

④车辆识别代码（VIN）。填报机动车车辆识别代码，须符合国家强制性标准《道路车辆识别代号（VIN）》（GB 16735）的要求。该项目一般与机动车的底盘（车架号）相同。

⑤发票所列数量。填报对应发票中所列进口机动车的数量。

⑥品名（中文名称）。填报机动车中文品名，按《进口机动车辆制造厂名称和车辆品牌中英文对照表》（原质检总局 2004 年第 52 号公告）的要求填报。

⑦品名（英文名称）。填报机动车英文品名，按《进口机动车辆制造厂名称和车辆品牌中英文对照表》（原质检总局 2004 年第 52 号公告）的要求填报。

⑧型号（英文）。填报机动车型号，与机动车产品标牌上整车型号一栏相符。

（12）进口货物收货人申报进口属于实施反倾销反补贴措施货物的，填报"原厂商中文名称""原厂商英文名称""反倾销税率""反补贴税率"和"是否符合价格承诺"等计税必要信息。

格式要求为："|< >< >< >< >< >。""|""<"和">"均为英文半角符号。第一个"|"为在规格型号栏目中已填报的最后一个申报要素后系统自动生成或人工录入的分割符（若相关商品税号无规范申报填报要求，则需要手工录入"|"），"|"后面 5 个"<>"的内容依次为"原厂商中文名称""原厂商英文名称（如无原厂商英文名称，可填报以原厂商所在国或地区文字标注的名称，具体可参照商务部实施贸易救济措施相关公告中对有关原厂商的外文名称写法）""反倾销税率""反补贴税率""是否符合价格承诺"。其中，"反倾销税率"和"反补贴税率"填写实际值，例如，税率为 30%，填写"0.3"。"是否符合价格承诺"填写"1"或者"0"，"1"代表"是"，"0"代表"否"。填报时，5 个"< >"不可缺项，如第 3、4、5 项"<>"中无申报事项，相应的"<>"中内容可以为空，但"< >"需要保留。

36. 数量及单位

分三行填报。

（1）第一行按进出口货物的法定第一计量单位填报数量及单位，法定计量单位以《中华人民共和国海关统计商品目录》中的计量单位为准。

（2）凡列明有法定第二计量单位的，在第二行按照法定第二计量单位填报数量及单位。无法定第二计量单位的，第二行为空。

（3）成交计量单位及数量填报在第三行。

（4）法定计量单位为"千克"的数量填报，特殊情况下填报要求如下：

①装入可重复使用的包装容器的货物，按货物扣除包装容器后的重量填报，如罐装同位素、罐装氧气及类似品等。

②使用不可分割包装材料和包装容器的货物，按货物的净重填报（包括内层直接包装的净重），如采用供零售包装的罐头、药品及类似品等。

③按照商业惯例以公量重计价的商品，按公量重填报，如未脱脂羊毛、羊毛条等。

④采用以毛重作为净重计价的货物，可按毛重填报，如粮食、饲料等大宗散装货物。

⑤采用零售包装的酒类、饮料、化妆品，按照液体／乳状／膏状／粉状部分的重量填报。

（5）成套设备、减免税货物如需分批进口，货物实际进口时，按照实际报验状态确定数量。

（6）具有完整品或制成品基本特征的不完整品、未制成品，根据《商品名称及编码协调制度》归类规则按完整品归类的，按照构成完整品的实际数量填报。

（7）已备案的加工贸易及保税货物，成交计量单位必须与《加工贸易手册》中同项号下货物的计量单位一致，加工贸易边角料和副产品内销、边角料复出口，填报其报验状态的计量单位。

（8）优惠贸易协定项下进出口商品的成交计量单位必须与原产地证书上对应商品的计量单位一致。

（9）法定计量单位为立方米的气体货物，折算成标准状况（零摄氏度及1个标准大气压）下的体积进行填报。

37. 单价

填报同一项号下进出口货物实际成交的商品单位价格。无实际成交价格的，填报单位货值。

38. 总价

填报同一项号下进出口货物实际成交的商品总价格。无实际成交价格的，填报货值。

39. 币制

按海关规定的《货币代码表》选择相应的货币名称及代码填报。如《货币代码表》中无实际成交币种，需将实际成交货币按申报日外汇折算率折算成《货币代码表》中列明的货币填报。

40. 原产国（地区）

原产国（地区）依据《中华人民共和国进出口货物原产地条例》《中华人民共和国海关关于执行〈非优惠原产地规则中实质性改变标准〉的规定》以及海关总署关于各项优惠贸易协定原产地管理规章规定的原产地确定标准填报。同一批进出口货物的原产地不同的，分别填报原产国（地区）。进出口货物原产国（地区）无法确定的，填报"国别不详"。

按海关规定的《国别（地区）代码表》选择填报相应的国家（地区）名称及代码。

41. 最终目的国（地区）

最终目的国（地区）填报已知的进出口货物的最终实际消费、使用或进一步加工制造国家（地区）。不经过第三国（地区）转运的直接运输货物，以运抵国（地区）为最终目的国（地区）；经过第三国（地区）转运的货物，以最后运往国（地区）为最终目的国（地区）。同一批进出口货物的最终目的国（地区）不同的，分别填报最终目的国（地区）。进出口货物不能确定最终目的国（地区）时，以尽可能预知的最后运往国（地区）为最终目的国（地区）。

按海关规定的《国别（地区）代码表》选择填报相应的国家（地区）名称及代码。

42. 境内目的地／境内货源地

境内目的地填报已知的进口货物在国内的消费、使用地或最终运抵地，其中最终运抵地为最终使用单位所在的地区。最终使用单位难以确定的，填报货物进口时预知的最终收货单位所在地。

境内货源地填报出口货物在国内的产地或原始发货地。出口货物产地难以确定的，填报最早发运该出口货物的单位所在地。

海关特殊监管区域、保税物流中心（B型）与境外之间的进出境货物，境内目的地／境内货源地填报本海关特殊监管区域、保税物流中心（B型）所对应的国内地区。

按海关规定的《国内地区代码表》选择填报相应的国内地区名称及代码。境内目的地还需根据《中华人民共和国行政区划代码表》选择填报其对应的县级行政区名称及代码。无下属区县级行政区的，可选择填报地市级行政区。

43. 征免

按照海关核发的《征免税证明》或其他有关政策规定，对报关单所列每项商品选择海关规定的《征减免税方式代码表》中相应的征减免税方式填报。

加工贸易货物报关单根据《加工贸易手册》中备案的征免规定填报；《加工贸易手册》中备案的征免规定为"保金"或"保函"的，填报"全免"。

44. 特殊关系确认

根据《中华人民共和国海关审定进出口货物完税价格办法》（简称《审价办法》）第十六条，填报确认进出口行为中买卖双方是否存在特殊关系，有下列情形之一的，应当认为买卖双方存在特殊关系，应填报"是"，反之则填报"否"。

（1）买卖双方为同一家族成员的；

（2）买卖双方互为商业上的高级职员或者董事的；

（3）一方直接或者间接地受另一方控制的；

（4）买卖双方都直接或者间接地受第三方控制的；

（5）买卖双方共同直接或者间接地控制第三方的；

（6）一方直接或者间接地拥有、控制或者持有对方 5% 以上（含 5%）公开发行的有表决权的股票或者股份的；

（7）一方是另一方的雇员、高级职员或者董事的；

（8）买卖双方是同一合伙的成员的。

买卖双方在经营上相互有联系，一方是另一方的独家代理、独家经销或者独家受让人，如果符合前款的规定，也应当视为存在特殊关系。

出口货物免予填报，加工贸易及保税监管货物（内销保税货物除外）免予填报。

45. 价格影响确认

根据《审价办法》第十七条，填报确认纳税义务人是否可以证明特殊关系未对进口货物的成交价格产生影响，纳税义务人能证明其成交价格与同时或者大约同时发生的下列任何一款价格相近的，应视为特殊关系未对成交价格产生影响，填报"否"，反之则填报"是"。

（1）向境内无特殊关系的买方出售的相同或者类似进口货物的成交价格；

（2）按照《审价办法》第二十三条的规定所确定的相同或者类似进口货物的完税价格；

（3）按照《审价办法》第二十五条的规定所确定的相同或者类似进口货物的完税价格。

出口货物免予填报，加工贸易及保税监管货物（内销保税货物除外）免予填报。

46. 支付特许权使用费确认

根据《审价办法》第十一条和第十三条，填报确认买方是否存在向卖方或者有关方直接或者间接支付与进口货物有关的特许权使用费，且未包括在进口货物的实付、应付价格中。

买方存在需向卖方或者有关方直接或者间接支付特许权使用费，且未包含在进口货物实付、应付价格中，并且符合《审价办法》第十三条的，在"支付特许权使用费确认"栏目填报"是"。

买方存在需向卖方或者有关方直接或者间接支付特许权使用费，且未包含在进口货物实付、应付价格中，但纳税义务人无法确认是否符合《审价办法》第十三条的，填报"是"。

买方存在需向卖方或者有关方直接或者间接支付特许权使用费且未包含在实付、应付价格中，纳税义务人根据《审价办法》第十三条，可以确认需支付的特许权使用费与进口货物无关的，填报"否"。

买方不存在向卖方或者有关方直接或者间接支付特许权使用费的，或者特许权使用费已经包含在进口货物实付、应付价格中的，填报"否"。

出口货物免予填报，加工贸易及保税监管货物（内销保税货物除外）免予填报。

47. 自报自缴

进出口企业、单位采用"自主申报、自行缴税"（自报自缴）模式向海关申报时，填报"是"，反之则填报"否"。

48. 申报单位

自理报关的，填报进出口企业的名称及编码；委托代理报关的，填报报关企业名称及编码。编码填报 18 位法人和其他组织统一社会信用代码。

报关人员填报在海关备案的姓名、编码、电话，并加盖申报单位印章。

49. 海关批注及签章

供海关作业时签注。

相关用语的含义：

报关单录入凭单是指申报单位按报关单的格式填写的凭单，用作报关单预录入的依据。该凭单的编号规则由申报单位自行决定。

预录入报关单是指预录入单位按照申报单位填写的报关单凭单录入、打印由申报单位向海关申报，海关尚未接受申报的报关单。

报关单证明联是指海关在核实货物实际进出境后按报关单格式提供的，用作进出口货物收发货人向国税、外汇管理部门办理退税和外汇核销手续的证明文件。

系统中申报时，尖括号"<>"、逗号","、连接符"-"、冒号":"等标点符号及数字，填报时都必须使用非中文状态下的半角字符。

二、检验检疫证书制单要点

我国海关出具的检验检疫证书统一了单证抬头名称，实现了检验检疫单证格式和印章的统一化；参照国际流行做法在单据最下方加注了免责条款，采取了手写签名形式，并按照责权一致的原则，一律由执行机构签发单证。出入境检验检疫证书由海关统一管理、统一印制、统一刻制印章，并对全过程实施监督管理。

不同检验机构出具的各类检验证书虽然要证明的内容不同，但证书的格式大致相似。这里以我国海关出具的出入境检验检疫品质证书内容为例，介绍检验检疫证书的填写要点。

1. 单据名称和编号（name of certificate and No.）

检验检疫证书的名称应该与合同或信用证要求保持一致，其编号应该为唯一的号码。尽管 ISBP745 对检验检疫单据名称要求较为宽泛，"当信用证要求分析、检验、健康、植物检疫、数量、质量和任何其他证明时，提交经过签署的单据证实所要求行为的结果，例如，分析、检验、健康、植物检疫、数量或质量的评估结果以满足其功能，并表明信用证规定的名称，或标明相似名称，或没有名称，即符合要求"。在制单时，尽量从严掌握，让单据名称与合同或信用证上列明的单据名称保持一致。

2. 发货人（consignor）

一般情形下，发货人为合同中的卖方或信用证中受益人公司的中英文名称。ISBP745允许证明显示信用证受益人或其他规定单据上所显示的托运人以外的实体为发货人或出口商。

3. 收货人（consignee）

收货人一般填写进口商公司的英文名称。ISBP745规定，当证明显示收货人信息时，其不应与运输单据中的收货人信息相矛盾。但是当信用证要求运输单据收货人出具"凭指示""凭托运人指示""凭开证行指示""凭指定银行（或议付行）指示"或"收货人：开证行"时，该证明可以显示收货人为信用证中受益人以外的任何一个具名实体。

4. 品名（description of goods）

品名填写信用证及发票中所表明的货物的名称，也可用与其他单据无矛盾的统称，用中英文一致的名称填报。

5. 报检数量/重量（quantity/weight declared）

按发票相同内容填制实际货物的数量或重量。散装货物可填写"IN BULK+数量"。

6. 包装种类及数量（number and type of packages）

包装种类及数量填写与商业发票和提单相应栏目一致的包装种类及数量。

7. 运输工具（name of conveyance）

该栏与提单或其他运输单据上载明的运输工具的名称保持一致。

8. 标记及号码（marks & No.）

如果有唛头，就如实填写。如果没有唛头，填写"N/M"。

9. 检验结果（results of inspection）

检验结果由海关负责检验检疫的部门在检验后批注。品质检验证书上的检验结果证明本批货物经检验后的实际品质。当检验检疫证书用于交单议付时，ISBP745规定，当信用证规定了关于分析、检验、健康、植物检疫、数量或质量的评估或类似方面的明确要求时，无论是否规定与其相符的单据，该证明或任何其他规定单据上提及的有关分析、检验、健康、植物检疫、数量或质量的评估或类似方面的数据不应与该要求矛盾。

10. 签证地点和日期（place of issue and date of issue）

签证地点填写签证机关所在城市，签证日期填写签发检验检疫证书的日期。签证日期一般不得晚于提单签发日。

11. 印章、授权签字人及签名（stamp, authorized officer and signature）

签证机关的印章，授权签字人的签字是证明单据效力的重要依据，由签证机关工作人员签字并盖章。

第九章 装运通知及其他证明

在国际贸易中，出口商除了需要提交商业发票、提单等基础单据外，还需要按照进口商的要求，向进口商或进口商指定的当事人提交一些辅助单据，以帮助进口商取得进口许可、完成清关手续或投保等事宜。实务中，常见的辅助单据包括三大类：装运通知、受益人证明和船公司证明。其中装运通知和受益人证明由出口商自行缮制，船公司证明一般可以由出口商要求船公司出具。但如果进口商在合同或信用证中有具体的表述要求，出口商往往需要自己按照进口商的要求先缮制好，再由船公司签发，从而确保该证明能符合交单要求。因此，出口企业单证员应当学会缮制这些辅助单据。

第一节 装运通知及其他证明基础知识

一、装运通知

1. 装运通知的定义及作用

装运通知（shipping advice/shipment advice）又叫装船通知，是出口商在货物装船后向进口商或进口商指定方发出的有关货物已装船详细信息的通知。于进口商而言，要求出口商发出装运通知一方面可以起到督促出口商及时交货，并及时掌握货物运输情况的作用；另一方面，装运通知也有利于进口商做好准备，及时办理进口报关手续。此外，在 FOB、CFR 等成交条件下，装运通知是进口商办理保险的重要依据之一。有些合同明确规定，如果出口商在货物装船后未能及时向进口商发出装运通知导致进口商未能及时投保而造成的损失，由出口商负责赔偿。于出口商而言，当合同或信用证中要求出口商出具装运通知时，装运通知将构成出口商交单议付或托收时随附单据的一部分。由此可见及时发出装运通知的重要性。

2. 装运通知的内容

装运通知的内容主要包括但不限于仅通知货物已经装船及相关的运输信息。在缮制装运通知时，制单人需要仔细审读合同和信用证中关于装运通知的具体要求，并根据这些要求缮制装运通知。一般情况下，装运通知主要包括以下内容（如装运通知样单所示）：

（1）出单人；

（2）单据名称；

（3）抬头；

（4）出单时间；

（5）参照号码；

（6）证明货物已经装船的文句；

（7）货物信息如货物名称、包装件数及毛重；

（8）船只名称、航次；

（9）提单号码及装运日；

（10）装运港及目的港；

（11）预计出发时间和预计到港时间；

装运通知样单

(1) SHANGHAI MEIPEI IMPORT & EXPORT CORPORATION

ROOM 258, NO. 200, HUANGPU ROAD, SHANGHAI, CHINA

TEL:8621-63938138 FAX:8621-63987255

(2) SHIPPING ADVICE

(4) DATE: JAN. 15, 2018

(3) TO WHOM IT MAY CONCERN

(5) REF: S/C CONTRACT NO.: MP20170505

S/C DATE: MAY 5, 2017

(6) WE HEREBY INFORM YOU THAT THE GOODS UNDER THE ABOVE MENTIONED CONTRACT HAVE BEEN SHIPPED. THE DETAILS OF THE SHIPMENT ARE AS FOLLOWS:

(7) NAME OF COMMODITY: ABRASIVE CLOTH ROLLS

NUMBER OF ROLLS: 1,200 ROLLS

TOTAL GROSS WEIGHT: 6,099 KGS

(8) VESSEL AND VOYAGE NO.: CHANGMAO V.982546

(9) B/L NO.: MSK6214303209

ON BOARD DATE: JAN. 15, 2018

(10) PORT OF LOADING: SHANGHAI

PORT OR DISCHARGE: CHITTAGONG

(11) ETD: JAN. 16, 2018

ETA: FEB. 9, 2018

SHANGHAI MEIPEI IMPORT & EXPORT CORPORATION

XINGWEI CAO

二、受益人证明

受益人证明（beneficiary's certificate）是由受益人自己出具的，证明自己履行了合同或信用证规定的任务，或按照合同或信用证规定行事的证明书。常见的受益人证明有：寄单证明、寄样证明、包装证明、非木质包装证明、产地证明、交货质量证明等。

受益人证明的内容各不相同，但整体看来，一般由如下 5 个方面内容构成。

1. 出单人

受益人证明的出单人为受益人，一般为出口商。

2. 单据名称

除合同或信用证有更为具体的单据名称之外，一般都用统称"BENEFICIARY'S CERTIFICATE"或"CERTIFICATE"。ISBP745 规定，当信用证要求提交受益人证明时，无论单据标明信用证规定的名称，或标明反映所要求证明类型的名称，或没有名称，提交经签署的单据只要包含信用证所要求的数据和证明文句以满足其功能，即为符合要求的单据。这说明银行审单时，对受益人证明这一类单据的名称要求较为宽泛，但是，在实务中，制单应该严谨，单据的名称应当与合同或信用证要求保持一致。

3. 出单时间

受益人缮制受益人证明的时间。

4. 证明内容

证明内容与合同或信用证中的具体要求保持一致。ISBP745规定，当信用证要求提交受益人证明时，提交经签署的单据只要包含信用证所要求的数据和证明文句以满足其功能，即为符合要求的单据。这表明在信用证项下，受益人的证明文句是银行审单的重点，必须做到符合信用证要求。

5. 签署

不同于装箱单或商业发票，这两种单据在合同和信用证没有要求时可以不用签署，受益人证明必须签署。ISBP745明确规定，受益人证明应当由受益人或受益人代表签署。

三、船公司证明

船公司证明是进口商要求出口商提供的，由船公司或其代理人出具的，用以证明船龄、船籍、船级、航程、集装箱装运、运费、货装舱底等内容的证明文件。进口商要求这类证明文件是为了满足进口国政府规定，或了解货物的运输情况，或满足为货物投保的基本要求。

例如，由于许多保险公司不愿意承保载于船龄超过15年的超龄船舶上的货物，为了能为运输货物投保或取得较为优惠的投保费率，进口商要求出具15年以下船龄的证明。以下为船龄证明样单：

船龄证明样单

CERTIFICATE

10TH JULY, 2018

TO WHOM IT MAY CONCERN,

WE HEREBY CERTIFY THAT THE CARRYING VESSEL XIN PUTONG VOYAGE NO. XPT0523 IS LESS THAN 15 YEARS.

B/L NO.: SPU5241638

COSCO SHIPPING LOGISTICS CO., LTD.
M. CRYLLIE

　　有时，买方出于政治或者宗教方面的原因，会对运输船舶的国籍予以限制，要求出口商不装某些国家的船舶或要求所使用船舶未被列入某些国家所禁止的黑名单。例如，阿拉伯国家开来的信用证常常要求提供船公司证明，表明所使用船舶非以色列国籍，或未被列入阿拉伯国家所禁止的黑名单之列。或当某些国家政局动荡，或可能爆发战争时，买方出于安全考虑，为避开航行途中货船被扣的风险，对运输船舶的航行路线、停靠港口予以限制，要求运输船舶不经过这些国家或不停靠某些港口。以下为非黑名单证明样单：

CERTIFICATE

10TH JULY, 2018

TO WHOM IT MAY CONCERN,

WE HEREBY CERTIFY THAT THE CARRYING VESSEL XIN PUTONG VOYAGE NO. XPT0523 IS NOT A BLACKLISTED SHIP NOR OF ISRAELI NATIONALITY AND SHE IS NOT SCHEDULED TO CALL AT ANY ISRAELI PORTS.

B/L NO.: SPU5241638

COSCO SHIPPING LOGISTICS CO., LTD.
N. CRYLLIE

　　在近洋运输业务中，由于航线较短，比如中国和日本之间，可能出现运输船只先到目的港而单据仍未递送至进口商的情况。为解决这个问题，有的进口商要求出口商将某些单据如商业发票、装箱单、检验证书等交由船长随船带交给收货人。这样，出口商议付时须提交船长收据作为证明已经委托随船转交单证的凭证。以下为船长收据样单：

船长收据样单

MASTER'S RECEIPT

15th DEC., 2018

TO WHOM IT MAY CONCERN,

THIS IS TO CERTIFY THAT WE HAVE RECEIVED THE FOLLOWING DOCUMENTS FROM HONGDOU INTERNATIONAL CO., LTD. TO TRANSMIT TO THE CONSIGNEE SUZUKI COMPANY.

　　1. 2 COPIES OF INVOICES

　　2. 2 COPIES OF WEIGHT MEMO

　　3. 1 COPY OF CERTIFICATE OF ORIGIN

N. CRYLLIE AS MASTER

以上样单表明，证明内容主要包括：

1. 出单人

船公司证明的出单人为船公司或船长。ISBP745规定，证明应当由信用证规定的实体出具。当信用证使用了"独立的""正式的""合格的"或类似词语描述证明出具人时，该证明可以由除受益人以外的任何实体出具。

2. 单据名称

单据名称与合同或信用证要求保持一致。缮制时，可以直接按照合同或信用证中提及的单据名称填写。

3. 出单日期

出单日期即出单人缮制单据的日期。在信用证项下，该单据不晚于交单议付日期即可。ISBP745解释称，证明书或证明、声明书或声明是否需要注明日期取决于所要求的证明书或证明、声明书或声明的类型、所要求的措辞和单据上所显示的措辞。例如，当信用证要求提供由承运人或其代理人出具的证明书以证实船龄不超过15年时，为表明相符，该证明书可以注明船舶建造日期或年份，该日期或年份不早于装运日期或装运所发生年份之前15年，此时没有必要显示出具日期；或者使用信用证规定的措辞，此时要求显示出具日期，以证实证明书出具之日船龄不超过15年。尽管如此，习惯上，船公司出具的证明一般都有出单日期，这样是符合国际惯例的。

4. 抬头

除非信用证另有详细规定，此类证明文件抬头一般都采用笼统的称呼"TO WHOM IT MAY CONCERN"，即致有关负责人。

5. 证明内容

单据的证明内容来自合同或信用证条款。无论内容怎样变化，基本句式中都必须含有"certify"字样，常见句式为"This is to certify that /We hereby certify that…"。

6. 签署

ISBP745明确规定，信用证项下提交的证明书、证明、声明书或声明应当签署。因此，此类证明文句必须由出单人签署。

 # 第二节　装运通知及其他证明制单要点

一、装运通知制单要点

装运通知的缮制依据为合同或信用证。当合同或信用证中有要求时，按照合同或信用证条款缮制。总体而言，装运通知制单要点如下：

1. 出单人

出单人指出口商或信用证项下的受益人。出口企业一般将公司名称、地址及联系方式按照公司固定格式置于单据正上方，以醒目的形式显示自己为出单人。

2. 单据名称

装运通知的单据名称一般为"SHIPPING ADVICE或SHIPMENT ADVICE"。如果信用证有其他的不同名称，如"SHIPPING STATEMENT/DECLARATION"，出口商缮制时应该在单据上标注信用证规定的单据名称。

3. 抬头

抬头指的是装运通知的被通知方。常见的被通知方包括进口商或开证申请人、保险公司、合同或信用证中指定的其他当事人。如果进口商或出口商与保险公司签订了预约保单，保险公司一般在收到装运通知之后及时将预约保单转为正式保单。这是合同或信用证中要求装运通知将保险公司列为被通知方的原因之一。

4. 出单时间

装运通知的出单时间一般与装运日相同或在装运日后一天或两天。信用证项下，不得晚于信用证的最迟交单期。为促进双方贸易关系，建议出口商从船方获得装船信息后立即发出装运通知，以便于对方及时为清关投保等事宜做好准备。

5. 参照号码

常见的参照号码包括合同号码、信用证号码、买方订单号码、形式发票号码、商业发票号码、预约保单编号等。制单人根据合同或信用证要求、具体的交易情形以及买卖双方的合作习惯缮制参照号码。

6. 表明货物已经装船的文句

装运通知的一个重要目的是告知对方货物已经装船。英文表述中，不可简单地生搬硬套合同或信用证表述，在时态和人称等方面需要做出调整，正确表达货物已经装船的意思。常见的表述方式有：

(1) THIS IS TO INFORM YOU THAT THE GOODS UNDER S/C NO. ××× DATED ××× HAVE BEEN SHIPPED.

(2) WE HEREBY INFORM YOU THAT 300 CARTONS OF MEN'S SPORTS SHOES HAVE BEEN SHIPPED ON VESSEL VICTORY ON OCT.15, 2018.

(3) PLEASE BE INFORMED/ADVISED THAT THE GOODS UNDER THE ABOVE MENTIONED COMMERCIAL INVOICE NO.××× DATED ××× HAVE BEEN SHIPPED ON BOARD VESSEL ×××.

7. 货物信息（如货物名称、包装件数及毛重）

装运通知里列明货物名称、包装件数、毛重、净重及体积这些有关货物的基本信息，有利于买方办理清关及投保相关事宜，并做好接货准备。

8. 船只名称、航次

如实填写从运输公司获悉的装载货物的船只的名称及航次。

9. 提单号码及装运日

如实填写提单号码及装运日。大多数运输公司都提供按照提单号码查询货物运输情况的服务。进口商可以通过提单号码掌握承运船只的航程及船期信息，为其报关和接货提供了便利。

10. 装运港及目的港

填写实际的装运港和目的港，确保与合同或信用证上规定的装运港和目的港一致。

11. 预计出发时间和预计到港时间

预计出发时间和预计到港时间仅供进口商或相关当事人参考。如前所述，目前大多数运输公司都提供在线查询服务，可以通过提单号码或集装箱号码查询到船期，在线查询的信息会比这些预估的信息更为准确。

12. 唛头

填写外包装上印刷的唛头，与其他单据、合同或信用证上的要求保持一致。

13. 集装箱箱号、封号、数量等

如果采用集装箱运输，列明集装箱的箱号、封号、尺码以及数量等信息。进口商也可以通过集装箱的箱号在线查询运载货物的船只的航程和船期等信息。

二、受益人证明制单要点

1. 出单人

受益人证明的出单人常见显示方法有两种：一种是出口企业以公司固定的信笺头格式把公司的名称、地址、联系方式等信息，以醒目的方式居中置于页面正上方；另一种是以右下方公司签署的方式显示。无论采用哪种方式，都必须能从单据表面确定受益人证明是由合同中的卖方出具或信用证中的受益人出具。

2. 单据名称

合同或信用证有其他更为具体的单据名称时，按该名称制单。一般情况下都用统称"BENEFICIARY'S CERTIFICATE"或"CERTIFICATE"。

3. 出单时间

注意在信用证项下，如果受益人证明也属于交单议付的单据之一，则受益人须注意单据的出单时间不得晚于信用证规定的交单议付时间，否则会造成提交的单据种类和数量与信用证要求不符，银行会拒付。

4. 证明内容

证明内容参考合同或信用证中的关于受益人证明的要求。只要单据能包含信用证所要求的数据和证明文句以满足其功能，即为符合要求的单据。在表达上，必须有"to certify"字样，才能满足证明文句要求。常见表述为"THIS IS TO CERTIFY THAT..."或"WE HEREBY CERTIFY THAT..."。

5. 签署

受益人证明由受益人或受益人代表签署。一般做法为注明出口商公司全称，再由经办人签章。我国企业大多数会盖公司的条形章。

受益人寄单样单

HONGDOU INTERNATIONAL CO., LTD.
NO. 35 JIANGNING ROAD, SHANGHAI, CHINA

BENEFICIARY'S CERTIFICATE

DATE: 25 OCT., 2018

INVOICE NO.: HD20180825

TO WHOM IT MAY CONCERN,

REF: L/C NO. MSK9678512

WE HEREBY CERTIFY THAT ONE COPY OF INVOICE, PACKING LIST, AND ONE ORIGINAL CERTIFICATE ORIGIN HAVE BEEN SENT DIRECTLY BY REGISTERED AIRMAIL IMMEDIATELY AFTER SHIPMENT TO THE APPLICANT ABC COMPANY LIMITED.

HONGDOU INTERNATIONAL CO., LTD.

WEIDONG WANG

受益人寄样证明样单

HONGDOU INTERNATIONAL CO., LTD.
NO. 35 JIANGNING ROAD, SHANGHAI, CHINA

CERTIFICATE

DATE: 10 NOV., 2018

L/C NO.: CIT8752464

TO WHOM IT MAY CONCERN,

THIS IS TO CERTIFY THAT SHIPMENT SAMPLES HAVE BEEN SENT DIRECTLY BY DHL SERVICES BEFORE SHIPMENT TO THE APPLICANT ABC COMPANY LIMITED.

HONGDOU INTERNATIONAL CO., LTD.

WEIDONG WANG

非木质包装证明样单

CERTIFICATE

DATE: 10 JAN., 2018

L/C NO.: PST8714500

TO WHOM IT MAY CONCERN,

THIS IS TO CERTIFY THAT NO SOLID WOOD MATERIAL IS USED IN THE PACKING OF THE GOODS UNDER THE ABOVE MENTIONED L/C.

HONGDOU INTERNATIONAL CO., LTD.

WEIDONG WANG

第十章　国际结算票据

第一节　国际结算票据基础知识

国际结算票据是以支付金钱为目的的特种单证，是由出票人签名、约定由自己或另一人无条件支付金额的、可流通转让的票据。国际结算票据可分为汇票、本票和支票三种，凡约定由出票人本人付款的称为本票，约定由另一人付款的则称为汇票或支票。在国际贸易结算中，主要使用汇票，有时也使用本票和支票。

一、汇票

1. 定义

根据《英国票据法》的定义，汇票（bill of exchange），简称draft或bill，是由一人签发给另一人的、无条件的书面命令，要求受票人见票时或于未来某一规定的或可以确定的时间，将一定金额的款项支付给某一特定的人或其指定人或持票人。

根据《中华人民共和国票据法》，汇票是出票人签发的，要求付款人在见票时或者在指定日期无条件支付确定的金额给收款人或者持票人的票据。

2. 汇票的当事人

汇票有三个基本当事人，即出票人、付款人和收款人。

出票人（drawer）签发汇票并将汇票交给付款人，是汇票的债务人。出票人在承兑前是主债务人，承兑后是从债务人，他对汇票付款承担的责任是保证汇票凭正式提示，即按其文义被承兑和付款，并保证如果汇票遇到退票，他将偿付票款给持票人或被迫付款的任何背书人。进出口业务中出票人一般是出口方，也可以是银行。

付款人（payer）也是受票人（drawee），是出票人在汇票中指定的、在收到汇票提示时进行付款的当事人。付款人一般是进口方或其指定银行。因其未在汇票上签名，故不是汇票债务人，不承担汇票一定的付款责任。如果付款人在汇票上签名承兑，则成为汇票的主债务人，必须承担汇票的到期付款责任。因此，付款人承兑前，出票人为汇票的主债务人；付款人承兑后，付款人成为汇票的主债务人，出票人则降为汇票的从债务人。

收款人（payee）是从出票人手中获得汇票的当事人，也是基本当事人中唯一的债权人。收款人的权利包括付款请求权、转让权和追索权。汇票的收款人可以是记名的特定的人或其指定人，也可以是无记名的任一持票人，一般是出口方或其指定银行。

汇票属于资金票据，可以像货币一样流通或者转让，起到支付和融资的功能，在国际贸易结算中具有举足轻重的作用。作为一种重要的要式证券，汇票只有具备法定的形式要件、载明法定事项才具有法律效力。

3. 汇票的内容

不同国家票据法对汇票上必须记载的相关法定事项不尽相同，主要内容包括：

1）票据名称（word of exchange）。

我国《票据法》和《日内瓦统一法》规定汇票上必须表明"汇票"字样；而《英国票据法》无此要求，但结算汇票大都有"汇票"字样。

2）无条件的支付命令（unconditional order to pay）。

无条件的支付命令是指汇票上必须载有无条件支付委托的文句。

3）确定的金额（the sum certain in money）。

汇票的支付金额必须确定，即按照票据文义，不会发生歧义。如有利息条款，须明确利率和计息天数。汇票的金额同时以文字和数字表示的，两者应一致。如果有两者不一致的情况，按照《英国票据法》和《日内瓦统一法》的规定，应以文字表达为准。但我国《票据法》规定："票据金额以中文大写和数字同时记载的，两者必须一致。两者不一致的，票据无效。"

4）付款人名称（payer/drawee）。

各国票据法都要求汇票载明付款人的姓名或商号。付款人的名称和地址应表达清楚，以便持票人提示承兑或提示付款。

5）收款人名称（payee）。

根据《英国票据法》，汇票可以指定收款人，也可以不指定收款人，而仅写付给持票人。我国《票据法》和《日内瓦统一法》规定，汇票必须记载收款人名称。我国《票据法》还规定，未记载收款人名称的汇票无效。汇票的收款人，俗称"抬头"，具体写法有三种：

（1）限制性抬头。如"仅付给A公司（pay to Company A only）"或"付给A公司，不准转让（pay to Company A, not transferable）"，该类汇票不能转让。

（2）指示式抬头。如"付给A公司或其指定人（pay to Company A or order; pay to the order of Company A）"，该类汇票可以背书转让。

（3）来人抬头。根据《英国票据法》，汇票可以为来人抬头，如"付给持票人（pay to holder）"或"付给来人（pay to bearer）"。该类汇票仅凭交付转让，无须背书。由于不记名汇票仅凭交付转让，持票人无须背书，汇票上既没有转让人的签章，也没有受让人的名称，安全性存在隐患。为保护持票人的票据权利，我国《票据法》规定，汇票的转让必须经过记名背书，以便于认定汇票的转让关系。背书人在汇票上签字，意味着背书人须对持票人承兑票据责任，以增强票据的信用度，保护持票人的权利。

6）出票日期（date of issue）。

我国《票据法》和《日内瓦统一法》规定，汇票应当记载出票日期，否则汇票无效。《英国票据法》则认为出票日期不是汇票必须记载的事项。如果汇票未填写出票日期，持票人可以将自己认为正确的日期填入。

汇票记载出票日期的作用有三个：①决定票据的有效期。按照票据法的一般规则，票据均有一定的有效期，持票人必须在有效期内向付款人提示要求付款或承兑。我国《票据法》规定，即期汇票的有效期为自出票日起的一个月。②决定付款到期日。以汇票出票日期推算付款到期日的远期汇票，必须明示出票日期。③判定出票人的行为能力。如出票人在出票时已经宣告破产、清理，则可判定出票人在出票时已经丧失行为能力，该汇票应认定为无效。

7）出票地点（place of issue）和付款地点（place of payment）。

按照国际惯例，汇票适用的法律通常为行为地法律。我国《票据法》并未将出票地点和付款地点列为必要项目，但也有明确规定：汇票上记载的出票地点、付款地点等事项应当清楚、明确。未记载出票地点的，以出票人的营业场所、住所或经常居住地为出票地；未记载付款地点的，以付款人的营业场所、住所或者经常居住地为付款地点。《日内瓦统一法》则明确规定，汇票应当记载出票地点和付款地点。

8）付款到期日。

汇票的付款到期日就是汇票所载金额的支付日期。我国《票据法》规定，汇票上记载付款日期应当清楚、明确，未记载付款日期的应视为见票即付。这与《日内瓦统一法》规定基本一致，与《英国票据法》规定略有出入。根据《英国票据法》，到期日不是汇票的必备项目，未载明到期日的汇票应视为见票即付。

各国票据法对计算到期日方法的规定大致相同：①算尾不算头。例如，当汇票见票日为3月1日，付款期限为见票后30天，则从3月2日起算30天，到期日为3月31日。②以月为单位计算付款期限的，这里的"月"为日历月，指日历上的月份，不考虑每个月的具体天数，一律以相应月份的同一天为到期日。若当月无对应日，则以该月的最后一天代替。例如，当见票日为1月31日，见票后1个月付款，到期日则为2月28日。③节假日顺延。若到期日当天为所在国家银行节假日，则付款期限顺延至下一个银行工作日。

9）出票人签章（drawer）。

各国票据法都规定，汇票必须要有出票人签名才能生效。这是汇票必须记载的事项之一。

除以上项目外，汇票还可以有一些票据法允许记载的其他内容，例如，出票条款、汇票编号、禁止转让、付一不付二、利息和利率等。

4. 汇票的种类

按照不同的分类依据，汇票可以分为以下四类：

1）光票与跟单汇票。

按照是否随附货运单据，汇票可以分为光票（clean draft）和跟单汇票（documentary draft）。光票是指不附带货运单据的汇票。光票的出票人和付款人既可以是工商企业或个人，也可以是银行。光票的流通依赖于出票人、付款人或转让人信用。其风险较大，在国际贸易中，一般仅限于贸易从属费用、尾款、佣金的收付。

跟单汇票是指附有货运单据的汇票。跟单汇票的付款以交付单据（主要指象征着货权凭证的提单、发票及保险单等单据）为条件。国际贸易中，跟单汇票体现了钱款与单据对流的原则，为进出口双方提供了一定的安全保障，是被采用较多的贸易结算工具。

2）银行汇票与商业汇票。

按照出票人的不同，汇票可以分为银行汇票（banker's draft）和商业汇票（commercial draft）。银行汇票是指由银行签发的汇票，其付款人也是银行，常用于汇付业务。商业汇票是指由企业或个人签发的汇票，付款人既可以是银行也可以是企业或个人，广泛用于各类国内外贸易中。

3）即期汇票与远期汇票。

按照付款时间不同，汇票可以分为即期汇票（sight draft/demand draft）和远期汇票（time draft/usance draft）。凡采用见票即付形式记载付款日期的汇票称为即期汇票。凡采用定日付款，或于未来某一可以确定的日期记载付款日期的汇票即为远期汇票。即期汇票的持票人向付款人提示，付款人应见票即付；远期汇票的收款人一般需先向付款人提示承兑，付款人在见票后按照汇票指定的日期付款。显而易见，对出口商而言，即期汇票较远期汇票更有利。

4）商业承兑汇票和银行承兑汇票。

按照承兑人的不同，远期商业汇票可以进一步分为商业承兑汇票（commercial acceptance draft）和银行承兑汇票（banker's acceptance draft）。商业承兑汇票是由工商企业或个人承兑的远期汇票。银行承兑汇票是由银行承兑的远期汇票。商业承兑汇票以商业信用为基础，银行承兑汇票以银行信用为基础，后者信用等级较前者高，因而在金融市场上更受欢迎。

5. 汇票的票据行为

票据行为是指在票据的流通过程中，依票据上规定的权利和义务所确立的法律行为。汇票的票据行为包括出票、提示、承兑、付款、背书、拒付、追索等。其中，出票为主要票据行为，其他票据行为都以出票所设立的票据为基础，统称为从票据行为。

1）出票（drawal）。

出票，即汇票的签发，是指出票人写出汇票经签字后交付给收款人的票据行为。出票行为由两个动作组成：①由出票人写成汇票并在汇票上签字；②由出票人将汇票交付给收款人。出票是设立债权债务关系的行为，只有经过交付，汇票才能生效。出票人签发汇票后，即承担保证该汇票必然会被承兑和（或）付款的责任。在汇票得不到承兑和（或）付款时，出票人应当向持票人清偿被拒付的汇票金额和自到期日或提示付款日起至清偿日止的利息，以及取得拒绝证书和发出拒付通知等的费用。

2）提示（presentation）。

收款人或持票人将汇票提交付款人要求其付款或承兑的行为，叫作提示。付款人看到汇票，即为见票。根据汇票的付款期限，提示可以分为两种：①提示承兑（presentation for acceptance），是指远期汇票的持票人向付款人出示汇票，要求付款人承诺到期付款的行为。②提示付款（presentation for payment），是指汇票的持票人向付款人或承兑人出示汇票要求付款的行为。

3）承兑（acceptance）。

承兑是指汇票付款人承诺在汇票到期日支付汇票金额的票据行为，承兑也由两个动作组成：①付款人在汇票正面写上"已承兑（accepted）"字样，注明承兑的日期，并由承兑人签名；②将已经写成的汇票交还收款人或其他持票人。付款人承兑汇票后，即承担到期付款的责任。承兑人则成为主债务人，出票人成为从债务人。

4）付款（payment）。

付款是指付款人向持票人按汇票金额支付票款的行为。付款人的责任有两个：①正当付款。首先，付款必须是在到期日付款。其次，付款人必须鉴定背书是否连续。对经过多次背书转让的远期汇票，只有连续背书才能证明持票人获得票据权利的合法性。再者，付款必须出于善意，即付款人不知道持票人的票据权利有缺陷。实务中如无反证，均可视作善意。②必须支付金钱。票据权利是一种金钱权，所以付款人必须支付金钱而不能用其他物品代替。支付的货币应与汇票所载的币种一致。如果载明的是外国货币，付款人一般有权按当地金融管制法令折成本国货币支付。

付款人足额付款后，汇票上的一切债权债务关系即告结束，汇票也因此而注销。

5）背书（endorsement）。

汇票可通过背书或仅凭交付进行转让。所谓背书，指收款人或持票人在汇票的背面或粘单上记载有关事项并签章的行为。即使不加文字说明，而仅在汇票的背面签字，也视为背书。背书也包括两个动作，即持票人在汇票背面签名或再加上受让人的名称，并交付给受让人。汇票经背书后，收款的权利就转让给了受让人。

主要的背书方式有：

（1）空白背书（endorsement in blank），又称无记名背书或不记名背书。空白背书的背书人只需在票据背面签字即可进行交付转让，而不记载被背书人名称。空白背书的汇票可以自由流通，无须再背书转让。这样的汇票便成为来人抬头汇票，持有人即为汇票的所有人，汇票仅凭交付就可以转让流通。我国《票据法》规定：汇票以背书转让或以背书将一定的汇票权利授予他人时，必须记载被背书人名称。出于安全考虑，我国法律不允许持票人采用空白背书的方式转让票据权利。

（2）限制性背书（restrictive endorsement），即不可转让背书，是指背书人对支付给被背书人的指示带有限制性的词语。如仅付A公司（pay to Company A only）；付给A公司，不可转让（pay to Company A, not transferable）；付给A银行，不可流通（pay to Bank A, not negotiable）。按照《英国票据法》，凡做成限制性背书的汇票，只能由指定的被背书人凭票取款，而不能把汇票再行转让或流通。我国《票据法》和《日内瓦统一法》均规定背书人在汇票上记载了"不得转让"字样后，其后手再背书转让的，原背书人对后手的背书人不承担保证责任。

（3）记名背书（special endorsement），又称正式背书、特别背书或完全背书。记名背书时，背书人须记载被背书人并签章。如付给A公司或其指定人（pay to the order of Company A），被背书人A公司或其指定人即为该汇票的所有人。如有需要，被背书人还可以再次背书继续转让下去。

6）拒付（dishonour）。

拒付又称退票，包括：①拒绝承兑（dishonour by non-acceptance）。持票人向付款人作提示承兑时，被拒绝或未能获得承兑。②拒绝付款（dishonour by non-payment）。无须承兑或已承兑的汇票在持票人向付款人作提示付款时，遭到拒绝而未获得付款。

7）追索（recourse）。

追索是指汇票被拒付后，持票人要求其前手背书人、出票人、承兑人清偿汇票金额及有关费用的行为。追索金额为票据金额加利息和取得拒绝证书等费用。持票人的这种权利被称为"追索权"。追索权的行使应在法定时间内进行，逾期追索无效。持票人可以凭拒付证书向其前手进行追索。拒付证书是指由付款地的法定公证人或其他有权出具证明书的机构，如法院、银行等，证明拒付事实的文件。

8）贴现（discount）。

贴现是针对远期汇票而言，它是指在远期汇票进行承兑后，由银行、金融公司或贴现公司从票面金额中扣减掉按一定贴现率计算的贴现利息后，在汇票未到期之前提前将票面金额付给持票人的做法。贴现利率的高低常与贴现的天数、票面的金额、承兑银行以及负责贴现的银行或金融公司有关。一般而言，票面金额越大，贴现天数越多，承兑银行的资信状况越良好，贴现的利率越低。

例如：A出口公司向中国银行贴现一张票面金额为500 000美元的远期汇票，贴现日至到期日为90天，年贴现率为3.5%，A公司贴现后实际所得金额为：

汇票票面金额-贴现利息

=汇票票面金额-汇票票面金额×贴现利率×贴现期限÷365

=500000－500000×3.5%×90÷365

=500000－4315

=495685美元

A公司贴现后实际金额为495 685美元，4 315美元是支付给贴现银行的贴现利息。尽管A公司实际票款低于票面金额，但是它提前获得了现金，可以解决资金周转的问题。对进口商而言，也是一样，它可以在远期票据到期日才支付这笔货款，有利于公司的资金周转。票据到期时，贴现银行凭票向付款人兑取票面金额，如遭拒付，贴现银行有权向背书人追索。

二、本票

1. 本票的定义

根据《英国票据法》的规定，本票（promissory note）是一个人向另一个人签发的，保证于见票时或定期或在可以确定的将来时间，对某人或其指定人或持票人支付一定金额的无条件的书面承诺。

根据《中华人民共和国票据法》第七十三条，本票是出票人签发的，承诺自己在见票时无条件支付确定的金额给收款人或持票人的票据。

2. 本票的内容

根据《日内瓦统一法》的规定，本票应具备以下内容：①标明"本票"字样；②无条件支付承诺；③一定金额；④付款期限；⑤收款人是其指定人；⑥付款地点；⑦出票日期和地点；⑧出票人签字。

根据《中华人民共和国票据法》规定，本票必须记载以下内容：①表明"本票"字样；②无条件支付承诺；③确定的金额；④出票日期；⑤收款人名称；⑥出票人签章。本票上未记载前款规定事项之一的，本票无效。

3. 本票的当事人

一般情况下，本票的当事人只涉及两方，即出票人和收款人。然而，本票也可以由两个或更多的出票人一起签发，各出票人对本票共同负责，如记载我们承诺支付（we promise to pay）；也可以分别负责，如记载我们共同和分别承诺支付（we jointly and separately promise to pay），或者我承诺支付（I promise to pay），然后由各出票人自行签名。这些情形下，本票的出票人就不止一人，而是多人。

4. 本票的种类

按照出票人划分，本票可以分为商业本票（general promissory note）和银行本票（banker's promissory note; cashier's order）。商业本票的出票人为企业或个人，银行本票的出票人为银行。按照票期划分，本票有即期和远期之分。即期本票项下见票即付，远期本票是承诺在未来某一规定的或可以确定的日期支付票款的本票。商业本票有即期本票和远期本票，而银行本票只有即期一种。在我国，本票只能由银行签发，企业和个人不能签发本票。

三、支票

1. 支票的定义

根据《英国票据法》的规定，支票（check）是以银行为付款人的即期汇票，即存款人对银行开立的无条件支付一定金额的委托或命令。出票人在支票上签发一定的金额，要求受票的银行于见票时立即支付一定金额给特定人或持票人。

根据《中华人民共和国票据法》规定，支票是出票人签发，委托办理支票存款业务的银行或者其他金融机构在见票时无条件支付确定金额给收款人或持票人的票据。

2. 支票的内容

根据《日内瓦统一法》规定，支票应具备以下内容：①表明"支票"字样；②无条件支付一定金额的命令；③付款人名称；④付款地点；⑤出票日期和地点；⑥出票人签字。

根据《中华人民共和国票据法》规定，支票应记载以下事项：①表明"支票"字样；②无条件的支付委托；③确定的金额；④付款人名称；⑤出票日期；⑥出票人签章。

3. 支票的当事人

支票的当事人包括出票人、受票人（付款人）和收款人。支票的出票人为在银行开立有存款账号的开户人；受票人（付款人）为出票人开立有存款账号的开户银行。支票的出票人所签发的支票金额不得超过其在付款人处实有的存款金额。如存款不足，支票持有人在向付款人提示支票要求付款时会遭到拒付，这种支票为空头支票。各国法律均禁止签发空头支票，开出空头支票的出票人要承担法律责任。

4. 支票的种类

（1）普通支票、现金支票和转账支票。根据收款方式不同，支票可以分为普通支票、现金支票和转账支票。《中华人民共和国票据法》第八十三条规定，普通支票可以支取现金也可以转账。在用于转账时应当在支票正面注明。专门用于支取现金的现金支票只能用于支取现金；专门用于转账的转账支票只能用于转账，不得支取现金。国际上的支票无专门现金支票和转账支票之分，类似于中国的普通支票，既可以支取现金也可以通过银行转账，由收款人自主选择。

（2）划线支票（crossed checks）和未划线支票（uncrossed checks）。按照支票正面是否有平行划线，支票可以分为划线支票和未划线支票。划线与否表明收款方式的不同。未划线支票在支票正面左上角没有两道平行线，表明收款人既可以通过银行代为收款，将款项存入自己的银行，也可以直接在付款银行处提现。划线支票在支票正面左上角划两道平行线，表明收款人只能通过银行向付款银行收款转账，不能提现。其目的是防止在票据遗失时被人冒领。即使其被冒领，也可以通过银行收款线索追回款项。根据划线方式的不同，划线方式又可以分为特别划线支票（special crossing check）和普通划线支票（general crossing check）。特别划线支票在支票正面的两道平行线间注上具体银行的名称，表明只能委托该银行代为收款。普通划线支票仅在支票左上角划上两道平行线，表明持票人可以委托任何一家银行代收款项。支票的划线人既可以是出票人也可以是持票人或代收银行。代收银行可以特别划线方式注明自己为收款人。

由于不同国家的票据法规定不同，支票的分类在不同国家略有不同。除了以上两者常见分类，国际上按照有无收款人姓名记载，支票还可以分为记名支票（check payable to ×××）和不记名支票（check payable to bearer）。记名支票在收款栏明确记载收款人的名称；而不记名支票不记载收款人名称，只写明（pay to bearer），又称来人支票或空白抬头支票。持记名支票取款时，须有指定收款人在背面签章；持不记名支票取款时，收款人无须签章，仅凭交付转让支票权利。而按照我国《票据法》，支票必须记名。

四、汇票、本票和支票的异同

1. 相同点

从三种票据的票据行为来看，本票和支票对于出票、背书、保证、付款行为，贴现（兑现）和追索权的行使，大多适用各国《票据法》中对汇票相应行为和权利行使的规定。此外，汇票、本票和支票具有相同的票据功能：①支付功能。这三种票据均可作为支付工具在市场上流通，减少现金支付在手续上的麻烦。②汇兑功能。这三种票据均可以实现不同地点现金支付，解决交易双方现金支付在空间上的障碍。③信用功能。这三种票据都是建立在信用的基础上的书面支付凭证，可以解决现金支付在时间上的障碍。总而言之，这三种票据都可以通过票据交换中心的集中清算，简化结算手续、减少现金的使用、加速资金周转、提高资金使用效益。

2. 不同点

汇票、本票和支票虽均具有票据的一般属性，但在以下几个方面仍存在明显差异：

（1）性质不同。本票是出票人无条件保证自己付款，是允诺式票据；而汇票和支票是出票人要求付款人无条件付款，是委托式票据。

（2）当事人不同。本票的基本当事人只有两个，即出票人和收款人。而汇票和支票的当事人有三个，即出票人、付款人和收款人。且支票必须以银行为付款人，而汇票的付款人不一定是银行。

（3）用途不同。汇票既可以用作结算和押汇工具，也可以作为信贷工具；而支票只能用作结算工具。

（4）有无承兑手续。支票均为即期无须承兑；本票由于出票人自出票之时起就负有担保付款的责任，也无须提示承兑；本票的主债务人始终是出票人。即期汇票无须承兑，但远期汇票需要付款人履行承兑手续。远期汇票在付款人承兑前，主债务人是出票人；承兑后承兑人则为主债务人，出票人为从债务人。

（5）可否止付不同。支票可以止付；即期汇票见票即付；远期汇票在承兑后即不可撤销，承兑人必须到期付款，不存在止付的问题。

（6）份数不同。支票仅一联，本票也只能一式一份，而汇票通常签发一式两份或一式多份。

第二节　汇票制单要点

出口收汇中使用的汇票是指用于托收和信用证方式下的汇票，是由出口商向进口商或银行签发的，要求后者即期或在一个固定的日期或在一个可以确定的将来时间，对某人或某指定人或持票人支付一定金额的无条件的书面支付命令。由于出票人是出口商，这种汇票属于商业汇票，汇付方式下无须使用这种汇票。且实务中，在托收和信用证方式下，通常使用的是跟单汇票而不是光票。

值得注意的是，在出具汇票之前，出口商需要根据合同和信用证条款仔细判断是否需要使用汇票。以下几种情况不需要出具汇票：

（1）即期和延期付款信用证方式下不需要出具汇票。如果信用证本身为即期和延期付款信用证，出口商无须出具汇票，因为付款信用证本身是指当受益人向信用证所指定的被授权付款的银行提交规定的单据时，银行在即期付款信用证方式下即期支付，在延期付款信用证方式下在信用证上承兑，然后于到期日付款。

（2）信用证明确可以凭单据付款而不使用汇票。在国际贸易中，有些银行，特别是欧洲的银行和进口商，为合理地避开因使用汇票而需缴纳的印花税，并不要求提交汇票，而是凭单据即可付款。这样，这种信用证中就不会出现关于汇票的说明，同时，明确表示"available at the counters of ××× bank against presentation of the documents"。有的银行要求提交收据以代替汇票，甚至在信用证条款中明确规定了受益人必须提交收据，如果提交了汇票虽也可以接受，但汇票印花税必须由受益人自行承担。

　　因此，出口商是否需要出具汇票需要出口商根据信用证和合同条款仔细审核相关内容，在进口商或银行允许的情况下，合理避开印花税，减少不必要的费用支出。

　　一般情况下，汇票在国际贸易结算中有着广泛的应用，跟单信用证项下的业务大都需要使用汇票。虽然我国《票据法》没有对汇票的格式做统一规定，出口企业制作的汇票格式不完全相同，但其内容和项目基本一致，大多如下列样单所示。这里以样单为例介绍汇票的制单要点。

汇票样单

BILL OF EXCHANGE

凭

1 Drawn under _____

信用证　第　　　　　　　号

L/C No. _____

日期

Dated _____

按　　　　　　　息　付款

2 Payable with interest @_____% per annum

号码　　　　汇票金额　　　　中国，　上海　　年　　月　　日

No: _____3_____　Exchange for　　4　　Shanghai , China _____5_____

见票　　　日后（本　汇　票　之　副　本　未　付）

At _____6_____ sight of this FIRST of Exchange (Second of Exchange being unpaid)

支付给　　　　　　　或其指定人

Pay to the order of _____7_____ BANK OF CHINA, SHANGHAI BRANCH

付金额

The sum of _____8_____

To _____9_____

　　　　　　　　　　　　　　　　　　　　　　　　　　_____10_____

　　1. 汇票的出票条款

　　汇票的出票条款又称汇票的出票依据，即出票人凭以开立汇票的依据。托收与信用证项下，该栏的填写方式不同。

　　托收方式下，在"Drawn under"后填写买卖合同号码、订单号码或商业发票号码等，也可以只填写"托收（for collection）"或不填，或详细的写法也可以注明托收的商品名称如"For collection of shipment of 1,000 Rolls of Abrasive Cloth Rolls under S/C NO. TESCO 20180506"，或填写"S/C No. TESCO 20180506 against payment by D/P"，注明买卖合同和付款交单方式。

　　信用证方式下，如果信用证有明确的具体要求，可以按照信用证要求填写。一般情况下，信用证项下的出票依据填写信用证号码、开立日期及开证行名称三项内容。"Drawn under"栏目后的横线上填写开证行名称，"L/C No."栏目后的横线上填写信用证号码，"Dated"栏目后的横线上填写信用证的开立日期。

远期信用证项下的出票条款较普通信用证方式下复杂一些，因为远期汇票经银行承兑后，卖方凭此贴现取得现款，贴现利息由卖方负担。因此，汇票上需要注明远期汇票的天数，按即期议付，年息率、从何时何地开始计算到何时何地等。如Drawn under ILCQIIB8006101Q dated June 10th, 2018 with interest added at the rate of 4.8% per annum from date hereof to approximate date of receipt of remittance in Shenzhen, Document against payment at 90 days (negotiable on sight basis)。

2. 利息

填写合同或信用证规定的利息率。若合同或信用证没有规定，该栏目可以空白。或者出口商也可以留空待银行填写该栏目，用以清算该笔交易下的利息费用。

3. 汇票号码

国际贸易中的商业汇票号码栏一般由出口商按自己的业务习惯编号。实务中，为便于识别，该栏通常填写该笔交易的商业发票号码。汇票号码与商业发票的号码保持一致的做法有利于全套单据的审核及纠错。

4. 小写金额

汇票的小写金额由货币代号和阿拉伯数字两部分组成。除非信用证另有规定，汇票的货币代号应与信用证保持一致，一般为合同成交的货币种类。货币种类与数字部分保留至小数点后两位。小数点后没有数字时可以补零，如"USD1,852.00"。货币符号紧挨数字，两者之间不要留下间隔缝隙，以防篡改。

按照UCP600和ISBP745规定，无论如何，汇票的金额都不得超过信用证允许的额度。一般情况下，如果信用证没有特殊规定，汇票的金额与发票金额保持一致。如果交易的结算方式不止一种，如常见的40%T/T+60%L/C，这种情形下，信用证方式下的款项就只收取发票金额的60%。托收项下也与之一样，如果交易采用30%T/T+70%D/P at sight，汇票金额就只有发票金额的70%。出口商可以在出票依据一栏注明该笔托收仅收取发票金额的70%，即"drawn under S/C NO. ××× against shipment of ××× (quantity) of goods (name of goods) for collection of 70% invoice value hereafter mentioned"。

金额一栏不允许涂改也不得加盖校正章。如果写错，可以重新开立一套新汇票。

5. 汇票的出票地点和时间

汇票的出票地点一般为出口商所在地或议付地点，填写城市名称即可。出票日期一般填写交单日期，一般为全套单据中最晚的出单日期，但不能迟于合同和信用证规定的最迟交单期及信用证的有效期。填写出单时间时，月份用英文月份的缩写方式表示。实务中，有的出口企业也采取留空由银行来填写的做法。

6. 汇票的票期

汇票的票期是汇票的重要项目，是指付款人的付款期限。汇票的票期有两种，一种是即期付款，另一种是远期付款。凡没有列明付款期限的汇票，均视作即期汇票，要求付款人见票即付。

在填制汇票时，如果是即期支付，可以在该栏打上"－－－"或"＊＊＊"，或"SIGHT"或"AT SIGHT"，表示即期付款。如果是远期付款，其填写方法视合同或信用证有关远期付款的规定灵活填写。在填写时遵守的基本原则是填写的内容应该清晰地反映出或可以清晰地、无歧义地推算出远期到期日。合同和信用证中常见的关于远期付款的规定和其在汇票上对应的票期填法有如下几种：

（1）合同或信用证规定At ××× days after sight，即见票后若干天付款。汇票上票期这一栏则照打"AT ××× DAYS AFTER SIGHT"。

（2）合同或信用证规定AT ××× days after date，即出票日后若干天付款。汇票上票期这一栏填写"AT ××× DAYS AFTER DATE OF DRAFT"。由于汇票上记载有汇票出票日，这种填写符合可以从票据表面准确推算远期付款日的要求。

（3）合同或信用证明确规定了具体的未来某一日期为汇票的到期日。这种情况下，出票日可以直接填写未来的到期日。

（4）合同或信用证规定At ××× days after B/L date，即提单日后若干天付款。按照ISBP745的解释，汇票的票期这一栏有多种填法。例如，ISBP745解释如下，当信用证要求汇票的付款期限为提单日期后60天，且提单日期为2013年5月14日时，汇票上票期这一栏有如下五种填写方法：

① 填写"60 DAYS AFTER B/L DATE 14 May 2013"，即提单日2013年5月14日后60天；

② 填写"60 DAYS AFTER 14 May 2013"，即2013年5月14日后60天；

③ 填写"60 DAYS AFTER B/L DATE"并在汇票空白处加注提单的具体日期"B/L date 14 May 2013"，以便于能从汇票表面的数据计算出到期日；

④ 填写"60 days date"，出单日期与提单日相同；

⑤ 填写"13 July, 2013"，直接填写2013年7月13日，即提单日后60天。

针对提单日后若干天付款的远期汇票到期日，ISBP745规定提单日为提单上的装船日期而不是提单的出具日期。无论装船日期早于还是晚于提单的出具日期，汇票的付款期限计算提单日以装船日期为准。

此外，在允许转船的情况下，如果货物的运输存在转船的情况，且提单上显示了多个装船批注，这种情况下，确定提单上记载的最早装船日期为提单日。在分批装运或一张汇票下提交了多套提单时，确定最迟装船日期为提单日。

7. 汇票的受款人

汇票的受款人（payee）又叫汇票收款人或汇票的抬头人，是指出票人指定的受领汇票票款的当事人。汇票的抬头有以下三种：

① 限制性抬头：在汇票的受款人这一栏填写受款人公司的名称，如"pay to ×××company only（仅付给×××公司）"。这种汇票不能流通，不能转让，只有指定的受款人才能接受票款。

② 指示性抬头：在汇票的受款人这一栏填写"pay to the order of ×××（凭×××的指示）"。这种汇票经过这里的×××受款人背书后可以转让。

③ 持票人或来人抬头：汇票的受款人这一栏填写"pay bearer"。这种汇票无须背书即可转让。这种汇票若丢失或落入他人手中，则票款可能会落空。因此，国际贸易中很少使用这种汇票。

在国际贸易中，汇票的抬头一般为指示性抬头，即由付款人先将款项付给出口商所在地银行，再由银行将款项结付给出票人。如果出口商在付款人银行有户头，也可以直接填写自己的账户。但是国际贸易中，由于进出口商所处的不同地理位置，出口商往往没有在付款人银行开设户头。因此，在国际贸易中，托收项下，出口商一般将托收行作为汇票的抬头人。在信用证项下，出口商一般会选定当地的交单议付银行作为抬头人。实务中，这些银行一般都是位于出口商所在地且与出口商有业务往来的银行。

8. 汇票金额大写

汇票金额大写这一栏必须与小写金额一栏保持一致，同样不能涂改，不能加校正章。大写金额的写法为以文字的形式拼写前面的小写金额，并以SAY开头，以ONLY结束，表示"共计一定数额整"。小数点后有数字时，用cents而不是point表示小数点后的金额。小写时的三位货币缩写在大写时应该用全称。例如，USD 1,850.35大写表示方法为SAY US DOLLARS ONE THOUSAND EIGHT HUNDRED AND FIFTY AND CENTS THIRTY FIVE ONLY。

虽然按照ISBP745规定，汇票的大小写金额如有矛盾，须将大写金额作为支款金额予以审核。但我国《票据法》规定，票据的大小写金额如有矛盾，该票据被视为无效。按照UCP600第十四条(D)款规定："单据中内容描述不必与信用证、信用证对该项单据的描述以及国际标准银行实务完全一致，但不得与该项单据中的内容、其他规定的单据或信用证相冲突。"鉴于此，出口商缮制汇票时应该让汇票的大写金额和小写金额保持一致。

9. 汇票的付款人/受票人

汇票的付款人/受票人一栏通常为进口商或进口商所在地银行。在托收业务下，汇票的付款人这一栏直接填写进口商；而在信用证项下，这一栏一定是银行而不能是进口商。UCP600第六条C款规定，不得开立包含有以开证申请人为汇票付款人条款的信用证。如果是保兑信用证，出口商可以在这一栏填写保兑行的名称。如果信用证中开证行指定了其他的代付行或偿付行，出口商也应该按照信用证的规定填写。

10. 出票人和单据名称

1）出票人。

有的汇票格式上并没有明显出票人一栏，因为习惯上都把出票人的名称填写在单据的右下角。制单时，出口商打上出口公司的全称和经办人的名字，并签字盖章。ISBP745规定，汇票应当由受益人出具并签署，且注明出具日期。在信用证方式下，当受益人或第二受益人变更了名称，且信用证提到的是以前的名称时，只要汇票注明了该实体"以前的名称为（受益人或第二受益人的公司名称）（formerly known as the name of beneficiary or second beneficiary）"或类似措辞，汇票就可以以新实体的名称出具。

2）单据名称。

在国际贸易中，汇票的名称可以写成"Bill of exchange"，也可以写成"Draft"。尽管有的国家允许汇票上不冠名"汇票"字样，但我国《票据法》第二十二条明确规定，没有注明"汇票"字样的汇票是无效的。这里建议学习者保持良好的制单习惯，在单据正上方注明"Bill of exchange"或"Draft"。

第十一章　综合制单方法

在逐一学习了各种单据的制作后，外贸制单员按照各种单据的制作要点基本可以制作出全套单据。整体上，针对每一笔交易而言，单证员在综合制单时需注意以下几个问题：

一、单据的日期

在单张单据制作的学习中，出单时间往往都是预先设定的，学习者通常照填就可以。但是在实务中，单据的出单顺序及日期往往是随着出口工作流程变化而变化的，这就需要制单人对出口流程有一定的了解，并熟悉外贸单证工作的各个工作环节（可以参照第一章第二小节）。

在综合制单时，出口商首先制作的单据往往是商业发票和装箱单。商业发票和装箱单的日期一般保持一致，这两种单据上载明的内容是制作其他单据的基础，也是全套单据的核心。然后，出口商需要安排运输、报检、报关、投保（如需要的话）。从单据出单的顺序上来，产地证书，检验检疫证书，保单日期均不晚于提单日期。由于在办理产地证书、检验检疫证书、保单时往往需要随附商业发票和装箱单，这就表明，在逻辑上，产地证书、检验检疫证书、保单的出单日期不得早于商业发票和装箱单日期。受益人出具的其他单据如单据邮寄证书，装船通知等则在提单之后出具。汇票（如果需要出具的话）通常是交单结汇时出具。因此，其日期在所有单据中几乎为出单日期最晚的一种。

综上，外贸业务员需要根据合同或信用证条款合理安排各个备货、交货环节，以确保在各环节自己出具的单据日期的合理性，同时，也能保证从承运公司、保险公司和海关取得的单据的及时性，从而减少倒签单据或过期单据的风险，避免造成单据不符。

二、单据的内容

在综合制单时，单证员不仅要关注单张单据应该具备的内容，更需要拥有全局观，确保各种单据内容之间的一致性，做到单单相符。尤其是在信用证项下，单证员需要仔细阅读信用证中的单据条款要求，例如，开证行要求在某种单据或某些单据上备注信用证号码和开证行名称，"all the documents bear L/C No. and the name of opening bank"，这种情形下，单证员在制作单据时务必在所有单据上加上信用证号码和开证行名称，才能符合银行审单标准。具体到每一种单据本身应该具有的内容，单证员在综合制单时，需要根据此前章节中单据制作要点进行设计，同时，充分考虑合同和信用证相关条款，做到单货相符，单同相符和单单相符。

三、单据的种类及份数

在综合制单时，单证员需根据合同或信用证要求，明确在该笔交易下，议付或交单结汇时所需单据的种类及份数。在实际业务中，单证员可以将单据分为结汇单据和清关单据分别管理。结汇单据中的单据种类和份数可以通过审查信用证条款，在信用证分析单中一一明确。清关单据可以根据海关要求做好备份。在关检合一后，出口企业如果同海关签署了无纸化报关协议，在报关时可以通过上传电子文件到"单一窗口"或"互联网+海关"网站平台即可。一般而言，商业发票和装箱单在报检、报关、投保时都需作为随附单据提交给相关机构，单证员需要做好相应的准备。在交单结汇时，单据的种类和份数也是银行检查的重点，若单据种类和份数不齐全，势必会对交单结汇造成巨大影响。

（四）单据的认证及签署

合理审慎地选择签证机关，并预留签证机关的出单时间是单证员按时交单的一个重要前提。在综合制单时，单证员对需要认证或签署的单据应该早做准备，及时向有关机构提出申请。如果单据只需单证员签署是很容易办到的。如果单据需要其他机构的认证，单证员要合理安排，及时申报，预留签证机关的出单时间，如向贸促会或海关申领各种原产地证书，或要求海关出具各种质量证书，重量证书等，或发票需要领事馆认证等。本书在报检、报关、产地证书及发票相应章节分别介绍了相关机构签证所需的时间，学习者可以查询。同时，也可以通过海关、领事馆或商会网站查询其出单时间，从而做到心中有数。

第十二章　综合审单方法

对于出口企业而言，当单证员制作完毕一桩交易下的全套单据时，为确保交单结汇成功，应该在交单结汇之前对单据进行审核。在托收项下，银行并不负责审核单据。在信用证项下，议付银行和开证行都负有审核单据的职责。当单据交到进口商手中时，进口商为确保单货一致，以及能顺利地提货，也会对单据进行审核。这里，我们仍以出口企业的立场为主，介绍单据审核的相关知识。

一、单据审核的依据

单据审核的目的是做到"三相符"，即单证相符、单单相符、单同相符。由此可见，信用证和合同是单据审核的主要依据。同时，在托收项下，尤其是信用证项下，单据也受国际惯例或其他法律法规的约束。其中，在信用证项下，单据的审核主要受UCP600和ISBP745约束。出口企业的审单人员在审核单据时，需以UCP600和ISBP745相应的条款作为审单依据和审单标准。

二、单据审核的方法

审核单据时，首先采用纵向审单的方法，即将商业发票与信用证和合同条款进行逐字逐句的核对，再将其他单据与信用证的有关条款核对；接着，采取横向审单法，以发票为中心，将其他单据逐一与商业发票内容进行核对；然后，再将单据与单据之间，如提单与装运通知进行核对，检查装运通知内容与提单内容相符。通过这种纵横相交的审单方法，可以确保用来交单结汇的单据与信用证相符，与合同相符，单据与单据之间也做到内容相符。

三、单据审核的要点

这里以信用证项下的结汇单据审核为例，介绍各种单据常见的不符点及重点审核项目。了解这些要点不仅能直接帮助审单人员查出单据的不符点和错误之处，也有助于提醒单证制作人员在制单时特别留意这些项目，防患于未然，提高单据制作的准确率。

（一）商业发票

1. 发票的出单人

发票的出单人一般为出口商，即信用证项下的受益人。审核时，重点核对发票上载明的出单人公司名称与地址是否与信用证上受益人写法一致。如果是托收项下，则与合同中的卖方公司名称与地址核对。

2. 发票的抬头

重点审核发票的抬头是否与信用证中46A单据条款中关于发票的要求相符。如果信用证没有特殊要求，发票的抬头一般为进口商，审核作为发票抬头的进口商公司名称是否与信用证相符。

3. 发票的日期

一般而言，商业发票的日期应该晚于信用证的开立日期，同时，是全套单据中最早的日期。不得晚于提单、保单和原产地证书的日期。

4. 唛头

如果有唛头的话，审核发票上的唛头是否与信用证或合同中规定的唛头一致；如果信用证和合同中没有规定唛头的具体内容，由出口商自己设计唛头的话，审核发票上的唛头是否与出库单或工厂实际的刷唛一致。

5. 商品的名称

重点审核发票上的商品名称是否与合同和信用证中商品名称一致。

6. 商品的规格、数量、价格及总值

商业发票上记载的商品规格、数量及价格应该与信用证和合同保持一致。单据审核人员应该核对横乘竖加数学计算结果是否正确。如果信用证中的价格术语包括适用的贸易术语解释通则，如INCOTERMS2010 或INCOTERMS2016，商业发票上也应该予以显示。关于佣金和折扣的计算也应该与合同和信用证要求保持一致。审核总金额的大小写是否一致，是否是信用证规定的金额或在允许的增减幅度之内。

7. 发票上的备注

信用证或合同上明确规定商业发票上应该注明某些内容时，制单人员应该照样罗列。常见的如卖方账号，开证行名称，信用证号码，申明产品是中国制造等内容。审单人员在审单时，须特别留意信用证和合同中是否有相关要求。

8. 发票的签署

仔细核查信用证是否要求出单人签署发票，或者要求其他机构如领事馆对发票进行认证，以及签署方式是否符合要求，例如，有的信用证条款要求发票必须手签（manually signed）。

（二）装箱单

1. 装箱单单据名称

重点审核装箱单单据名称与信用证要求是否相符，如果是中性装箱单，确保装箱单上不能显示出口商公司名称及地址。

2. 装箱单的号码及日期

一般而言，装箱单的号码和日期为发票号码和日期。因此，这里重点审核在装箱单上记载的发票号码和日期是否与商业发票上的号码和日期一致。

3. 抬头

审核信用证上关于装箱单抬头的具体要求，如果没有特殊要求，一般为进口商公司。这种情况下，审核进口商公司名称与地址是否与信用证上的开证申请人或合同中的买方一致。

4. 唛头

审核装箱单上的唛头是否与发票上的唛头一致。

5. 货物名称、规格、数量、重量

审核货物的名称是否与信用证和合同中的货物名称一致，是否与商业发票上的货物名称一致；货号、规格是否与合同和信用证相符；每一种货号的商品数量、重量是否按照信用证要求列明了单件的毛重、净重、总毛重和总净重；数量及重量方面的横乘竖加数学计算是否正确；包装件数大小写是否一致。

6. 装箱单的签署及备注

当信用证要求出单人签署装箱单时，审核装箱单是否有按照信用证要求的签署方式进行签署。审核信用证是否要求装箱单上记载其他备注。

（三）提单

1. 提单的单据名称、正本份数及签署

重点审核单据是否是正本提单，提单的正本份数是否齐全，承运人是否按照要求签署，如船长签字时是否表明其身份。

2. 提单的发货人

审核提单的发货人填写的出口商公司名称和地址是否与信用上的受益人、合同上的卖方一致。

3. 提单的抬头及背书

审核提单的抬头是否与信用证要求相符。鉴于提单的抬头决定了提单的性质，同时提单又是重要的物权凭证，该栏通常是银行审单的重点。同时，银行会重点审核出口商是否按照规定背书。

4. 装运港、中转港、目的港

审核装运港、中转港、目的港是否与信用证和合同中规定的相应的港口一致。在信用证禁止转运时，是否有中转港。

5. 运费支付情况

审核提单上记载的运费支付情况是否与合同和信用证中的价格术语一致。FOB贸易术语下，运费到付，CFR和CIF贸易术语下，运费已付。

6. 唛头、货物名称、包装件数、毛重、体积

审核提单上记载的唛头、货物名称是否与发票一致。审核提单上记载的总包装件数、毛重与总体积是否与装箱单一致。

7. 已装船批注及其他批注

审核提单上的已装船批注记载的装船日期是否在信用证规定的装运期之内。是否有"不清洁"批注或"货装甲板"批注。

（四）保险单

1. 保险单据的名称

重点审核保险单据的名称是否与信用证要求的保单种类相符。一般情况下，暂保单是不被接受的。

2. 被保险人

重点审核被保险人是否是合同或信用证规定的对象。如果合同或信用证中没有具体的规定，出口商一般先将自己列为被保险人，然后通过背书的形式进行转让。这种情况下，重点审核被保险人公司名称是否正确，背书内容是否正确。

3. 货物名称、数量、唛头、投保金额

重点审核货物名称是否与发票一致，数量和唛头是否与装箱单一致，投保金额，保险加成率及货币的种类是否与信用证要求一致。

4. 运输路线

审核保单上记载的运输路线是否与信用证和合同上规定的运输路线一致。

5. 投保险别

审核保单上的投保险别是否与信用证和合同上规定的投保险别一致。

6. 保险查勘代理人、赔付地点及赔付货币种类

审核保单上是否列明保险查勘代理人，赔付地点和赔付货物种类是否与合同和信用证规定的赔付地点和赔付货币种类一致。赔付地点一般应该在进口国，理赔时的货币种类一般为信用证上载明的贸易货币种类。

7. 保险人签署

审核保险单是否有签字盖章。

8. 出单日期或生效日期

重点审核保单的出单日期或生效日期是否不晚于提单日期，是否在信用证规定的交单期之内。

9. 保单的份数

审核是否提交了全部的正本保单，份数是否与保单记载的正本份数一致。

（五）原产地证明书

1. 发货人

在信用证没有特殊要求的情况下，审核原产地证书的发货人是否正确填写出口商公司名称和地址。

2. 收货人

一般情况下，该栏填写合同中的买方、信用证上的开证申请人。审核时检查进口商公司名称及地址是否拼写正确。如果进口商为中间商，货物最终发运至第三国，应中间商的要求，填写最终收货人的名称和地址。除欧盟国家进口商要求填写"EU"之外，最终收货人的国别一定要具体、明确。

3. 唛头

审核唛头的填写是否与发票上的唛头一致。不能简单地填写成"As per invoice no. ×××"，"As per B/L no. ×××"。

4. 运输路线

审核运输路线的起运地、目的地填写是否与运输单据上的线路一致。运输线路中是否存在中转港，是否符合直接运输规则，是否符合原产地标准。审核是否漏写运输方式"by sea/by air/land"。

5. 货物描述、包装、毛重、净重及备注

审核商品的名称、总包装件数、毛重、净重是否与发票、提单和装箱单一致。总包装件数大小写是否一致。如果信用证中要求备注，该栏是否加具备注。信息填写完毕后是否有截止符。

6. H.S. code/原产地标准

一般原产地证书上，审核货物的H.S. code是否正确，是否与实际货物相符。在普惠制原产地证书或其他优惠原产地证书上，审核原产地标准代码的填写是否准确，是否与原产地标准规定相符。

7. 发票编号和日期

审核发票的编号和日期是否与商业发票上载明的编号和日期一致。日期的写法是否与产地证要求的填写方法相符，月份是否用英文表示。

8. 出口商申领日期、地点、签署及签证机构的签发地点、时间及签署

重点审核出口商申领日期与签证机关的签发日期是否符合逻辑，后者不得早于前者。审核出口申领人员是否签字，出口企业是否有盖章；签证机关工作人员是否签字，机构是否盖章。

（六）装运通知及其他证明

1. 单据名称

重点审核装运通知及其他证明的单据名称是否与信用证要求的单据一致。

2. 单据日期

审核装运通知日期是否在提单日后立即发出，是否与信用证要求相符。审核其他证明的出单日期是否具有逻辑性，如海关签署的品质证书是否在提单日之前，受益人出具的交单证明书是否在提单日之后，在信用证规定的交单期之前。

3. 声明或证明的内容

审核装运通知的内容是否与信用证中关于装运通知的要求一致；审核其他证明或声明的内容语句是否正确，是否符合合同或信用证的要求。

4. 签署

如果信用证没有明确要求，装运通知无须签署。但信用证有要求时，装运通知应该按照信用证要求签署。在这种情况下，审核签署方式是否与信用证要求一致。对于其他证明书，按照ISBP的解释，证明书必须签署。因此，审核证明书时，应该重点审核证明书的出具人是否签署。

（七）汇票

1. 汇票的出票依据

审核汇票的出票依据是否正确。托收项下，是否正确填写合同号码或买方订单号码等信息；信用证项下，是否正确填写开证行名称、信用证号码和日期。

2. 发票号码

审核汇票上的发票号码是否与商业发票上的号码一致。

3. 汇票金额大小写

审核汇票上的金额是否与合同、信用证上的规定相符。如果是多种付款方式结合，如电汇和托收结合，电汇和信用证相结合，审单时须核实汇票应收金额是否计算正确。大小写是否一致，大写格式是否正确，货币种类是否与合同、信用证相符。

4. 出单地点和时间

重点审核汇票的出单时间是否在合同规定的交单期或信用证规定的交单议付期限之内。

5. 票期

汇票的票期是重点审核项目。审核票期是否与合同或信用证中规定的付款方式和付款

期限一致。如果是远期汇票，是否能从汇票的表面确定远期到期日，如果以提单上的装运日为起算日期，是否有明确注明装运日期。

6. 汇票的收款人

汇票的收款人一栏一般填写与出口商有业务往来的银行。审核时，需仔细审核银行的名称是否拼写正确。

7. 付款人

信用证项下和托收项下的付款人填写不一样，也是一个重要的审查项目。信用证项下，审核该栏目是否是信用证中的开证行或保兑行；托收项下，该栏填写进口商公司的名称及地址，审核公司名称和地址的写法是否与合同中的买方一致。

8. 出单人的签署

审核汇票是否有出口商公司的印章，是否有制单人的签字。

参 考 文 献

[1] 爱德华·辛克尔曼. 国际贸易单证[M]. 张倩, 译. 北京：中国人民大学出版社, 2011.

[2] 姚大伟. 国际商务单证理论与实务[M]. 上海：上海交通大学出版社, 2014.

[3] 刘亚玲. 外贸单证实务[M]. 北京：北京师范大学出版社, 2009.

[4] 缪东玲. 国际贸易单证操作与解析[M]. 北京：电子工业出版社, 2016.

[5] 黄飞雪, 李志洁. UCP600与ISBP745评述及案例[M]. 厦门：厦门大学出版社, 2009.

[6] 广银芳. 进出口单证实训教程[M]. 南京：东南大学出版社, 2005.

[7] 全国国际商务单证专业培训考试办公室. 国际商务单证理论与实务[M]. 北京：中国商务出版社, 2014.

[8] 李敏华, 张晓. 外贸单证实务[M]. 北京：北京理工大学出版社, 2012.

[9] 吴国新, 李元旭, 何一红. 国际贸易单证实务[M]. 北京：清华大学出版社, 2012.

[10] 吴国新, 李元旭, 何一红. 国际贸易单证实务学习指导书[M]. 北京：清华大学出版社, 2012.

[11] 田运银. 国际贸易单证精讲[M]. 北京：中国海关出版社, 2015.

[12] 苏宗祥, 徐捷. 国际结算[M]. 北京：中国金融出版社, 2010.

[13] 陈岩. 国际贸易理论与实务[M]. 北京：清华大学出版社, 2018.

[14] 余庆瑜. 国际贸易实务: 原理与案例[M]. 北京：中国人民大学出版社, 2019.

[15] 刘伟. MT700报文升级内容逐项解析中国贸易信息[EB/OL]. http://www.sinotf.com/GB/136/ 1362/ 2018-04 15/2MMDAwMDMxMTI2Mg.html.

[16] 四川网络广播电视台[EB/OL]. http://www.sctv.com/news/yc/201704/t20170408_3362396.shtml.

[17] 中国人民财产保险股份有限公司[EB/OL]. http://www.epicc.com.cn/fuwu/chaxunbaoxian tiaokuan/qiyebaoxian/201207/t20120717_10768.html.

[18] 中华人民共和国商务部[EB/OL]. http://www.mofcom.gov.cn/.

[19] 国家市场监督管理总局[EB/OL]. http://search.aqsiq.gov.cn/was/search?&channelid=230868.

[20] 中国国际贸易促进委员会[EB/OL]. https://co.ccpit.org/.

[21] 中国自由贸易区服务网[EB/OL]. http://fta.mofcom.gov.cn/.

[22] International Chamber of Commerce, INCOTERMS 2020[EB/OL]. https://iccwbo.org/resources-for-business/incoterms-rules/incoterms-2020/.